Uni-Taschenbücher 1192

UTB
FÜR WISSEN
SCHAFT

Eine Arbeitsgemeinschaft der Verlage

Birkhäuser Verlag Basel · Boston · Stuttgart
Wilhelm Fink Verlag München
Gustav Fischer Verlag Stuttgart
Francke Verlag München
Harper & Row New York
Paul Haupt Verlag Bern und Stuttgart
Dr. Alfred Hüthig Verlag Heidelberg
Leske Verlag + Budrich GmbH Opladen
J. C. B. Mohr (Paul Siebeck) Tübingen
R. v. Decker & C. F. Müller Verlagsgesellschaft m. b. H. Heidelberg
Quelle & Meyer Heidelberg
Ernst Reinhardt Verlag München und Basel
K. G. Saur München · New York · London · Paris
F. K. Schattauer Verlag Stuttgart · New York
Ferdinand Schöningh Verlag Paderborn · München · Wien · Zürich
Eugen Ulmer Verlag Stuttgart
Vandenhoeck & Ruprecht in Göttingen und Zürich

TEXT UND GESCHICHTE

Modellanalysen zur deutschen Literatur

Herausgegeben von Gert Sautermeister und Jochen Vogt

Bd. 1: *Albert Meier*
Georg Büchner: Woyzeck

Bd. 2: *Wolfgang Emmerich*
Heinrich Mann: Der Untertan

Bd. 3: *Walter Wehner*
Heinrich Heine: „Die schlesischen Weber" und andere Texte zum Weberelend

Bd. 4: *Hartmut Kokott*
Reynke de Vos

Bd. 5: *Gert Sautermeister*
Thomas Mann: Mario und der Zauberer

Bd. 6: *Burkhardt Lindner*
Bertolt Brecht: Der aufhaltsame Aufstieg des Arturo Ui

Bd. 7: *Dagmar Walach*
Adelbert von Chamisso:
Peter Schlemihls wundersame Geschichte

Bd. 8: *Martin Rector*
J. M. R. Lenz: Der Hofmeister

Bd. 9: *Klaus M. Bogdal*
Heinrich von Kleist: Michael Kohlhaas

Bd. 10: *Jochen Vogt*
Thomas Mann: Buddenbrooks

Bd. 11: *Ludger Lütkehaus*
Friedrich Hebbel: Maria Magdalene

Bd. 12: *Inge Stephan*
Theodor Fontane: Effi Briest

Bd. 13: *Martin Rector*
Hermann Hesse: Unterm Rad

Bd. 14: *Walter Raitz*
Fortunatus

Weitere Bände in Vorbereitung

INHALT

I. EINFÜHRUNG

Paris 1844. Unter den zahlreichen Deutschen, die sich in der „Hauptstadt des 19. Jahrhunderts“ (W. Benjamin) aufhalten — Geschäftemacher und Vergnügungssüchtige, Bildungssuchende und steckbrieflich Gesuchte —, befinden sich auch zwei Autoren, die man gemeinhin nicht miteinander zu assoziieren pflegt: Hebbel[1] und Marx. Und in der Tat: Es scheint sich hier um eine durchaus zufällige Zeit- und Lokalgenossenschaft zu handeln. Hebbel lebt von einem Reise-Stipendium seines dänischen Landesherrn Christian VIII., dem er das gerade abgeschlossene bürgerliche Trauerspiel „Maria Magdalene“ „in tiefster Ehrfurcht“ dediziert*. Marx hingegen ist mit der Dramatisierung eines bürgerlichen Trauerspieles beschäftigt, das nicht mehr darauf hinauslaufen soll, nur ein besseres Fundament für die bereits vorhandenen Institutionen des menschlichen Geschlechts zu finden, wie noch Hebbels Vorwort zu „Maria Magdalene“ versichert. Die „Deutsch-Französischen Jahrbücher“ proklamieren vielmehr den revolutionären *„kategorischen Imperativ, alle Verhältnisse umzuwerfen,* in denen der Mensch ein erniedrigtes, ein geknechtetes, ein verlassenes, ein verächtliches Wesen ist.“[2]

Persönliche Kontakte zwischen Hebbel und Marx sind denn auch trotz gemeinsamer Bekannter (Heine, Ruge) und trotz Hebbels Kenntnis der „Deutsch-Französischen Jahrbücher“ nicht belegt. Das Resümee, das Hebbel schließlich aus seiner Beziehung zur Hegelschen Linken zieht, ist dies: „— ich könnte (...) keine 2 Schritte

---

* Zur Zitierweise: „Maria Magdalene“ und das „Vorwort“ werden nach der Reclam-Ausgabe (Reclams Universal-Bibliothek Nr. 3/73, Stuttgart 1975) zitiert. Allerdings wird im folgenden aus noch zu erörternden Gründen an der Titelversion der Erstausgabe festgehalten. Alle anderen Hebbel-Zitate nach der Historisch-Kritischen Ausgabe von Richard Maria Werner, 2. Aufl. Berlin 1904 ff. Dabei werden die folgenden Siglen verwendet:

W = Werke
Br = Briefe (Belege jeweils mit römischer Band- und arabischer Seitenzahl)
T = Tagebücher (Numerierung nach R. M. Werner).

mit diesen Leuten gehen“ (Br. III, 73). Ist er keinen einzigen mit ihnen gegangen?

Gegen Ende seines Lebens, 1862, als Hebbel die Londoner Weltausstellung und seinen sozial und politisch engagierten Freund Siegmund Engländer wieder besucht, mit dem es nach der Revolution von 1848 zum Bruch gekommen war, ergeben sich eher verblüffende Konkordanzen. Während Marx mit den Vorarbeiten zum „Kapital“ beschäftigt ist, schreibt Hebbel von seinen buchstäblich schwindelerregenden Eindrücken nach Wien:

> Der Entwickelung des Maschinen-Wesens würde ich mich freuen, wenn es nur gewiß wäre, daß sie dem Armen sein schweres Lebens-Loos erleichtert; aber ich fürchte sehr, man nimmt ihm die Arbeit ab, um ihn dem Hunger-Tode Preis zu geben. (Br. VII, 195)

Die Folgen der industriekapitalistisch organisierten Arbeitsteilung werden in einer Weise reflektiert, die ebenso in der Tradition Fergusons und Schillers wie in der Nähe zu den Beobachtungen von Marx und Engels über „full-times“ und „half-times“, „hands“, verkrüppelte Teilmaschinen, parzellierte Abnormitäten aus dem Arsenal der Industriepathologie steht:

> Ich sagte oft in Deutschland, wenn von der Theilung der Arbeit die Rede war: die Nadel mag besser werden, sobald drei Menschen sich gemeinschaftlich mit der Production derselben beschäftigen, aber was wird aus dem Menschen, der sein ganzes Leben hindurch Nadelköpfe dreht oder Nadelspitzen schleift? Hier erhalte ich die Antwort auf meine Frage an jedem Fenster einer Fabriks-Niederlage. ‚Hundert *Hände* für Hemden usw. werden gesucht‘, liest man alle Augenblick; *Hände*, nicht Mädchen, Frauen oder Männer. (Br. VII, 198)

Einsichten dieser Art hatte schon die Artaxerxes-Episode in „Herodes und Mariamne“ antizipiert. Darüber hinaus beobachtet Hebbel jetzt, daß die Instrumentalisierung des Menschen mit perverser Konsequenz in ebendem „religiösen Apparat“ (Br. VII, 198) auftaucht, der zu ihrer ideologischen Rechtfertigung dient:

> (...) in der Woche der crasseste Egoismus in brutalster Form und Sonntags eine noch scheußlichere Abfütterung des Gewissens und der Moral durch den widerwärtigsten Puritanismus (Br. VII 201).
>
> Wenn man in London des Sonntags durch die Straßen geht, begegnet man zuweilen einem Subject, das ganz schwarz ge-

> kleidet ist und zwei Tafeln, die eine über die Brust, die andere über den Rücken hängen hat. Auf diesen Tafeln steht nicht, wie wohl in der Woche: wo die billigste Seife verkauft wird (...), sondern ein Bibelvers ist mit ellenlangen Buchstaben darauf gemalt: ‚Also hat Gott die Welt geliebt' (W. XII, 336). Solch ein Subject wird von einem frommen Verein für Tagelohn gemiethet. (Br. VII, 198)

Zwar entdeckt der „Pantragöde" Hebbel in diesen Abstraktionen auch etwas „Großartiges", wie er sich denn auch in seinen späteren Briefen aus Wien an Siegmund Engländer weigert, praktische Konsequenzen aus seinen kritischen Diagnosen zu ziehen. Es wird aber die Frage gestellt:

> (...) wie weit ist man bei einer solchen Denkweise denn noch von den alten Römern entfernt, die ihre Muränen mit Sclaven fütterten, weil sie nur wandelndes Fleisch in ihnen erblickten. (Br. VII, 198)

Dabei wird die moderne Arbeitssklaverei von Hebbel genauso beschrieben, wie Marx und Engels das Verhältnis von Sklave und freiem Arbeiter, direkter und indirekter Sklaverei differenzieren:

> Der Sclave ist für frei erklärt, damit sein Herr der letzten Pflichten gegen ihn los und ledig wird und sich, wenn er ihn an Leib und Seele ausgequetscht hat, nicht mehr um ihn zu bekümmern braucht, wie Griechen und Römer mußten. Ob es ihn entschädigt, daß man ihn nicht niederstechen darf und ihn, wenn er einmal durch Zufall einen Treffer macht, auf der Börse als Bruder willkommen heißt, bleibe dahin gestellt. (Br. VII, 202)

Ein „kakanisch" gemildertes oder retardiertes Problembewußtsein wird man in diesen Diagnosen des späten Hebbel kaum entdecken können. Wie aber ist die Situation beim Verfasser der „Maria Magdalene" — bei einem Autor, der erklärtermaßen den „ganzen gegenwärtigen Welt-Zustand" dramatisch darstellen will, wie er am 2. Juni 1844 selbstbewußt genug an seinen Verleger Campe schreibt?[3]

An der „großen Pariser Industrie-Ausstellung" im Mai 1844, die Hebbel den entfalteten kontinentaleuropäischen Industriekapitalismus von seiner Lichtseite präsentiert, fasziniert ihn „die Mannigfaltigkeit, die unendliche Pracht und Schönheit der Gegenstände", mehr noch die Selbstdarstellung eines, wie es scheint, „großen und freien Volkes“ (Br. II, 99 f.) — obwohl er in seinem ersten Pariser Tagebucheintrag noch notiert hatte:

> Die Proletarier in Paris, wie die Ungeheuer des Meeres in der Tiefe, während oben alles blank und ruhig scheint. (T. 2785)

Im übrigen fehlt es ihm „an allen Kenntnissen, die nöthig sind, um das zu beurtheilen, was hier im Maschinenbau, im Fabrik- und Manufacturwesen usw. geleistet ist“; „und dem Holz, der Pappe, dem Metall, der Seide und Wolle, dem Leder usw.“ (Br. III, 100) wie überhaupt allen Dingen, die „für den bloßen Nutzen bestimmt sind“ (T. 3166), kann er schon gar kein Interesse abgewinnen.

Von dem deutschen Industriekapitalismus hat Hebbel noch weniger Notiz genommen. 1839, während der Eisenbahnfahrt zwischen Nürnberg und Fürth, registriert er zwar staunend die Dynamik der neuen Technik (T. 2654); die Spuren dieser Erfahrung scheinen aber mit derselben Geschwindigkeit verschwunden zu sein, wie das ungewohnte Verkehrsmittel sie bot — und das, obwohl es weder realhistorisch noch literarisch an Exempeln fehlte, die seine Darstellung des „gegenwärtigen Welt-Zustandes“ hätten beeinflussen können.

Seit der Mitte der dreißiger Jahre hatte auch in Deutschland, handelsrechtlich erleichtert durch den Zollverein, infrastrukturell gefördert durch die ersten Eisenbahnbauten, die industrielle Revolution voll eingesetzt. Zu Beginn der vierziger Jahre wird die erste Lokomotive auf deutschem Boden produziert. Die Namen von Borsig, Maffei, Siemens stehen für den Machtzuwachs des industriekapitalistischen Unternehmertums. Auf der Gegenseite kündigt sich sowohl in der verlagsmäßig organisierten Hausindustrie wie in den Manufakturen und Fabriken der Beginn nachdrücklicher proletarischer Selbsthilfe an. Sieben Jahre nach dem Lyoner Aufstand von 1834 revoltieren die Webergesellen von Ronneburg. 1844 schrecken die schlesischen Weber vollends die vormärzliche Öffentlichkeit auf. Die Gesellenschaft, die am meisten unter dem allgemeinen Niedergang des Zunfthandwerks zu leiden hat, bildet insgesamt die agilste vorrevolutionäre Strömung.

Literaturhistorisch gesehen, fehlt es ebenfalls seit der Mitte der dreißiger Jahre, vor allem im Sozialroman, für den Goethe mit den „Wanderjahren“ die Maßstäbe gesetzt hatte, und in der Soziallyrik, bei Immermann, Willkomm, Sealsfield, Gutzkow, Dingelstedt, Dronke, Freiligrath, Wilhelm Wolff, Karl Beck, Pückler-Muskau, Ungern-Sternberg, Theodor Oelkers, Louise Otto-Peters, George Hesekiel und anderen mehr, nicht an Versuchen, die Auswirkungen der industriellen Revolution zu vergegenwärtigen.[4] Hebbel aber, der im literarisch-politischen „Spannungsfeld zwischen Restauration und Revolution" trotz seines konstanten Einzelgängertums den gegenwartsorientierten Strömungen (Jungdeutschen, Vormärzdichtern, Junghegelianern)[5] weit näher steht als den im engeren Sinn „biedermeierlichen" Autoren mit ihrer Vorliebe für die „Käfer" und „Butterblumen" (W. VI, 349), fürs „Veilchenbegießen", während „man in Frankreich und England den Gesellschaftsvertrag untersucht" (W. XII, 176), scheint trotz der Absage an die Traditionen der historischen Romantik in den Anfängen seiner dramatischen Produktion auf einen „tragischen Historismus"[6] zu regredieren. Das klägliche *„In-Spiritus-Setzen"* endloser *„Hohenstaufenbandwürmer"* zum Beispiel, das der Autor des Vorworts zu „Maria Magdalene" so drastisch kritisiert, liegt ihm in „Genoveva" (1841) nicht gar so fern, wie er später glauben machen möchte. Gewiß werden etliche der oben erwähnten zeitgenössischen Autoren, sei es nun in Preußen, links des Rheins, in England oder den Vereinigten Staaten, weit mehr als Hebbel mit den Problemen der Industrialisierung konfrontiert. Dithmarschen, Hamburg, Heidelberg, München, Kopenhagen — alle Stationen seines Lebens vor dem Aufenthalt in Paris bieten in sozial- und ökonomie-geschichtlicher Hinsicht nur eine relativ anachronistische und provinzielle Erfahrungsgrundlage. Und natürlich sind Sujets, die der Entwicklung der Produktivkräfte und dem jeweiligen Stand der Produktionsverhältnisse direkt entsprechen, nicht die conditio sine qua non künstlerischer Produktivität. Das Beispiel der Droste, obwohl sie ihre Judengeschichte in Naturdämonie und transzendenter Verrechnungsarithmetik enden läßt; das Beispiel Stifters, der sich mit seinen ewigen Studien in den Hochwald flüchtet, und Grillparzers, der seine zwischen Lebensangst und Erlebnislust oszillierenden Psychodramen nur für die historische Schublade zu konzipieren scheint; auch das Beispiel Gotthelfs, obwohl er über Geld und Geist in bäurisch-bernerischer Manier predigt, steht der Orientierung an den Normen einer allzu eng gefaßten Widerspiegelungsästhetik entgegen.

Trotzdem bliebe bei Hebbel der Eindruck einer retardierten, allenfalls indirekten Zeitgenossenschaft, wenn er sich nicht in anderer Weise mit dem krisenhaft zugespitzten „Welt-Zustand" und dem „brennendsten aller Themen" (Br. VII, 207), dem „socialen", auseinandergesetzt hätte. Er tut das nach der Beendigung der „Genoveva" in einer Reihe von Gegenwartsdramen:[7] dem herben Lustspiel „Der Diamant", dem bürgerlichen Trauerspiel „Maria

Magdalene", das ohne Zweifel das literaturgeschichtlich und ästhetisch bedeutendste Werk dieser Gruppe ist; der Tragikomödie „Ein Trauerspiel in Sicilien" und dem rührenden Trauerspiel „Julia", außerdem in dem sozialutopischen Versepos „Mutter und Kind",[8] daneben in etlichen Erzählungen, dramatischen Fragmenten und Gedichten.

Mit Ausnahme des „Diamant", der 1841 noch in Hamburg beendet wird, sind alle genannten Dramen und das Versepos entstehungsgeschichtlich mit den europäisch ausgeweiteten Wanderjahren Hebbels bzw. der Niederlassung und Verheiratung in Wien verbunden: Resultate einer biographisch sehr bewegten Zeit im Vorfeld der Revolution von 1848. Nach dem Aufenthalt in Kopenhagen (November 1842 — April 1843) fährt Hebbel im September 1843 von Hamburg über Le Havre nach Paris. Elise Lensing bleibt zurück, wird allerdings von ihm finanziell unterstützt — so wie er zuvor von Elise unterstützt worden war. Im Herbst 1844 reist Hebbel von Frankreich weiter nach Rom und Neapel, im Herbst 1845 schließlich nach Wien. Dort heiratet er 1846, nach dem endgültigen Bruch mit Elise, die Burgschauspielerin Christine Enghaus, deren unehelichen Sohn Carl er später adoptiert. Der Autor der „Maria Magdalene" geriert sich dabei verklärtermaßen als Mann, der die Bitternisse der „Pflicht" heroisch bewältigt. In seinem Brief vom 27. 6. 1846 an den Pariser Freund und prospektiven Sachwalter Felix Bamberg schreibt er:

> Ich kämpfte mit mir, ob ich fliehen solle, aber nicht aus Rücksicht auf mein Hamburger Verhältniß, denn dieses war für mich abgethan, sondern weil mir das neue eine bittre Pflicht auflegte, eine Pflicht, der ich mich im ersten Moment eben so wenig gewachsen fühlte, wie der Secretair in der Maria Magdalena. Wissen Sie, warum ich nicht floh? Weil ich Verfasser dieses Dramas bin, weil ich mich der Probe, die das Schicksal mir auflegte, nicht entziehen konnte, ohne mein Stück, und also meine ganze Poesie für eine schnöde Heuchelei zu erklären, weil ich mich schämte, in einem Lebensbilde moralische Foderungen ausgesprochen zu haben, die zu erfüllen mir selbst zu schwer fiel. (Br. III, 340)

Der Tagebuchautor Hebbel hingegen bekennt in seiner Jahresbilanz weit weniger selbstgerecht:

> Ich verlobte mich mit Fräulein Enghaus; ich that es sicher aus Liebe, aber ich hätte dieser Liebe Herr zu werden gesucht und

meine Reise fortgesetzt, wenn nicht der Druck des Lebens so schwer über mir geworden wäre, daß ich in der Neigung, die dieß edle Mädchen mir zuwendete, meine einzige Rettung sehen mußte. (T. 3874)

Auch wenn man sich nicht zu dem „Pöbel" (Br. III, 340) oder jenen „deutschen Jünglingen" (T. 3874) gesellen möchte, gegen deren anmaßenden Richterspruch sich Hebbel präventiv verwahrt: Die von ihm selber umrissene Spannweite der Interpretation seiner Heiratsentscheidung reicht von der Möglichkeit, hier die moralische Probe auf das literarische Exempel von „Maria Magdalene" zu entdecken, bis zu einer Einschätzung, die in Hebbel den Leonhard redivivus und in seiner Situation die Schwierigkeit, sich „eine Existenz in der modernen Welt zu erringen" (T. 4351), erkennt.

Das Trauerspiel „Julia", das Hebbel schon 1845 in Italien begonnen hatte, aber erst im Oktober 1847 fertigstellt, ist gewissermaßen aus dem Geist der ersten, der moralischen Version geschaffen. Zwar fehlt es auch in diesem „zweiten Theil zur Maria Magdalena" (T. 3874) nicht an konkurrierenden Männern, die wieder ihre Schwierigkeiten haben, über ihre Vorgänger hinwegzukommen. Doch das drohende bürgerliche Trauerspiel einer unehelichen Schwangerschaft wird durch das heroische Selbstopfer eines, so gesehen, „unmännlichen" Mannes entschieden (der freilich auch andere Gründe für sein Verhalten hat).

Zuvor hatte Hebbel bereits das „Trauerspiel in Sicilien" beendet, dessen anekdotischer Kern ebenfalls schon auf der italienischen Reise konzipiert wird. Auch hier spielen Virginitätsfragen eine zentrale Rolle, werden aber nicht ins Moralische, sondern ins Sozialkritische gewendet. Das Versepos „Mutter und Kind" schließlich gehört entstehungsgeschichtlich und thematisch ebenfalls in den Zusammenhang von Hebbels Gegenwartsdarstellung, auch wenn die Konzeption, die er am 22. Januar 1847 im Tagebuch notiert, erst 1857 ausgeführt wird, und zwar mit symptomatischen Veränderungen, für die der Aufstieg ins Besitzbürgertum und das Erschrecken über eine Revolution, die „weiter wollte, als die Mittelclassen" (Br. IV, 220), verantwortlich sind. An der Geschichte einer Mutterschaft zeigt sich erneut die prekäre Situation der Gesellschaft. Unter dem Einfluß der veränderten familiären Situation Hebbels avanciert hier allerdings das Kind, das als permanente Drohung auf den vorangegangenen bürgerlichen Trauerspielen (wie übrigens schon in „Judith") gelastet hatte,[9] zum ersehnten Glücks- und Friedensbringer.

Die gemeinsame Signatur der genannten Werke, in der notwendigen Vereinfachung gesagt, ist diese:

Sie sind, *erstens,* allesamt durch einen unmittelbaren Gegenwartsbezug geprägt, der zwar punktuell aus Zensurgründen hinter räumlich entlegenen („Ein Trauerspiel in Sicilien", „Julia") oder märchenhaft verfremdeten Stoffen versteckt wird, aber doch weit direkter als in den historischen und mythologischen Dramen bis 1841 und nach 1848 spürbar ist.[10] Das religions*historische* Monster-Drama „Der Moloch", das die Reihe der Gegenwartsdramen unterbricht, bleibt bezeichnenderweise als Fragment liegen.

Zweitens: In ästhetischer Hinsicht ist die Neigung zur Mischung von herben und lustigen, tragischen und komischen, rührenden und satirischen, idyllischen und kritischen Elementen, zu gebrochenen Formen, zum Experimentellen bestimmend, bevor der nachrevolutionäre Hebbel seinen Frieden mit dem stilreinen Hoftheater und der klassizistischen Tradition macht.[11] Das bürgerliche Trauerspiel „Maria Magdalene" ist stilistisch zwar weitaus homogener als die anderen Gegenwartsdramen, legt aber die Ständeklausel definitiv zu den Akten.

Drittens: Während im historischen und mythologischen Drama vor 1841 und nach 1848 meistens Liebestragödien im Mittelpunkt stehen, spielen in Hebbels Gegenwartsdarstellung innerfamiliäre Probleme, prekäre Vater-Tochter-Beziehungen zumal, eine wesentliche Rolle. Die Perspektive öffnet sich aber immer von der innerfamiliären Szenerie auf den krisenhaft zugespitzten „Welt-Zustand".

Dabei werden, *viertens,* durchweg zwei Themenkomplexe miteinander verbunden: die Verdinglichungsproblematik mit Fragen der Gesellschaftskritik.[12] Hebbel hat sich bekanntlich immer wieder unter dem Einfluß persönlicher Erfahrungen (als Opfer und Täter!) mit der Reduzierung von Personen auf den Status von Dingen auseinandergesetzt: mit ihrer Funktionalisierung als Mittel, ihrer Kommerzialisierung als Ware, ihrer Exploitation als Arbeitskraft, ihrer Degradierung zum verfügbaren Besitz und zum entmündigten Objekt. Er hat sich dabei im Anschluß an Kants „Kritik der praktischen Vernunft" (T. 1611) konsequent an einem Humanitätsmaßstab orientiert, der den Menschen als autonomen, niemals bloß als Mittel zu gebrauchenden Selbstzweck begreift. In seiner Gegenwartsdarstellung zeigt diese ethische Orientierung direkter, als das im historischen und mythologischen Drama der Fall ist, ihr gesellschaftskritisches Potential, am deutlichsten vielleicht im „Trauerspiel in Sicilien", wo die Verdinglichung des Menschen auf die Entfremdung der Dinge bezogen wird, oder in „Mutter und Kind“, wo hinter der scheinbar freiwilligen Enteignung der Eltern die aufgedrungene Exploitation der wahren Produzenten deutlich wird. Allerdings verweigert Hebbel trotz der konzessionslosen Orientierung an diesem Humanitätsbegriff eine gesellschaftliche Lösung für das gesellschaftliche Problem. Sie wird entweder überhaupt nicht versucht („Ein Trauerspiel in Sicilien“), weil er als „Pantragiker“ (Arno Scheunert) die soziale Misere in den Tiefen des dualistisch gespaltenen Weltgrundes begründet glaubt. Oder er setzt, sofern er sich nicht in aller Offenheit mit einem deus ex machina behilft („Der Diamant“), auf die ethische Selbstkorrektur der Individuen („Maria Magdalene“, „Julia“, „Mutter und Kind“). Hier folgt er der christlich-idealistischen Tradition. Alle diese Wege und Auswege sind in der schwierigen Klassenlage des Aufsteigers Hebbel begründet, der zwischen proletarischer Herkunfts- und besitz- und bildungsbürgerlicher Bezugsgruppe zu Kompromißbildungen neigt.[13]

Die realgeschichtlichen Probleme, auf die sich Hebbels Gegenwartsdarstellung bezieht, sind in erster Linie die folgenden:[14]

a) der Niedergang des Feudalabsolutismus und die „Dialectik“ des restaurativen „Polizeistaats“, dessen Werkzeuge „sich umbiegen“ (T. 3943) — Hebbel hat hier seinen persönlichen Anschauungsunterricht vor allem vom Metternichschen System erhalten;

b) das „in der Welt geltende Eigenthumsrecht“ (T. 2777), das als exklusives und uneingeschränktes „ius utendi et abutendi“ kritisiert wird, und der Pauperismus (T. 2747): die „Bettel-Armuth“ (T. 5450) der „nicht-besitzenden Classen der Gesellschaft“ (W. II, 378). Hier spielen Kindheits- und Jugenderfahrungen eine motivierende Rolle: die häusliche Armut; sozial bedingte Zurücksetzungen in der Klippschule; die Vertreibung der Familie Hebbel aus der eigenen kleinen Kate; die als demütigend empfundene Existenz in den Diensten des Kirchspielvogtes Mohr; der tägliche Gang des Freitischstipendiaten Hebbel zur Erhaltung seines äußeren und zur Hinrichtung seines inneren Menschen (T. 1701); später die buchstäblich knochenerweichende Hungerexistenz der Studien- und Reisejahre, in denen der „Literat“ Hebbel den besitz- und bildungsbürgerlichen Schein wahrt, indem er sich innerhalb seiner privaten Gefängniswände auf Kaffee und Brot setzt; schließlich die permanente Sorge für Elise, für die Kinder und die, wie gezeigt, auch sozial motivierte Beziehungskatastrophe. Hinzu kommen nachhaltige gesellschaftliche Eindrücke: der Hamburger Brand von 1842, der für Hebbel primär eine soziale Katastrophe ist;

sodann die Begegnung mit den „Extremen der Besitzfrage" (T. 3943) in Paris, in Rom, Neapel und Wien;

c) die patriarchalische und zünftisch-ständische Tradition;

d) die „moderne Geldmacht" (W. XI, 402 f.).

Von diesen vier Komplexen spielt der erste in „Maria Magdalene" eine Nebenrolle; aus dem zweiten ergibt sich für den Sozialcharakter einer der beiden Hauptpersonen — Meister Antons — das lebens*geschichtliche* Substrat. Größere Bedeutung hingegen hat der Einfluß der „Geldmacht", zentrale die patriarchalische Tradition.

In der Darstellung der ersteren setzt sich der Autor der „Maria Magdalene" noch nicht, wie bereits erwähnt, mit dem entfalteten Industriekapitalismus auseinander. Der Handels- und Finanzkapitalismus, seine ideologischen Reflexe, seine symptomatischen Ausdrucksformen, seine Sozialpsychologie oder richtiger: seine Sozialpathologie werden aber immer wieder anhand der Kommerzialisierung aller zwischenmenschlichen und „transzendenten" Beziehungen dargestellt. Gewiß sind etliche dieser Motive nicht neu: das bürgerliche Trauerspiel des 18. Jahrhunderts etwa, Schillers „Kabale und Liebe" zumal, zeigt das deutlich genug;[15] und mit Sicherheit reicht die Geschichte der ideologischen Reflexe des Handelsgeistes weiter zurück als der Geltungsbereich der bürgerlichen Gesellschaft. In der Tendenz zur universellen Kommerzialisierung wird aber jener Prozeß faßbar, der die entfaltete bürgerliche Gesellschaft schließlich bis in ihre Poren infiltriert — so sehr sie auch ihre diversen „inneren Reiche" dagegen zu behaupten versucht.

Biographisch gesehen, wird Hebbel nicht erst bei der Verheiratung in Wien, sondern schon als Wesselburener Schreiber, dann als Protegé Amalie Schoppes mit dem aufgedrungenen Seelen- und Gesinnungshandel vertraut. Als Autor erlebt er sein Leben lang die konstitutiven Widersprüche der „Kulturwarenproduktion". Hier erleidet er sozusagen am eigenen Leibe die bourgeoise Reduzierung des Menschen und seiner produktiven Fähigkeiten auf den inkarnierten Tauschwert. In Hamburg muß Hebbel nicht anders als Heine erkennen, daß sein Verleger Campe ebensosehr geschäftsmäßiger Sympathisant wie sympathisierender Geschäftsmann ist. In der von „Geldaristocratie strotzenden reichen und Reichsstadt" (Br. I, 81) macht er denn auch erstmals auf breiter Basis mit dem Börsenspekulantentum, der „Stock-Jobberei" Bekanntschaft, die in der Folgezeit in Paris, Wien, Frankfurt, Leipzig und London immer wieder seine kritische Aufmerksamkeit erregt. Vor allem in Paris trifft er im Bürgerkönigtum Louis Philippes auf die unverhohlene Herrschaft der Handels- und Finanzbourgeoisie. Die Parole des Juste-Milieu: das „Enrichissez-vous!" des „sparsamen" Guizot (Br. VII, 177), wird von Hebbel zwar nicht zitiert, aber sehr wohl verstanden. Die „Hauptstadt des 19. Jahrhunderts" ist für ihn eine Ausfertigung des „Almanac de commerce in Stein" (T. 2890). Das Leichenbegräbnis für Lafitte, den „ersten Banquier von Paris" und den „Haupt-Begründer des July-Throns", macht ihm den Eindruck, als solle jede einzelne der Bankiers-Millionen höchstpersönlich gepriesen werden (T. 3143). Die typische Atmosphäre und die „bodenlose Unsittlichkeit eines nur den gemeinsten mercantilischen Interessen lebenden Gouvernements" stellt sich Hebbel später am Kriminalfall des Duc de Choiseul dar (T. 4236 f.). Die Bankiers, allen voran Rothschild, dessen Name schon in den Hamburger Tagen auftaucht (T. 2777; welcher Rothschild, vermerkt er dabei nicht eigens) repräsentieren für ihn wie für Engels (MEW 4, 210) die „Geldmacht", die auf dem Boden des geltenden Eigentumsrechtes die verkehrte, entfremdete Welt schafft.[16] Anti-jüdische Affekte spielen dabei eine gewisse Rolle:

> Handeln sollte der Jude, d. h. Handel treiben, nichts weiter. Nun, er handelte und wurde durchs Handeln, in Rothschild, der Herr der Welt. (...) (T. 4902)

Hebbel läßt aber insgesamt keinen Zweifel daran — und er berührt sich hier mit der zentralen These von Marx' Abhandlung „Zur Judenfrage" (MEW 1, 373 ff.) —, daß es ihm gleichermaßen um das „Börsentreiben" der christlichen wie der „ebräischen Juden" (Br. VI, 31) geht; daß allgemein der „Herr dieser Zeit" (Br. I, 233) zur Diskussion steht. Und wenn man daran, daß im Christentum „Alles auf Gewinn und Verlust: Himmel und Hölle, berechnet ist" (T. 3261), erkennen kann, daß es „vom Judenthum herstammt", so haben sich Jude und Christ inzwischen längst im Bourgeois getroffen. Hier zeigt sich exemplarisch, daß die „Geldmacht" als „moderne" über alle noch irgendwie begrenzten, „bornierten" Traditionen hinaus ist. Das konstante Leitmotiv, das Hebbel 1862 bei seinem schwindelerregenden Londoner Aufenthalt überall entdeckt, ist das gleiche, das Engels zwanzig Jahre zuvor im Anschluß an Thomas Carlyle „als das einzige Band zwischen Mensch und Mensch" denunziert hatte: die gefühllose „bare Zahlung":

> (...) zuletzt steckt doch hinter Allem nur die hohle Faust, die Geld will und wieder Geld und noch einmal Geld. (Br. VII, 194)

Aber schon in dem eingangs zitierten Brief an Elise Lensing vom 4. 4. 1844 läßt Hebbel, der sich als Künstler und als „Pantragöde" von der (angeblichen) Kulturfeindlichkeit und von der illusorischen Fortschrittsgläubigkeit der Linkshegelianer distanziert, seiner Ablehnung das Eingeständnis folgen:

> Doch enthalten diese Jahrbücher zwei ausgezeichnete Aufsätze von einem Preußen, Friedrich Engels in Manchester; die *Lage Englands,* und *Kritik der National-Oeconomie,* wovon namentlich der Letztere die ungeheure Unsittlichkeit, worauf aller Handel der Welt basirt ist, bloß legt. (Br. III, 73 f.)

Ob Hebbel weitere Aufsätze der „Deutsch-Französischen Jahrbücher" gelesen hat, ist nicht auszumachen. Zudem scheint er mit der Wendung gegen die „ungeheure Unsittlichkeit" des Handels moralistisch an den beiden Aufsätzen von Engels vorbeizuargumentieren. Gerade aber die Verbindung von Ethik und Sozialkritik kennzeichnet — nicht anders, als es in Marx' „Pariser Manuskripten" der Fall ist — die eigentliche Intention der Engelsschen Frühschriften. In den „Umrissen zur Kritik der Nationalökonomie" heißt es:

> Die neue Ökonomie (...) erweist sich als dieselbe Heuchelei, Inkonsequenz *und Unsittlichkeit,* die jetzt auf allen Gebieten der freien Menschlichkeit gegenübersteht.[17]

Wenn also der Autor der „Maria Magdalene" über sein Verhältnis zu den Linkshegelianern sagt, er könnte keine zwei Schritte „mit diesen Leuten" gehen, so ist er in der Kritik „allen Handels der Welt" doch einen mit ihnen gegangen.

Zentraler noch für ein sozialgeschichtlich adäquates Verständnis von Hebbels „bürgerlichem Trauerspiel" ist jener Bezug, der etlichen Interpreten die hoffnungslose Provinzialität und Zurückgebliebenheit von „Maria Magdalene" zu verbürgen schien:[18] die Konzentration auf die traditionalistische patriarchalische Familienstruktur, die zu allem Überfluß noch mit der zunfthandwerklich geprägten Spätform des „ganzen Hauses" in Verbindung gebracht wird.

1840 konfrontiert Immermann als einer der aufschlußreichsten Zeugen der Zeitgeschichte in seinen „Memorabilien" das Patriarchalsystem der Zeit „vor fünfundzwanzig Jahren" mit dem gewandelten „modernen Geist":

> Patriarchalischer, als jetzt, war mithin die Gewalt in der ecclesia pressa des damaligen deutschen Hauses. (...) Im allge-

meinen galt der Grundsatz, daß die Kinder der Eltern Eigentum seien, und daß ein jeder mit seinem Eigentume schalten dürfe, ohne daß andere Einspruch zu erheben, das Recht besäßen. Nichts Seltenes war es, daß die Eltern, gleichsam um ihr Eigentumsrecht durch untrügliche Zeichen abzustaben, die Kinder durch seltsame Kleidung oder andere Auffälligkeiten auszeichneten. (...)

Freilich gab es auch manches Haus, in welchem die weichliche Erziehung herrschte, (...) Es waren schwächliche Despoten, solche Eltern, (...) ohne daß gleichwohl dadurch der Despotismus in das Repräsentativsystem oder in den Liberalismus umschlüge. (...) Der moderne Geist, der (...) dem jetzigen jungen Geschlechte zeitig die Ahnung gibt, daß ihm gegen das ältere *Rechte* zustehen, daß beide sich unter der Herrschaft eines gemeinsamen *Begriffs* befinden, war jener verkehrten Welt fremd. Die Familie der Gegenwart hat also (...) eine Ausbeugung nach der Rechts- und Verstandessphäre hin genommen. Gewisse Normen treten in ihr markierter hervor und bringen sie einem kontraktlichen oder verfassungsartigen Verhältnisse näher.[19]

1854 stellt der österreichische Jurist und Rechtshistoriker J. Beidtel bedauernd fest, daß bereits die Gesetzgebung Josefs II. „die ‚väterliche, ehemännische und herrische Gewalt' (...) wesentlich eingeschränkt und ‚(...) auf die Freiheit des Individuums'" hingearbeitet habe. „(...) Die Verhältnisse in den Familien wurden gelockert, die strenge gottesfürchtige Erziehung der früheren Zeit kam ab. (...) Das Gesetz kannte nur dem Namen nach eine väterliche Gewalt"[20]. Wenig später setzt Wilhelm Heinrich Riehl in seiner „Naturgeschichte des Volkes" den Auflösungserscheinungen der Zeit und ihrem beziehungslosen Geldsystem den konservativen Gedanken des patriarchalisch regierten „ganzen Hauses" entgegen[21] — so wie gleichzeitig in Frankreich der konservative Familiensoziologe Frédéric Le Play vom Individualismus und Instabilismus der Moderne zur „Ordnung" des patriarchalischen Regiments zurückkehren möchte.[22]

In der Tat hat sich die patria potestas und vor allem die Lebensform des „ganzen Hauses" im Laufe der industriellen Revolution in den Zentren Mittel- und Westeuropas weitgehend aufgelöst. Im Verlagssystem, das die Produktionstechniken des Manufakturkapitalismus in die Familie integriert und 1844 zum Beispiel noch die sozioökonomische Basis des Weber-Aufstandes darstellt; in den bäuerlichen Familien ohnehin, aber auch in der Handwerksorganisation, zumal der kleineren und mittleren Städte, dauern beide jedoch hartnäckig fort — allen ökonomischen Krisenerscheinungen und allen ideologischen Auflösungstendenzen zum Trotz.[23] Die Strukturmerkmale des „ganzen Hauses“:[24] Es vereinigt alle Familienmitglieder und Generationen unter einem Dach, die — und das ist wichtig für eine Gesellschaft, die noch keine institutionalisierte Alterssicherung kennt — einer wechselseitigen Fürsorgeverpflichtung unterliegen. Dazu kommen das Gesinde bzw. die Lehrlinge und die Gesellen. Haushalt und Betrieb, Produktions- und Versorgungsgemeinschaft sind nicht voneinander getrennt. In den Handwerkerfamilien wird zu Hause für den Markt produziert, und zwar ohne klare Arbeitszeitregelungen. Die protestantische Arbeitsethik findet besonders in den pietistischen Häusern Eingang, wie es die sogenannte „Hausväterliteratur“ reichlich belegt.[25] Ordnung und (Selbst-)Zucht, Sparsamkeit als zugleich ökonomische und moralische Kategorie, der Fleiß als Ausdruck einer Berufsauffassung, die diesen als Berufung versteht, und schließlich eine in allem, aber vor allem im sexuellen Leben waltende Askese sind der Inbegriff dieser Ethik, Geld- und Zeitverschwendung, Trunk, Spiel, Amüsement die perhorreszierten Gegenbilder.

Das Hauswesen selber ist strikt hierarchisch geordnet mit dem „Hausvater“ als wortwörtlich zu nehmendem „Herrn und Meister“, dessen Direktiven sowohl die Kinder, Gesellen usw. unterstehen als auch die „Hausmutter“, in deren Zuständigkeit allein die Haushaltung fällt. Dem Vater kommen innerhalb einer komplementären Rollenzuweisung Autorität und Verantwortung, der Restfamilie „Pietät“ und Gehorsam zu. Man spricht in der Regel nicht auf gleicher Ebene, sondern ist statusbedingt durch die Anrede „Er“ oder „Du“ unterschieden.[26] Der Vater ist alleiniger Inhaber der „hausherrlichen Gewalt“. Er bestimmt die „Hausordnung“, garantiert den „Hausfrieden“ und repräsentiert das „ganze Haus“ in der Öffentlichkeit, im Verhältnis zur „Obrigkeit“ und zu den anderen „Häusern“, deren Rangordnung sich aus der zünftisch-ständischen Hierarchie und der jeweiligen Berufsgruppenzugehörigkeit ergibt. Die einzelnen Familienmitglieder stehen in diesem Rahmen niemals nur für sich, sondern immer zugleich auch für ihren „Haus-Namen“, an dessen Ruf sie im Positiven wie im Negativen, in Ehre und Schande partizipieren. Hieraus erklärt sich die „Unsentimentalität, ja die Härte des Hausvaters gegenüber seinen Hausgenossen und Kindern.“[27] Inbegriff der — zumeist prohibitiven — Regeln des sozialen und moralischen Verhaltens ist die „Ehrbarkeit“, die sich gleichermaßen auf die gewerbliche Arbeit wie auf den Lebenswandel bezieht. „Ehrlich“ heißt zum Beispiel immer auch soviel wie „ehelich“.[28] Uneheliche Kinder haben kein Recht, in die Zünfte aufgenommen zu werden, können also auch nicht ein ehrliches Gewerbe ausüben. Höchst augenfällige und publikumswirksame Hochzeitsbräuche binden die öffentliche Reputation an die von Kirche und Obrigkeit einträchtig vertretene sexuelle Moral.[29]

Familienrechtlich gesehen, scheinen die Emanzipationstendenzen der Aufklärung schon um die Wende vom 18. zum 19. Jahrhundert Eingang in die avancierteren europäischen Gesetzbücher gefunden zu haben; so, wie aber die libertären und egalitären Impulse der verschiedenen Revolutionen in unschöner Regelmäßigkeit von den jeweils folgenden Restaurationen eingeschränkt oder kassiert werden, so wird die „patria potestas“ nur gemildert, jedoch keineswegs annulliert.[30] Sozial, politisch und ideologisch formieren Haus-, Gott- und Landesvater weiterhin ihr traditionelles Trium*vir*at. Das „Allgemeine Landrecht für die Preußischen Staaten“ von 1794, der Code Civil von 1804, das „Allgemeine bürgerliche Gesetzbuch für die gesammten deutschen Erbländer der Oesterreichischen Monarchie“ von 1811 kennen die väterliche Gewalt, die „puissance paternelle“ nicht „nur dem Namen nach“, wie es, an traditionalistischen Maßstäben gemessen, Beidtel erscheinen möchte. Auch wenn die Aufklärung die „Vorrechte der väterlichen Huld“ gegen die „Rechte der väterlichen Gewalt“ gesetzt hatte (Lessing: Miß Sara Sampson, III, 3) — *„Vaterrecht“* bleibt, wie es in „Kabale und Liebe“ formuliert worden war (II, 5), „ein weites Wort — der Frevel selbst kann sich in seinen Falten verstecken — er kann es weit damit treiben — Weit!“ Zwar wird z. B. das väterliche Züchtigungsrecht in den Reformgesetzbüchern eingeschränkt; und es gibt auch kein positives Zwangsrecht in Heiratsfragen mehr. Ein prohibitives Zwangsrecht besteht hier aber sehr wohl in bezug auf die unmündigen Kinder, desgleichen die Möglichkeit, ihre Freizügigkeit völlig zu unterbinden. So kann denn der „Code Civil“, dessen Erbrecht Le Play als zu unpatriarchalisch kritisiert,[31] noch ebenso lapidar wie programmatisch feststellen:

Le mari est le chef de famille. (§ 213)

Und selbst da, wo sich die väterliche zur elterlichen Gewalt erweitert, deutet das nicht notwendigerweise auf größere Freiheit. Das zeigen drastisch die posthum veröffentlichten „Mémoires“

des Pariser Polizeiarchivars Peuchet, aus denen Marx 1845 etliche Passagen für den von Moses Heß redigierten „Gesellschaftsspiegel" übersetzt und kommentiert.[32] Peuchet analysiert dort unter anderem einige Selbstmord-„Fälle", so z. B. den einer Pariser Schneiderstochter, die von der Ehrbarkeit ihrer Eltern und der öffentlichen Moral in den Tod getrieben wird. Peuchet weigert sich rundheraus, in diesem Selbstmord eine moralisch verwerfliche oder gar widernatürliche Handlung zu entdecken. Er macht vielmehr nachdrücklich gegen die „Vorurteile" der Religiösen und das „Hohnlächeln" einer schwerfälligen Bourgeoisgesellschaft Front, die im übrigen gemäß den Fortschritten der „Handelsepoche" ihre „Seele" längst ins „Geschäft" und ihren „Gott in den Handel" gelegt hat.[33] Der Selbstmord ist eigentlich ein Mord, zumindest „ein Symptom der mangelhaften Organisation unserer Gesellschaft", wie Peuchet, der als Royalist und ehemaliger Zensor kaum einer revolutionären Parteilichkeit verdächtig ist, erstaunlich genug erklärt. Und der Kern seiner Diagnose lautet (Marx hebt aus ihr einige Sätze hervor):

> Unter den Ursachen der Verzweiflung, welche sehr nervösreizbare Personen den Tod suchen lassen, leidenschaftliche und tieffühlende Wesen, habe ich als vorherrschende Tatsache die schlechte Behandlung entdeckt, die Ungerechtigkeiten, die geheimen Strafen, welche harte Eltern und Vorgesetzte die Personen, welche in ihrer Abhängigkeit sind, erdulden lassen. *Die Revolution hat nicht alle Tyranneien gestürzt; die Übel, die man den willkürlichen Gewalten vorgeworfen hat, bestehen in den Familien; sie verursachen hier Krisen, analog denen der Revolutionen.* (...) Die feigsten, widerstandsunfähigsten Menschen werden unerbittlich, sobald sie die *absolute elterliche Autorität geltend machen können. Der Mißbrauch derselben* ist gleichsam ein *roher Ersatz* für die viele Unterwürfigkeit und Abhängigkeit, denen sie sich in der bürgerlichen Gesellschaft mit oder wider Willen unterwerfen.[34]

Die Familie wird also von Peuchet sowohl als Reservat vorrevolutionärer Tyrannei begriffen, wie er das Geltendmachen der „absoluten elterlichen Autorität" als Kompensation gesellschaftlicher Subordination und Abhängigkeit erklärt. In dieser doppelten historischen und sozialpsychologischen Beleuchtung zeigt sich auch Hebbels „Maria Magdalene" als gesamtgeschichtlich teilweise „ungleichzeitiges", gleichwohl fortdauerndes und alles in allem ganz und gar nicht winkelbürgerliches Trauerspiel.

II. TEXTGESCHICHTE

1. Entstehungsgeschichte

Die meisten Gegenwartsdramen Hebbels sind, wie einleitend bemerkt, mit seinen europäischen Wanderjahren verbunden. Das gilt in besonderer Weise für sein „bürgerliches Trauerspiel", das sich zwar auf die Darstellung einer in jedem Sinn engen „Welt" konzentriert, entstehungsgeschichtlich aber, zwischen Hebbels Kopenhagener und Pariser Aufenthalt, einen durchaus weiten Raum umfaßt.[1] Die Anfänge des Stücks reichen freilich in die Münchener Studienjahre (1836/9) mit ihrem eher bornierten Ambiente zurück, in denen wiederum frühe Wesselburener Erinnerungen aktualisiert werden. Am 23. Februar 1863 schreibt Hebbel an Siegmund Engländer: „Der Maria Magdalena (. . .) liegt ein Vorfall zu Grunde, den ich in München selbst erlebte, als ich bei einem Tischlermeister, der mit Vornamen sogar Anton hieß, wohnte. Ich sah, wie das ganze ehrbare Bürgerhaus sich verfinsterte, als die Gensd'armen den leichtsinnigen Sohn abführten, es erschütterte mich tief, als ich die Tochter, die mich bediente, ordentlich wieder aufathmen sah, wie ich mit ihr im alten Ton scherzte und Possen trieb." (Br. VII, 302 f.) Das „ehrbare Bürgerhaus" war das der Familie Schwarz, die Hebbel seit dem Herbst 1836 kannte und bei der er dann auch seit April 1837 wohnte — im Gegensatz zu „Maria Magdalene" ein katholisches Haus, dem die religiösen Appellationsmöglichkeiten offenstanden, welche die protestantische Klara schmerzlich vermißt („Ich wollt', ich hätt' einen Glauben wie die Katholischen", 42), ohne daß das ähnliche Atembeklemmungen und Verfinsterungen verhindert hätte, wie Hebbels Bericht zeigt. Auf den ehrbaren Tischlermeister, der (ähnlich Hebbels Vater) unter dem Druck finanzieller Probleme gezwungen war, sein Haus zu verkaufen, könnte sich eine Feststellung beziehen, die das Tagebuch vom April 1837 verzeichnet: „Es giebt keinen ärgern Tyrannen, als den gemeinen Mann im häuslichen Kreise" (T. 677) — desgleichen die angeschlossene sozialpsychologische Beobachtung: „Gemeine Leute verderben ihren Kindern gern ein Fest, *vorher* oder *nachher*" (T. 678). In diesen Notaten wird eine Leidensgeschichte spürbar, die Hebbel selber im väterlichen Hause erlitten hatte: Die Geschichte von „Maria Magdalene“ ist von Anfang an so eng mit persönlichen Erfahrungen verknüpft, daß Hebbel hier jedenfalls von dem Verdacht einer philosophischen oder literarischen Parthenogenese freizusprechen ist, auch wenn er, wie noch zu zeigen sein wird, das entstehende Drama sehr bald auf eine „Idee“ bezieht. Ende 1837 zeichnet er im Tagebuch einen Traum auf:

> Ich träumte mich neulich ganz und gar in meine ängstliche Kindheit zurück, es war nichts zu essen da und ich zitterte vor meinem Vater, wie einst. (T. 937)

Und als Hebbel am 18. September 1838 die Nachricht vom Tode seiner Mutter erhält, vermerkt er dankbar im Tagebuch:

> (...) sie war es, die mich fort und fort gegen die Anfeindungen meines Vaters, der (von seinem Gesichtspunct aus im Recht) in mir stets ein mißrathenes, unbrauchbares, wohl gar böswilliges Geschöpf erblickte, mit Eifer in Schutz nahm. (T. 1295)

Zwei Monate später heißt es in aller Deutlichkeit über die Vater-Sohn-Beziehung:

> Wie war nicht meine Kindheit finster und öde! Mein Vater haßte mich eigentlich, auch ich konnte ihn nicht lieben. Er, ein Sclav der Ehe, mit eisernen Fesseln an die Dürftigkeit, die bare Noth geknüpft, außer Stande, trotz des Aufbietens aller seiner Kräfte und der ungemessensten Anstrengung, auch nur einen Schritt weiterzukommen, haßte aber auch die *Freude;* zu seinem Herzen war ihr durch Disteln und Dornen der Zugang versperrt, nun konnte er sie auch auf den Gesichtern seiner Kinder nicht ausstehen, das frohe, brusterweiternde Lachen war ihm Frevel, Hohn gegen ihn selbst, Hang zum Spiel deutete auf Leichtsinn, auf Unbrauchbarkeit, Scheu vor grober Handarbeit auf angeborne Verderbniß, auf einen zweiten Sündenfall. (T. 1323)

Das Resümee dieser Beziehungsanalyse verzichtet auf eine ungerechte persönliche Aufrechnung, konzentriert sich dafür aber um so entschiedener auf den Sozialcharakter:

> Dennoch war mein Vater (wäre ich davon nicht innig überzeugt, so hätte ich so etwas nicht über ihn niedergeschrieben) ein herzensguter, treuer, wohlmeinender Mann; aber die *Ar-*

muth hatte die Stelle seiner *Seele* eingenommen. Ohne Glück keine Gesundheit, ohne Gesundheit kein Mensch! (T. 1323)

Diese unter dem Einfluß von Hebbels Münchener Erfahrungen aktualisierten Kindheitserinnerungen nehmen wesentliche Motive seines „bürgerlichen Trauerspiels" vorweg, finden aber in München noch keinen direkten literarischen Niederschlag. In diese Richtung führt nur das Rollenlied „Der junge Schiffer", das Hebbel bereits im November 1836 niederschreibt und dann in der Schlußszene von „Maria Magdalene" dem Sohn Meister Antons in den Mund legt. Es wäre möglicherweise auch ein Text für den Sohn seines Münchener Tischlermeisters gewesen, der mit Vornamen sogar Karl hieß, allerdings tatsächlich „leichtsinnig" war. Im Februar 1837 aus der Arbeitsanstalt entlassen, im Mai wieder wegen Diebstahls inhaftiert, zog er nach der Entlassung aus München fort: „Da draußen ist mein Reich!" (91).

Zu den prekären Vater-Sohn-Beziehungen tritt auf dieser Münchener Stufe der Entstehungsgeschichte von „Maria Magdalene" die symptomatische Beziehung zwischen seinem ehrbaren Tischlermeister und dessen Tochter „Beppi" Schwarz[2] sowie das nicht weniger symptomatische Verhältnis des „Mannes" Hebbel zu der letzteren hinzu. Wenn Klara kurz vor ihrem Selbstmord ihrem Vater noch den Abendtrank ans Feuer stellt (90), so wird dieses bezeichnende Detail schon in dem Ende 1836 geschriebenen Gedicht „Versöhnung" antizipiert, das sich mit der Situation eines schwangeren Mädchens befaßt: „(...) Krank geworden ist der Vater, / Das zerreißt mir ganz das Herz!' // Und sie stellt des Vaters Suppe / Sorgsam zu des Heerdes Glut, / (...)" (W. VI, 272). Der Tagebuchautor Hebbel zeigt gleichzeitig keine Scheu, der Vaterbindung Beppis einen sehr viel deutlicheren Ausdruck zu geben:

> Bevor B. die Menstruation gehabt, hat sie immer an fürchterlichen Schmerzen im Unterleib gelitten; wenn sie sich dann zum Vater ins Bett gelegt und dieser die Hand auf ihren Bauch gelegt, hat's nachgelassen; bei der Mutter hat's nicht geholfen. (T. 494)

Über die „Possen" wiederum, die er schon lange vor dem erwähnten Kriminalfall mit Beppi trieb, gibt das Tagebuch ebenfalls eindeutiger Auskunft als der auf Selbstdarstellung bedachte Briefbericht[3]. Es handelte sich von Anfang an um eine auch sexuelle Beziehung, die von der ihn bedienenden Haustochter und ihrer Familie allerdings sehr viel verbindlicher aufgefaßt wurde als von

Hebbel. Er hat sich hier, allen Anfällen von schlechtem Gewissen und guten Absichten zum Trotz, nur in einem Sinn als künftiger Ehemann geriert: als „Mann", der in dem Moment, wo ihm Beppi über einen früheren Liebhaber beichtet, wie sein Sekretär, der denn auch seinen Vornamen trägt, nicht recht „darüber" hinwegkann, obwohl er — anders als dieser — eben auch als Mann „daran" partizipiert. Was er später in einem sozialkritischen Sonett der „menschlichen Gesellschaft" vorwirft: daß sie nämlich die „Sünden" ächte, die sie „selbst erzeuge" (W. VI, 316), dieser Vorwurf trifft hier auch ihn als den Agenten der patriarchalischen Sexualmoral, dessen Selbstgerechtigkeit eifersüchtige „bittre Gefühle" mit den Grenzen der Menschen im Verzeihen identifiziert (T. 582). Dieses Verzeihen wird dafür um so entschiedener in poeticis geübt. In dem obengenannten Gedicht „Versöhnung", in dem das familiär und gesellschaftlich isolierte schwangere Mädchen Trost bei der „Gnadenmutter" sucht, bittet der Dichter stellvertretend um die Absolution und läßt das erwartete uneheliche Kind zum gekreuzigten Heiland und Mittler avancieren (W. VI, 272 f.). 1838 greift Hebbel diesen Versöhnungsgedanken wieder in dem Gedicht „Auf eine Verlassene" (W. VII, 160) auf. Wie gesagt, fühlt sich aber erst der Wiener Hebbel unter der Assistenz ökonomischer Motive den „moralischen Forderungen" seiner poetischen Lebensbilder gewachsen.

Die Beziehung Hebbels zu Beppi Schwarz stimmt in einem wesentlichen Punkt mit der zu seiner primären Bezugsperson, Elise Lensing, überein: Seiner Neigung zum Despotismus, zum Menschenverzehren, zu „Gifthändeln", von denen er selber wohl weiß (T. 672 f.), zur paradoxen Abqualifizierung dessen, was er selber praktiziert, entspricht die Leidensbereitschaft der „Alles duldenden" Frauen (T. 576). Von hier führt schließlich auch die Verbindung zu der „Idee", die im Februar 1839 notiert wird: „Durch Dulden Thun: Idee des Weibes." (T. 1516) Unmittelbar anschließend heißt es: „*Klara* dramatisch" (T. 1517). Mit anderen Worten: Die erste explizite Erwähnung von Hebbels „bürgerlichem Trauerspiel" steht im Zusammenhang mit einer Rollenvorstellung, die dem „Weib" eine bloß indirekte, reaktive Aktivität zuschreibt. Der Mann reklamiert — so darf man das Tagebuch ergänzen — das „tuende" Tun für sich. Wie hätte sonst auch ein Trauerspiel zustande kommen können!

Zunächst bleibt diese „Idee" indes unausgeführt, obwohl es nicht an biographischem Stoff gefehlt hätte. In den Mitteilungen Hebbels an die schwangere Elise Lensing über seine leidenschaftliche

Liebe zur Patriziertochter Emma Schröder wird — man kann es nicht anders bezeichnen, obschon sich sonst bei dem „gequälten Quäler" Hebbel eine einseitige moralische Aufrechnung verbietet — mit schon einmaliger Rücksichtslosigkeit die Probe auf das „duldende Tun" gemacht, auch wenn der Tagebuchautor (T. 2098 f.) wie später der Autor der „Maria Magdalene" in der Zeichnung des treulosen Leonhard Gerichtstag über sich hält.

Im November 1840 bringt Elise den unehelichen Sohn Max zur Welt. Hebbel seinerseits setzt in den Tagebuchbemerkungen über Bulwer-Lyttons „Ernest Maltravers" (T. 2316) und in dem Gedicht „Virgo et Mater", das an die Münchener „Versöhnungs"-Lyrik anschließt (W. VI. 178 f.), wie bald darauf auch noch im „Dithmarschen-Fragment" (W. V. 96 f.) seine Auseinandersetzung mit dem Thema „uneheliche Schwangerschaft" fort. Umfassendere sozialkritische Fragestellungen werden in zahlreichen Tagebuchnotaten und dem oben erwähnten Sonett „Die menschliche Gesellschaft" (W. VI, 316) verfolgt, geschichtsphilosophische in dem Sonett „Unsere Zeit" (W. VI, 315): Die Dialektik von Recht und Unrecht, von Altem und Neuem, von Lebendigem und Totem steht im Sog des Vormärz, in der Nähe zu den Jungdeutschen auch für Hebbel zur Diskussion. Aber erst am 28. Dezember 1841 wird wieder auf das „bürgerliche Trauerspiel Klara" Bezug genommen: Hebbel notiert, daß es nach der Fertigstellung des „Diamant" zugleich mit dem (damals noch religionskritisch akzentuierten) „Moloch" stark in ihm rumore (T. 2408), hat aber noch keine Hoffnung auf einen zügigen Beginn der Niederschrift. Immerhin: Das Genre liegt bereits hier fest, nachdem Hebbel sich schon in München mit dem bürgerlichen Trauerspiel, mit Lenz' „Soldaten" und dem „Hofmeister", Klingers „Leidendem Weib"[4] und Lessings „Emilia" auseinandergesetzt hatte (T. 1471, 1496, 1501 a), wird also nicht, wie es der Brief an Auguste Stich-Crelinger vom 11. 12. 1843 vermuten läßt (Br. II, 347 f.), erst später dem biblischen Titel hinzugefügt, um einen falschen Erwartungshorizont des Publikums zu vermeiden[5].

Im März 1842 befaßt Hebbel sich wieder intensiver mit seiner Kindheit. Die Erinnerungen, die er im Tagebuch festhält, finden später in seine autobiographischen „Aufzeichnungen aus meinem Leben" (W. VIII, 80 ff.) Eingang. In diesen „Aufzeichnungen" ist es nicht so sehr die (erheblich aufgehellte) Atmosphäre des elterlichen Hauses oder das Bild eines benachbarten „jovialen" (sic!) Tischlermeisters als vielmehr das bezeichnende Detail (die düstere Friedhofsszenerie; der unheimliche Brunnen, „an dessen Bedachung alle Augenblicke etwas genagelt werden mußte"; der Birnbaum mit seinen wurmstichigen frühreifen Früchten), das an „Maria Magdalene" erinnert.

Im August 1842 notiert Hebbel die „erschütternde Geschichte" einer unehelichen Mutter, deren Kindesmord nach ihrem Selbstmord bekannt wird. Die „furchtbare" Isolation des in seinen „Geheimnissen" gefangenen schuldbewußten „armen Geschöpfs" inmitten des „Familienkreises", in dem es arbeitet, ist dabei das eigentliche Thema (T. 2574).

In der ersten Märzhälfte 1843 schließlich beginnt Hebbel, nachdem er seine Erinnerungen an Beppi Schwarz und den Abschied von ihr durch die Abschrift seines „Reise-Journals von München nach Hamburg" (T. 2654) aufgefrischt hat, mit der Niederschrift von „Maria Magdalene". Er befindet sich inzwischen in Kopenhagen, wo er als dänischer Untertan um königliche Unterstützung antichambriert. Das geistesgeschichtliche Ensemble spricht für sich: Kierkegaard rechnet mit dem offiziellen Christentum und dem regierenden Hegelianismus ab: „Entweder — Oder" (gegen alle dialektische Vermittlung und Versöhnung), „Furcht und Zittern", „Der Begriff Angst" sind die Titel der Werke, die in diesen Jahren entstehen — jeder könnte für Hebbels „bürgerliches Trauerspiel" stehen. Hebbel wiederum, der wenig später selber als Hegelianer verschrien ist, setzt sich kurz nach dem Kopenhagener Aufenthalt in seinem „Wort über das Drama" mit dem Repräsentanten des Hegelianismus in der offiziellen Ästhetik, dem Literaturpapst Heiberg auseinander. Heiberg vergilt es ihm in seiner Eigenschaft als Zensor, indem er „Maria Magdalene" als bürgerlich weinerliches (sic!) Drama abqualifiziert.[6]

Das sozialgeschichtliche Kopenhagener Ensemble ist freilich bis auf eine bürgerlich-aristokratische Geldehe, von der Hebbel sogleich Notiz nimmt (Br. II, 148), nichts weniger als „gleichzeitig": Hebbel macht mit den von allen Zeitläuften unbeirrten Konventionen eines Feudalstaats Bekanntschaft — desgleichen mit der eigenen Ungeschicklichkeit in allen formalen und taktischen Fragen. Er revanchiert sich, indem er an dem nicht gerade dänenfreundlichen „Dithmarschen-Fragment" weiterarbeitet, die „totale Hohlheit und Nichtigkeit" des intriganten höfischen Lebens aus der Nähe besieht (Br. II, 153), dem König, der die „gräuliche" Indezenz der „Judith" rügt, lieber als „eckiges Etwas" denn als ein „rundes Nichts" gegenübertritt, und seine Erfahrungen brieflich folgendermaßen resümiert:

> Vieles, was ich bisher in Dramen und Romanen für Übertreibung und Carricatur hielt, muß ich jetzt als Wahrheit anerkennen (Br. II, 213).

Immerhin: Das erbetene Reisestipendium wird wider Erwarten schließlich doch gewährt.

Die Arbeit an „Maria Magdalene“ scheint anfangs nicht unter einem günstigen Vorzeichen zu stehen: Hebbel ist zusätzlich zu allen sozialen und seelischen Problemen noch durch einen äußerst schmerzhaften Rheumatismus ans Bett gefesselt. Doch „in krankhaften Zuständen“ nimmt sein „inneres Leben“ gerade nicht ab, sondern steigert sich (Br. II, 227). Am 12. März fällt zum ersten Male der biblische Titel, obwohl Hebbel wenig später wieder von der Tragödie „Klara“ spricht (Br. II, 246).

Nur das Fehlen eines Secretairs (den schafft er sich dann im Stück) hindert ihn, den ganzen ersten Akt in einem Zug zu vollenden. Er fühlt sich „voll Poesie“ — und schon bald auch voll Spannung, wie sich sein Meister Anton weiterentwickeln werde — „bis jetzt ist's ein prächtiger Kerl“ (Br. II, 231), wie die keineswegs nur poetisch zu verstehende Sympathiekundgebung des Autors lautet. Die langwierige Vorgeschichte des Trauerspiels mündet in Kopenhagen also in einen eruptionsartig verlaufenden Produktionsprozeß mit unbekanntem Ausgang. Am 26. März stellt Hebbel befriedigt fest:

> Der erste Act ist fast fertig und mir gelungen wie je Etwas. Der Meister Anton, ein *Held* im *Kamisol*, der, wie er sagt, die ‚*Mühlsteine* als *Halskrausen* trägt, statt damit in's Wasser zu gehen‘, gehört vielleicht zu meinen höchsten Gestalten. Es wird wieder eine neue Welt, kein Pinselstrich erinnert an die vorher von mir geschaffenen beiden Stücke; ganz *Bild*, nirgends *Gedanke*, aber in *letzter Wirkung*, wenn mich nicht Alles trügt, von *niederschmetternder Gewalt*, bei alledem sogar voll *Versöhnung*, aber freilich nicht zur *Befriedigung* des kritischen *Pöbels*.
>
> Mich selbst erschüttert diese Klara gewaltig, wie sie aus der Welt herausgedrängt wird. (Br. II, 246)

Anders als die Entwicklung Meister Antons sind das Ende Klaras und seine Modalitäten („heraus*gedrängt*“!) hier also schon klar. Die erschütterte Teilnahme des Autors am Schicksal seiner Titelfigur spricht aber wieder für die Unwillkürlichkeit und Spontaneität des Produktionsprozesses. Das Bild des alle Mauselöcher systematisch verstopfenden „Pantragikers" wird jedenfalls auf dieser Stufe der Entstehungsgeschichte nicht bestätigt.

Nach der Rückkehr nach Hamburg wird der erste Akt definitiv am 1. Mai 1843 geschlossen. Das Ambiente dieses dichterischen „Mayliedes": „blühende Bäume", „die wärmste Luft" draußen (T. 2676 f.) — und Meister Antons Reflex „drinnen", im „bürgerlichen Trauerspiel": „(Er setzt seinen Hut auf) Es ist schönes Wetter! Wir wollen Spießruten laufen, straßauf, straßab!" (61)

Die Szenerie beim Abschluß des zweiten Aktes in Paris am 17. Oktober 1843 ist weniger paradox: „Pariser Regenwetter. Grauer Himmel — kalt" (T. 2801). Doch die Tagebuchnotiz vom 24. Oktober, in der Hebbel auf den Tod seines Sohnes Max reagiert, verzeichnet wieder eine äußerst dissonante Simultaneität:

> Am 2ten October starb mein Max; (...) Erst am 22sten October, nachdem er längst zur Erde bestattet war, erfuhr ich's. (...) O Gott, fröhlich war ich in der Zeit nicht, aber ich arbeitete doch, ich dichtete an meinem Trauerspiel, ich that mir vielleicht in demselben Augenblick auf eine gelungene Szene etwas zuguthe und freute mich, als das Kind mit dem Tode kämpfte. Schrecklich! Ja, ich erinnere mich, den Abend des 1sten Octobers war ich auf einem Ball und sah den Cancan tanzen! Freilich gefiel mir nicht der Tanz, aber doch die Musik! (...) es giebt keine Ahnung. (T. 2805)

Der Backsteinhimmel, den Hebbel über sich sieht, „den Sonne, Mond und Sterne mit ihren Strahlen nicht durchdringen" (T. 2808) wird, wie für Klara der „festgenagelte Sonnenschein", (73) zum Bild einer aussichtslosen, heillosen Existenz. Anders als Klara aber, die noch an die Gnade ihres Gottes appelliert, bevor sie Haus und Welt verläßt (90 f.), glaubt Hebbel nicht mehr an einen „père de famille", einen „guten Hausvater über den Sternen", der allmächtig genug wäre, die „Wunden seiner lieben Kinder" zu heilen (T. 2932). „Es giebt nur eine Nothwendigkeit, die, daß die Welt besteht, wie es aber den Individuen darin ergeht", ist der „höchsten Macht" gleichgültig (T. 2828, 2881): das ist der zweifelhafte Restbestand „ewiger Weisheit", die Schwundstufe der Theodizee.

Trotz der „namenlosen Angst" um Elise kehrt Hebbel jedoch wie später nach der Geburt seines zweiten unehelichen Sohnes Ernst nicht nach Hamburg zurück. Und auch der Plan, „Maria Magdalene" als „Todten-Opfer" für sein Kind unvollendet zu lassen, wird sofort wieder verworfen (Br. II, 311 ff.). Für Elise und die eigene „Existenz muß etwas geschehen, man muß schmieden an der Kette, so lange man sie trägt", wie Hebbel mit einem an Karls Abrechnung (88) erinnernden bitteren Bild formuliert (Br. II, 314). Die Aussichten sind nicht schlecht; denn das Stück, dem nur noch zwei Szenen fehlen, scheint Hebbel nicht nur „sehr gelungen", sondern auch „durchaus theatralisch" (Br. II, 315). So wird denn nach einigen Schwierigkeiten mit dem Neubeginn der „Blick wieder auf's Leben" und die Dichtung gerichtet; und am 4. Dezember 1843 stellt Hebbel befriedigt den Abschluß seines „bürgerlichen Trauerspieles" fest — mit einer Reflexion über die gattungsbedingte Reflexionslosigkeit des Stücks, die später, nur leicht verändert, in das Vorwort aufgenommen wird (T. 2910). Der Reflexionsverzicht des Autors wird allerdings bald durch eine Vielzahl von Selbstinterpretationen kompensiert. Der Begleitbrief bei der Übersendung des Stücks an die Schauspielerin Auguste Stich-Crelinger, die sich für eine Aufführung in Berlin einsetzen soll, bietet eine Deutung der Idee und des Gattungscharakters des „bürgerlichen Trauerspiels", die der Deutung des Vorworts in den Grundzügen entspricht (dazu später). Der „symbolische Titel", unter dem Hebbel „die Heldin in den von Judith und Genoveva eröffneten Frauenkreis einführen" will, wird erwähnt, soll aber bis zur Drucklegung, da er „zu Mißverständnissen Anlaß geben könnte", durch die „allgemeine" Gattungsbezeichnung ersetzt werden (Br. II, 347 ff.).

Der Brief vom 5. 12. 1843, der Elise den Abschluß des Stückes meldet, berichtet von einem Gespräch mit dem Pariser Freund Felix Bamberg, der auf stupende Weise sofort den Kern erfaßt habe: die Darstellung des „Welt-Ganzen" in einem „beschränkten Kreis" (Br. II, 342). Der Hegelianer Bamberg ist es denn auch, auf dessen Konto, wenn man Hebbel Glauben schenken darf, das Vorwort zu „Maria Magdalene" geht, das Hebbel immer wieder den Vorwurf eines hegelianisierenden Reflexionspoeten eingetragen hat (ohne daß die viel aufschlußreichere Widersprüchlichkeit dieser Selbstreflexion — dazu unten — gebührend vermerkt worden wäre). In dem eingangs erwähnten Brief an Siegmund Engländer vom 23. Februar 1863 heißt es:

> (...) die Vorrede hat Felix Bamberg auf seinem Gewissen, der sie mir abpreßte, als ich die Besorgniß gegen ihn aussprach, daß man mein kleines Familienbild für eine Ifflandsche Nachgeburt erklären werde. (Br. VII, 303)

Immerhin: Hebbels eigene Besorgnis, daß man sein Werk mit rührenden Trivialitäten à la Iffland verwechseln könne, scheint der erste Anlaß für die Abfassung des Vorworts gewesen zu sein. Auch deutet während der Arbeit nichts auf die spätere Selbstkritik und die Vorwürfe gegen Bamberg hin. Dieser gibt ihm ganz im Gegenteil — anders als der „Poeten-Fresser“ Ruge (T. 6273) — mit wohlwollender Ironie, unbekümmert um die These vom Ende der „Kunstperiode“, zu verstehen, daß eine Verantwortung „über die schreckliche Sünde“, Gedichte gemacht zu haben (Br. III, 32), nicht vonnöten sei. Hebbel selber begleitet die ganze Zeit das Gefühl, etwas außerordentlich Geglücktes zu machen: ein aufklärendes, kritisches und dabei nicht eigentlich polemisches Manifest gegen „Jung-Deutschland, die schwäbische Schule, die politischen Poeten“ usf. (Br. III, 32). Zwar glaubt Hebbel mehrere Male irrtümlich, die Sache „im Vorbeigehen“ abtun zu können; doch Anfang März wird sie endgültig abgeschlossen, am 18. 3. 1844 an den Verleger Campe geschickt — in der Zuversicht, daß diesem „das Beste“, was er jemals in Prosa geschrieben habe, (Br. III, 53) imponieren werde.

Schon im Dezember 1843 war der Plan aufgetaucht, das Drama zum Dank und natürlich auch schon zur Vorbereitung der Supplik um die Verlängerung des Reisestipendiums dem dänischen König zu dedizieren (Br. II, 343). Doch ergeben sich im Zusammenhang damit bald einige Probleme, die nicht überraschen, wenn man sich vergegenwärtigt, daß Hebbel sich in Paris meist positiv zur „großen Revolution“ äußert[7] und den dänischen Königshof noch in frischer Erinnerung hat.

Am 19. Juni 1844 schreibt Hebbel an Elise Lensing:

> Das Stück werde ich dann dem König dedicieren, wenn er es erlaubt; die Novellen Oehlenschläger. Ersteres thue ich nicht gern, denn in einer Zeit, wo sich ein neues Verhältniß zwischen den Fürsten und den Völkern gestalten will, ist es für einen Schriftsteller, dessen ganze Existenz denn doch von der Achtung seines Volks abhängt, höchst bedenklich, Bücklinge gegen die Throne zu machen, und aus freiem Willen und wenn ich noch für mich allein dastünde, würde es nie geschehen, so wenig als ich mich je entschließen werde, den Demos zu haranguiren. Ich werde es jedoch thun und meine Ehre durch die Dedication selbst gegen Verläumdungen zu schützen wissen.

Bemerkenswerterweise wird trotz der Distanz zum „Demos“ die demokratische Wendung Freiligraths in diesem Zusammenhang positiv vermerkt:

> Es geht hier das Gerücht, daß Ferdinand Freiligrath dem König von Preußen die seinige (Pension, L. L.) aus Anlaß des neuen Preß-Gesetzes zurückgeschickt habe. Er ist arm und obendrein verheirathet, aber um so mehr gereicht es ihm zur Ehre, wenn es sich bestätigt. (Br. III, 111 f.)

Trotzdem wird das „allerunterthänigste" Gesuch um die „allergnädigste" Erlaubnis für die Dedikation am 31. Juli an den „allerhuldreichsten" König gestellt[8]; wenig später schickt Hebbel den Text auf Drängen Campes nach Hamburg ab (Br. III, 152). Ob die Tatsache, daß die Dedikation „metaphysisch, also schlecht" gerät, nur Hebbels „dumpfem Kopf" zuzuschreiben ist (Br. III, 151 f.) oder der obenerwähnten Absicht, sich durch den Text selbst „gegen Verläumdungen zu schützen", kann dahingestellt bleiben. Auf jeden Fall zeigt die Entstehungsgeschichte, daß im Gegensatz zur Widmung des Versepos „Mutter und Kind" devoter Ernst hier bei Hebbel nicht vermutet werden kann.

2. *Druckgeschichte*

Die Druckgeschichte von „Maria Magdalene" beginnt mit einer Enttäuschung: Die Hoffnung, daß das Stück mit Unterstützung von Auguste Stich-Crelinger bald auf dem Berliner Theater uraufgeführt werden könne, erfüllt sich nicht. Fast alles, das *„dramatische Geschick"* des Autors, die „Behandlung der Idee", die Sprache, die Charaktergestaltung wird gerühmt:

> Nur *Eins*, eine Kleinigkeit, wenn Sie wollen, aber nach meiner Ansicht eine unübersteigliche Schwierigkeit, sobald es sich um die Aufführung handelt, das Hauptmotiv der Handlung, die offenkundige Schwangerschaft der Heldin, stößt Alles über den Haufen. Wie können Sie nur denken, daß das geht. (...) Sie sind ein Mörder an Ihrem eigenen Genius.[9]

Mit anderen Worten: Eben dieselbe prüde und aggressive Sexualmoral, die Klara in den Tod treibt, hintertreibt fürs erste auch die Geburt des Stückes auf der Bühne![10] Und gemäß jener Etikettvertauschung, die in „Maria Magdalene" mehrfach zu beobachten ist, wird nicht der eigentliche Mörder, vielmehr der Ermordete für schuldig erklärt.

Nach dem negativen Bescheid der Berliner Generalintendanz, der die Situationsbeurteilung von Auguste Stich-Crelinger bestätigt, bleibt Hebbel nichts anderes übrig, als das Stück möglichst schnell drucken zu lassen. Am 2. Juni 1844 schreibt er an Campe:

> Ich habe mich sehr geärgert, denn dieß Stück ist in jeder Beziehung aufführbar und könnte — ich gebe Ihnen mein Wort! — *von der Kanzel abgelesen werden zur Erbauung der Gemeinde.*[11]

Man mag allerdings seine Zweifel haben, ob Kirchenbesucher vom Typus des Tischlermeisters dabei ausgehalten hätten . . .

Da Hebbel die Schlußredaktion von Paris aus nicht selber überwachen kann, beauftragt er Elise Lensing mit den Korrekturen sowie — das ist erstaunlich genug — mit der Szeneneinteilung, die Elise mit „Genauigkeit“ vornimmt, wie Hebbel dankbar vermerkt (Br. III, 146). Auch alles Weitere scheint planmäßig zu verlaufen, bis dann am 23. September ein „ganz entsetzlicher“ Druckfehler festgestellt werden muß[12] — ausgerechnet in der Dedikation, die so in die Nähe einer Nachlässigkeit oder gar Respektlosigkeit gerät. Trotzdem sorgt Campe nicht für eine Korrektur. Zu allem Überfluß liefert er schließlich das Buch aus, ohne daß der König die Dedikation angenommen hätte. So bleibt Hebbel schließlich nichts anderes übrig, als sich für die „unziemliche Gesetzesübertretung“ in Kopenhagen zu entschuldigen und um nachträgliche Annahme zu bitten.[13] Sie wurde nie gewährt — ebensowenig wie die Verlängerung des Reisestipendiums: Zunächst der Streit mit Professor Heiberg, der Hebbel in die Nähe der politisch-sozialen Programmatik der Jungdeutschen gerückt hatte; als nächstes ein Stück, das diese Nähe durchaus nicht dementierte, ohnehin nicht recht passend für Königshöfe war und auch nicht jene „Versöhnung“ aller Dissonanzen bot, die Hebbel bei seinem Stipendienantrag versprochen hatte (Br. II, 193); dann der Druckfehler, schließlich der Formfehler — dieser Autor ließ es doch all seinen Beteuerungen zum Trotz an der gehörigen Devotion fehlen.

Einen anderen Druckfehler hat Hebbel erstaunlicherweise zunächst nicht bemerkt: den im Titel, wo statt „Maria Magdalen*a*“ „Magdalen*e*“ stehengeblieben ist. Die Historisch-Kritische Ausgabe hat, obwohl Hebbel in seinen späteren Äußerungen fast ausnahmslos „Magdalen*a*“ schreibt, diesen Druckfehler übernommen, weil er seit dem ersten Druck „zu sehr eingewurzelt“ sei (W. II, 372). Neuerdings ist wieder mehrfach für „Maria Magdalen*a*“ plädiert worden, und zwar so enragiert, daß bei einer gegenteiligen Entscheidung offenbar der Sieg des nachlässigen Setzers über den Autor, die Vernunft, die „Wissenschaft und die philologische Wahrheit“ droht.[14] Trotzdem wird im folgenden, ohne daß wir dem kleinen Unterschied allzu große Folgen zuschreiben wollen, am Erstdruck festgehalten — allerdings nicht aufgrund der von Richard M. Werner bemühten Normativität des Faktischen als aus einer sachlichen Überlegung: Die eingedeutschte, gleichsam familiarisierte Form „...lene“ ist dem gegenwartsbezogenen bürgerlichen Familientrauerspiel angemessener als die lateinische Form[15]. Und hat nicht auch die Psychopathologie des Drucker-Lebens ihren eigenen Sinn: auszudrücken, daß das Stück nicht bruchlos in seiner biblischen Symbolik aufgeht?

III. INTERPRETATION

Die hermeneutische Empfehlung, die Hebbel am Schluß des Vorworts zu „Maria Magdalene" seinen Interpreten gibt, legt ihnen nahe, „zuallernächst z. B. nach dem Verhältnis der Anekdote zu den im Hintergrund derselben sich mit ihren positiven und negativen Seiten bewegenden sittlichen Mächten der Familie, der Ehre und der Moral" zu fragen, „nicht aber nach der sogenannten ‚blühenden Diktion', diesem jammervollen bunten Kattun, worin die Marionetten sich spreizen, oder nach der Zahl der hübschen Bilder, der Prachtsentenzen und Beschreibungen und anderen Unterschönheiten, an denen arm zu sein die erste Folge des Reichtums ist" (28 f.). Zwar schließt der exemplarische Charakter der empfohlenen Fragestellung („z. B.") andere Untersuchungsmöglichkeiten nicht aus; und das Desinteresse an der „ ‚blühenden Diktion' " ist nicht zu verwechseln mit dem Desinteresse an Bildern und Redeweisen überhaupt: Das vorausgeschickte Plädoyer für die authentischen „Tropen" der „Bürger und Bauern" macht das deutlich genug. Doch sagt Hebbels Leseanweisung klar, worauf seine „Beurteiler" in erster Linie zu achten haben — es sei denn, daß sie in die „Erbfehler des bürgerlichen Trauerspiels" (29) zurückverfallen wollen, das ihre „in Mißkredit" geratene „Gattung" lange Zeit aufgeführt hat.

Die Antwort auf die Frage, wie Familie, Ehre und Moral „mit ihren Tag- und Nachtseiten" (Br. II, 342) in „Maria Magdalene" dargestellt werden, wird im folgenden über die Analyse der sozialen und psychischen Charaktere, ihrer Interaktionsstrukturen, ihres Ideenhaushalts, ihrer symptomatischen Sprach- und Sprachlosigkeitsformen gesucht. „Charakter" wird dabei im Sinn der analytischen Sozialpsychologie[1] und unter Berücksichtigung einiger Ergebnisse der Anti-Psychiatrie als „Agent" sozialer „Rollen" und als „Patient" von „Triebschicksalen", als — in „Maria Magdalene" buchstäblich zu nehmender — „Schnittpunkt" eines Sozial- und Psychodramas verstanden. Das impliziert einerseits die Absage an den Versuch, Hebbels „bürgerliches Trauerspiel" als irreduzibles, individuell bedingtes Figuren- oder Charakterdrama im Sinne der orthodoxen Dramen-Typologie aufzufassen.[2] Und es impliziert auch, daß Hebbels Rede von den „im Hintergrund sich bewegenden sittlichen Mächten" nicht heißen kann, daß es hier um sich *selbst* bewegende, „in sich selbst begründete" (Br. II, 348) Mächte ginge, die als „sittliche" nicht ihrerseits wieder Vordergrundmächte wären. Es wird sich vielmehr zeigen, daß gerade ihre Verselbständigung der Reflex umfassender Abhängigkeit von außersittlichen Faktoren ist.

Auf der anderen Seite verbietet es gerade die Verbindung von Sozial- und Psycho-Drama, einen puren Automatismus isolierter gesellschaftlicher oder seelischer Zwänge zu behaupten; und es wird auch zu zeigen sein, daß die Hauptpersonen (Meister Anton, Klara) gerade in ihrer Eigenschaft als Exponenten bestimmter gesellschaftlicher und seelischer Charaktere ein höchst spezifisches Gesicht gewinnen[3]. Es kann also nicht genügen, ausschließlich „Hintergrund"-, Basis-Verhältnisse und solche der Triebökonomie zu rekonstruieren — dergestalt, daß alle populären Vorurteile gegen materialistische und psychoanalytische Literaturwissenschaft ebenso recht wie billig bestätigt würden. Und es soll auch nicht so getan werden, als gestatte dieses Stück und dieses Sujet gänzlich distanzierte interpretatorische Etüden sine ira et studio, die nur noch Leidende und keine Täter mehr kennen. Auch der um sozialhistorische und diagnostische Objektivität bemühte Exeget kann und will als Angehöriger der heiligen Familie, der er notgedrungen immer bleibt, nicht nur den Entlastungszeugen spielen. Beabsichtigt ist vielmehr eine zwar möglichst textnahe, gleichwohl engagierte Analyse des manifesten Dramas — in der Überzeugung, daß „Maria Magdalene" das selber zeigt, was es ist: ein bürgerliches Trauerspiel.

1. Die sozialen und psychischen Charaktere

Meister Anton: Der brave Hund an der Kette

Die „gute Herberge", in welcher Meister Anton „hinterm Ofen" zu sitzen glaubte, bis sich für ihn herausstellt, daß er sich in einem „Räuberloch" befindet (62 f.), ist sein eigenes Haus, das Haus eines Tischlermeisters in einer „mittleren Stadt" (35). Diese Ortsangabe ist angesichts der eher kleinstädtischen Verhältnisse, quantitativ gesehen, irreführend;[4] doch sie intendiert nicht so sehr eine exakte bevölkerungsstatistische Angabe als vielmehr einen gesellschaftlichen Hintergrund, der auch noch, wie aus den Bezügen des

Stückes zu Hebbels Münchener Aufenthalt hervorgeht, unter großstädtischen Bedingungen gegeben sein konnte: eine noch nicht anonym gewordene Welt, die so dimensioniert ist, daß sie einen Sargmacher, einen Kassierer, einen Juwelier, ein Wochenblatt hinreichend beschäftigt und gegebenenfalls ein Spießruten-Marathon straßauf, straßab gestattet. Gattungsgeschichtlich gesehen, ist diese „mittlere Stadt" eine Art Nachfahre des „mittleren Charakters", gleich weit entfernt vom abgründigen „Bösen" wie vom himmelblaßblauen „Guten".

In dieser Gesellschaft will und tut der „ehrlichste Mann in der Stadt" (59) das, was man soll und muß[5]; doch die aggressiv und chaotisch erlebte „freche Welt" (50) läßt sich domestizieren. Die heimelig-enge Wohnstube entpuppt sich als Ort, in dem zwar die „tiefen", „verletzlichen", deswegen aber keineswegs „gesunden Gefühle" (Br. II, 348) gedeihen.

Ökonomisch, sozial, politisch und ideologisch herrschen, wenngleich nicht mehr fraglos, die zünftisch-ständischen Traditionen. Der „Familien-Verband"[6], dem der Tischlermeister vorsteht, repräsentiert die Spät- und Restform des „ganzen Hauses", das hier schon zur kleinbürgerlichen Kleinfamilie geschrumpft ist, andererseits noch nicht zwischen Arbeits- und Lebensraum trennt. Alles, „was im Hause ist", gehört dem Hausvater und Meister. Die Kinder wahren ihm gegenüber das respektvolle „Er", während zur Mutter „von du zu du" geredet wird. Der Sohn, der dem Vater für sein Alter „ein weiches Kopfkissen stopfen" soll (63), ist als Lehrling, Geselle und zukünftiger Erbe in die Werkstatt eingetreten. Wenn er allerdings, mündig, wie er inzwischen ist, gehen will, muß der Vater ihn entlassen und einen familienfremden Gesellen einstellen (91 f.). Mutter und Tochter haben die Aufgabe, den „sauren Schweiß" der Männer zusammenzuhalten (38). Und die „Hausordnung" sorgt dafür, daß alles „an Ort und Stelle" ist und selbst noch der Wechsel sich der Dauer der Regel fügt:

> (...) wir haben hier im Hause zweimal zehn Gebote. Der Hut gehört auf den dritten Nagel, nicht auf den vierten! Um halb zehn Uhr muß man müde sein! Vor Martini darf man nicht frieren, nach Martini nicht schwitzen! Das steht in einer Reihe mit: Du sollst Gott fürchten und lieben! (...) Heut ist Donnerstag, sie haben Kalbfleischsuppe gegessen. Wär's Winter, so hätt's Kohl gegeben, vor Fastnacht weißen, nach Fastnacht grünen! Das steht so fest, als daß der Donnerstag wiederkehren muß, wenn der Mittwoch dagewesen ist (...) (86 f.)

Diese Hausordnung ist der Ausdruck einer Regelhaftigkeit und einer traditionalistischen Orientierung, die das Leben der Tischlermeisterfamilie in allen Bereichen normiert. Meister Anton ist im Sinne der Typologie Riesmans der strikt traditionsgeleitete Mensch vorindustrieller Gesellschaften, der keinen Unterschied zwischen sittlicher und sozialer Ordnung kennt und „abweichendes Verhalten" weder gelten lassen kann noch will.[7] Die Tendenz zur „Überkonformität" ist vielmehr charakteristisch. Diese „Überkonformität" zeigt sich neben der Betonung der „Hausvater"-Rolle in einer „Pedanterie, die sich im Kirchlichen wie Handwerklichen bis zum Äußersten an die Überlieferung klammert, hier, wie im Umgang, das Formale überbetont"; der Formalismus, schärfer: der Ritualismus ist geradezu der symptomatische Versuch, in einer Zeit der „Auflösung alter Ordnungen" Halt im forcierten Rückzug auf konventionelle Positionen zu finden.[8]

Die gesamtgesellschaftliche, politische und religiöse Ordnung, auf deren Boden Meister Anton steht, ist von denselben patriarchalischen Prinzipien bestimmt, die das „ganze Haus" im Inneren leiten. Auch hier herrschen im Rahmen der zünftisch-ständischen Tradition, die noch durch die vorrevolutionäre Einheit von Staat und Gesellschaft geprägt ist, klare Verhaltensregelungen, Rollen-Zuweisungen und Statusunterscheidungen. Ein Tischlermeister ist ein „ehrlicher" Mann — ein Mann „im roten Rock mit blauen Aufschlägen" (70) ist keiner — ebensowenig wie „die Kraft, die vom schwarzen Rock ausgeht, (...) auch im blauen" steckt (50). Die Privilegien der „vornehmen Herren" werden respektiert, auch wenn Meister Anton mit seinem zunfthandwerklichen Arbeitsernst und seiner asketischen Moral die aristokratischen Divertissements und die schwierige Existenz der Könige nicht weniger beißend kommentiert (58) als Hebbel seine Kopenhagener Erfahrungen.[9] Der „Gehorsam", den der kleinbürgerliche Familienvater dem „Landes*vater*" als „Landes*kind*" entgegenbringt,[10] versteht sich freilich nicht als einseitige Subordination innerhalb eines „despotischen", absolutistischen Herrschaftssystems. So wie innerfamiliär Verantwortung und „Pietät" einander entsprechen sollen[11], so gilt auch, daß der König und seine Repräsentanten die Treue selbst des geringsten Untertanen mit Gerechtigkeit „bezahlen", das heißt: jedem das Seine, wenngleich nicht allen das gleiche geben müssen (66 f.). Und für den Fall, daß sich die Vertreter der königlichen Gerichtsbarkeit als korrupt entpuppen sollten — wie es ja beim Bürgermeister tatsächlich geschieht, dessen „rechte Hand" die von Leonhard genutzte Nichte, dessen „linke Hand" der Gerichtsdiener

Adam ist (46) —, kündigt Meister Anton mit kohlhaasischer Unversöhnlichkeit an, er werde sein „letztes Hemd" daransetzen, zu erfahren, ob hier ein „Loch" im Gesetzbuch vorhanden sei (66 f.). Ein um jeden Preis „willfähriger Untertan"[12] oder gar ein nach oben katzbuckelnder, nach unten tretender servil-autoritärer Charakter ist Hebbels „Held im Kamisol" also nicht. Er steht insofern durchaus in der Tradition der Vaterfiguren des bürgerlichen Trauerspiels, Odoardo Galottis und des Musikus Miller. Allerdings bleibt dieser kritische Impuls in „Maria Magdalene" ein Sekundärmotiv mit nicht mehr ersichtlichen Konsequenzen: Oppositionelles Maximum wäre für Meister Anton die Vervollständigung der bestehenden Gesetze. Und wenn im späteren Werk Hebbels Caspar Bernauer deutlichere obrigkeitskritische Zeichen setzen darf, so geschieht das im Windschatten eines im ganzen weitaus staatsfrommeren „bürgerlichen Trauerspiels".

Religiös gesehen schließlich, reflektiert das Bild Gottes als eines manchmal gütigen, mehr noch gestrengen Weltherrn und -richters[13] das Patriarchat in den oberen ideologischen Regionen. Ihm gehört die Welt wie dem Hausvater das „ganze Haus" (42). Ein im Sinne der protestantisch-pietistischen Ethik gleichsam „systematisch" geführtes Leben[14], dessen Bild nichts von den vergleichsweise größeren Lizenzen verrät, die in der katholischen Tradition Usus waren[15] und die Hebbel aus seiner Münchener Zeit kannte; die Absage an jedes nur weltliche Vergnügen, von einem liederlichen Leben ganz zu schweigen; eine „fromme Praxis", die kirchliche und göttliche Regeln unmittelbar in eins setzt, und eine in Fragen materieller Hilfsbereitschaft ernstgenommene Christlichkeit, die allerdings eng mit Vorstellungen der Werkgerechtigkeit verknüpft ist:[16] sie erscheinen als das Mittel, diesseits und jenseits Verdienst zu erwerben und dereinst „ruhig schlafen" zu können (55). Anders als womöglich der König, wird Gott auf jeden Fall gerecht „bezahlen". Und wenn sich irdische Dissonanzen dieser Rechnung nicht restlos zu fügen scheinen, sorgt die Hiob-Moral für Ausgleich: „(...) wenn Gott mich schlägt, so falte ich die Hände und spreche: Herr, du weißt warum!" (66). Im übrigen ist Meister Anton, der weit weniger Angst vor dem Weltenherrn hat als die demütige und verschreckte Hausmutter oder Klara, die immerwährend von „Furcht und Zittern" gequält wird, sich der heiligen Allianz der Patriarchen gewiß. Selbst da, wo er sich vorstellt, eigenmächtig über seinen mißratenen Sohn Gerichtstag zu halten, schreckt ihn die Aussicht auf das letzte Gericht nicht (64).

Diese Lebensordnung und Weltanschauung scheint in sich schlüssig. Gleichwohl ist sie so starr und zwanghaft, so lebens- und menschenfeindlich, daß am Schluß des Stückes statt eines „ganzen Hauses“ nur noch ein verwaister Patriarch übrigbleibt, der die Welt nicht mehr versteht.

Die Bildwelt von „Maria Magdalene“[17] spricht den Charakter der von Meister Anton inkorporierten Lebensordnung immer wieder aus. Vor dem „hellen frechen Weltlicht“ bieten erst die „schweren eisernen Kirchentüren“, die „düsteren hohen Mauern mit den schmalen Fenstern“ Schutz. In der Enge eines Kirchenstuhles sollen Vater und Sohn Platz finden, um sich desto besser den Raum zu nehmen (49). „Das Beinhaus mit dem eingemauerten Totenkopf“ ist der definitive Fluchtpunkt (50), an dem man sich bei und in den Särgen trifft, die der Tischlermeister entweder selbst macht oder wenigstens, wie bei der Mutter, eigenhändig zunagelt. Wenn die freche Welt Meister Anton zu nahe kommt, steckt er „beide Hände“ in die Tasche (93) und macht die Faust nur um so fester zu (89)[18].

Alles Offene — und seien es die besagten Löcher der Gesetzbücher — ist der Inbegriff seines seelischen Horror vacui.[19] Für den Fall, daß innere Verletzungen drohen, wird, wie später von Mariamne, der „Tränenbrunnen“ „verstopft“ (54), aus dem Sir William Sampson noch so reichlich geschöpft hatte, während schon von Odoardo Galotti verkündet worden war: „Weinen konnt' ich nie“ (V, 2)[20]. Zwar gibt es Bruchstellen: Mißtrauische Phantasien, schaudererregende Zukunftsahnungen, böse Träume, wie denn der Tischlermeister bezeichnenderweise der Hauptträumer in diesem bürgerlichen Trauerspiel ist: Gerade bei ihm ist der Traum der „Beweis dafür, daß wir nicht so fest in unsere Haut eingeschlossen sind, als es scheint“ (T. 3045). Und auch der „Tränenbrunnen“ ist, wie sich öfters zeigt, nicht so total abgedichtet, daß er in der Erinnerung an den alten Gebhard oder bei der Erkrankung der „guten Hausmutter“ (40), der eine tischlermeisterlich ungelenke, aber gleichwohl anhängliche Liebe gilt, nicht wieder aufbräche.[21] Wie später im mythologischen Bild des in Drachenkämpfen gehörnten Siegfried gibt es noch Lücken in der inneren und äußeren „Rüstung“. Immerhin „stählt“ Meister Anton sich so, daß er die „letzten Liebesdienste“ wahrhaft (tischler)meisterlich bewältigt (62). Die Überfälle der feindseligen Nebenmenschen treffen — so die Assonanz an Wilhelm Hauffs wenig märchenhaftes Märchen — auf ein „steinernes Herz“ (63). Und selbst die „Hippe“ des Todes „zerspringt“ (63) letzten Endes an seiner „Felsenhaftigkeit“ (Br. II, 348).

Diese Metaphern sind in Hebbels Wortverstand allesamt „dialektisch“, das heißt: „auf den Gegensatz“ (3) gebaut: von Innen und Außen, schützender Enge und feindlicher Weite, bergender Dunkelheit und aggressiver Helligkeit, starrer Unerschütterlichkeit und gefährdendem Gefühl. Sie sind wie Meister Antons zwanghaft-pedantische Lebensordnung, seine „Oberflächenrituale“[22], die zwischen wichtigen und unwichtigen Dingen nicht unterscheiden und keinen Raum für spontane Regungen lassen, wie die traditionalistische Vergottung der Vergangenheit[23] Ausdruck eines Charakters, der sich gegen innere Spannungen und äußere Gefährdungen durch Panzerung[24], durch Petrifikation[25] zu schützen versucht, aber eben damit auch unbeweglich, kommunikationsunfähig und unlebendig wird. Die Faust, in die der Tischlermeister Karls scharfsinniger Diagnose zufolge noch „hineinkriechen“ möchte, weil er es „nicht eng genug um sich haben kann“ (89), ist das Symbol des „Charakterpanzers“[26], den er sich in seinen Abwehrkämpfen geschaffen hat und zugleich als Zwangsjacke um seine Familie legt. Die soziale und psychische Sklerose ist Symptom und untauglicher Therapieversuch in einem.

Die Sozio- und Psychogenese dieses Charakterpanzers wird in zwei Selbstbildnissen und einem charakteristischen Portrait des Sohnes angedeutet. Da ist einmal das ebenso gewaltsame wie plastische Bild von dem „*Mühlstein*“, den Meister Anton wohl zuweilen als „Halskrause“ trägt, „statt damit ins Wasser zu gehen — das gibt einen steifen Rücken!“ (51). In dieser Kontrafaktur der frommen Wünsche, die die Bibel denjenigen mitgibt, durch die das „Ärgernis“ kommt,[27] spricht sich zunächst das Selbstbewußtsein eines Dulders aus, dessen philosophische Gefaßtheit[28] der geprellte Leonhard zu glossieren versucht (51) — jenes „Riesen“, von dem Hebbel bewundernd in seinen Briefen spricht (Br. II, 342). Zugleich erinnert das Bild der Halskrause an die puritanischen Väter und ihre rigide Zweiteilung des ganzen Menschen in Kopf und Körper. Die buchstäblich zu nehmende Hart-näckigkeit,[29] der „steife Rücken“, den Meister Anton als Wirkung, wohl gar als Lohn, keinesfalls als Preis versteht, ist das Signum dieses kleinbürgerlich-asketischen Atlas. Worin bestehen aber die „Mühlsteine“? Was hält den Riesen aufrecht? Und wie lange hält sein Rücken solche Lasten aus?

Nicht weniger symptomatisch ist das Bild vom „borstigen Igel“, als den sich, Schopenhauers berühmte Parabel vom Sozialcharakter der Stachelschweine antizipierend, Meister Anton versteht:

Ich bin sowenig wie Er (Leonhard, L. L.) als ein borstiger Igel zur Welt gekommen, aber ich bin nach und nach einer geworden. Erst waren all die Stacheln bei mir nach innen gerichtet, da kniffen und drückten sie alle zu ihrem Spaß auf meiner nachgiebigen glatten Haut herum und freuten sich, wenn ich zusammenfuhr, weil die Spitzen mir in Herz und Eingeweide drangen. Aber das Ding gefiel mir nicht, ich kehrte meine Haut um, nun fuhren ihnen die Borsten in die Finger, und ich hatte Frieden. (53)

Der Igel also als Bild einer nach außen gewendeten, defensiven Aggressivität[30].

Schließlich charakterisiert der aus der Haft heimkehrende Sohn den Vater als „braven Hund, der an der Kette nicht um sich beißt" (88). Karls Trinkspruch ist sarkastisch genug; gleichwohl läßt er Meister Anton in einem gewissen Sinn noch Gnade angedeihen; denn, wie sich zeigen wird, ist er der „brave Hund", der „an der Kette" *im Bereich der Kette* sehr wohl „um sich beißt". Worin besteht diese aber? Und welches sind die Stacheln, die anfänglich ihren sadistischen „Spaß" mit dem Tischlermeister hatten und später „ihnen" (wem? das Personalpronomen ist ohne korrekten syntaktischen Bezug) „in die Finger" fuhren?

Das Igel-Bild steht im Zusammenhang mit Meister Antons Erzählung von seinen Kinder- und Jugendjahren; ihr Motto: „Mir ging's in jungen Jahren schlecht" (53). Diese Entwicklungsgeschichte, die eine Erstarrungsgeschichte ist, läßt auch den scheinbar „fertigsten" aller Hebbelschen Charaktere als Resultat erscheinen. Sie beginnt mit dem Tode des Vaters, für den das Leben „schon in seinem dreißigsten Jahre" zum aufgedrungenen Selbstmord durch Arbeit wurde.[31] Weitere Aussagen über den Vater fehlen; über Meister Gebhard, Antons Vaterersatz, wird im weiteren durchaus mehr berichtet. Gegenüber der geliebten Mutter hat sich der vaterlos gewordene junge Anton dann als Parasit, als Schuldner empfunden, keinesfalls als „Gläubiger", wie Leonhard die Kinder versteht (51).[32] Aus der objektiven Armut, der Verfassung einer arbeitsethisch normierten Welt, in der man sich seine Existenzberechtigung verdienen muß, und einer spürbaren Mutterbindung ist ein masochistisches[33] schlechtes Gewissen entstanden, das später überkompensiert wird. Niemandem mehr etwas verdanken, keines Menschen und keiner Obrigkeit Schuldner sein (64) — diese Absicht wird den erwachsenen Anton leiten; zugleich führt von dem Kind, das rot wird, wenn die Sonne es unverdientermaßen bescheint (53), zu dem Vater, der eine Welt schafft, in der der Sonnenschein „festgenagelt" ist, eine Verbindungslinie. Allerdings sind Masochismus und Aggressivität nicht strikt voneinander getrennt: Meister Anton sieht bereits das Kind, das unter seinem enormen Hunger leidet, mit „Freßzähnen" ausgestattet, die sich darstellen als das Instrumentarium einer „absichtlichen" oralen Aggression (53)[34]. Und der Erwachsene, der seine Stacheln längst erfolgreich nach außen gekehrt hat, ist gegebenenfalls wieder sogleich bereit, bei schönem Wetter „Spießruten" unter den Stacheln der andern zu laufen (61). Indes ist der Akzent der Entwicklungsgeschichte deutlich.

Aufgrund der skizzierten Charakterstruktur ist Meister Anton zwar nicht im Sinne der analytischen Sozialpsychologie als „*sado*-masochistischer Charakter" zu beschreiben: Von einer *verselbständigten* Lust zu quälen oder gar zu vernichten kann selbst bei den Akten der Despotie und der Erpressung ebensowenig gesprochen werden wie von der Bereitschaft zu *blinder* Unterwerfung. Wohl aber ist von einem aggressiv-masochistischen Charakter mit autoritären Tendenzen und zwanghaften Reaktionen zu reden, der in seinem Charakterpanzer sein Korsett und seine Rüstung gefunden hat.

Das Arbeitsleben des jungen Anton beginnt unter demselben Vorzeichen wie die ab ovo gequälte Kindheit. Die erste Arbeitsmöglichkeit wird als Gnade erlebt und als Wiedergutmachung des Parasiten an seiner „alten Mutter" (53 f.). Erst später ist Arbeit für Meister Anton ökonomisch und psychologisch mehr als bloße Schuldentilgung geworden. Der sorgsam zusammengehaltene „*saure* Schweiß" hat es gestattet, einen bescheidenen Besitz zu erwerben, der zwar auch etwas „Lust" gewährt, aber vor allem als Rückversicherung gegen die begierig-aggressive Außenwelt fungiert:

> Ich stecke in meinem Hause keine Kerzen an, als die mir selbst gehören. Dann weiß ich, daß niemand kommen kann, der sie wieder ausbläst, wenn wir eben unsre beste Lust daran haben! (48)[35]

Allerdings ist eine lebenslange Arbeitssklaverei der Preis dieser kleinen und defensiven Freiheit. Nicht nur das: Um überhaupt sparen zu können, ist gleichzeitig ein dauernder Konsumverzicht, griesgrämige „innerweltliche Askese" in Permanenz vonnöten. Hier ist die Nähe zur protestantisch-pietistischen Ethik am deutlichsten spürbar[36]. Dieser asketische Sparwille stellt gleichzeitig die Bedingung dar, unter der die Arbeitssklaverei allein ihren Sinn erhält und behält:

> (...) ein Handwerksmann kann nicht ärger freveln, als wenn er seinen sauer verdienten Lohn aufs Spiel setzt. Der Mensch muß, was er mit schwerer Mühe im Schweiß seines Angesichts erwirbt, ehren, es hoch und wert halten, wenn er nicht an sich selbst irre werden, wenn er nicht sein ganzes Tun und Treiben verächtlich finden soll. Wie können sich alle meine Nerven spannen für den Taler, den ich wegwerfen will. (58)

Die Arbeit ist in dieser Perspektive zwar nicht sinnlos wie für den Sohn, aber sie ist auch nicht als solche sinnvoll. In letzter Instanz erhält sie ihre Sinngebung erst von dorther, wo sich ihre definitive Rendite zeigen wird: vom jüngsten Lohntag[37]. Dieser Zusammenhang wird schlagend verdeutlicht durch Meister Antons Tausend-Taler-Opfer für seinen alten Meister. Das Stück verbindet hier in einzigartiger Weise ökonomische, psychische und ethisch-religiöse Motive. Kurz bevor „sie den Sarg zunagelten", hat Meister Anton dem Toten die Schuldverschreibung als Mitgift auf die letzte Reise gegeben:

> Wenn ich schreiben könnte, hätt' ich vorher ein: Ehrlich bezahlt! darunter gesetzt, unwissend, wie ich bin, blieb mir nichts übrig, als der Länge nach einen Riß ins Papier zu machen. Nun wird er ruhig schlafen, und ich hoffe, ich auch, wenn ich mich einst neben ihn hinstrecke. (55)

Der alle quälenden Dankesschulden erfolgreich kompensierende Anton hat die Genugtuung, zum gleichwertigen Sargnachbarn seines Vaterersatzes zu avancieren; zugleich gewinnt er die nötige Rückversicherung für den jüngsten Tag. Um Mißverständnissen vorzubeugen:[38] Es ist nur zu betonen, daß Hebbels „Held" im Gegensatz zu Leonhards Mitgiftjägerei, gänzlich frei von jener Geldknechtschaft, die Hebbels Kopenhagener Reflexionen zufolge der kaum vermeidliche *„Fluch"* der *„Jugend-Armuth"* ist (Br. II, 216), und auch weit über den Rahmen zunfthandwerklicher Treueverpflichtungen hinaus[39] den „lumpigen" Lohn einer lebenslangen Arbeitssklaverei und Askese ohne Zögern hergibt[40] — und das, obwohl die Tat in aller Stille geschehen muß, also keine Ehre einträgt. Das hindert jedoch nicht, daß diese Tat *auch* auf den ewigen Saldo der Lebensarbeit bezogen ist. Kurz: Der diesseitige Lohn gestattet es, gemäß den Gesetzen irdisch-transzendenter Ökonomie auch jenseitigen zu erwerben. Wenn dem nicht so wäre, dann wäre, wie es sich Karl darstellt (dazu später), die Lebensarbeit und das Arbeitsleben resultat- und perspektivenlos.

Ursachen für die sozioökonomische Situation dieses spätzunfthandwerklichen Kleinbürgertums werden in „Maria Magdalene" nicht thematisiert. Der epochale Niedergang des Handwerks im allgemeinen, den Hebbel in seinen Erzählungen bisweilen einbezieht, und des Tischlerhandwerks im besonderen, den schon drei Jahre nach „Maria Magdalene" Ehrenreich Eichholz' „Schicksale eines Proletariers" (1846) vergegenwärtigen[41] bleibt außerhalb des Rahmens seines „bürgerlichen Trauerspiels"[42]. An Arbeitsmöglichkeiten besteht, abgesehen von den Startschwierigkeiten des jungen Anton, durchaus kein Mangel — zumal für einen Sargmacher in einer derart katastrophenträchtigen Welt. Karl kann z. B. so viele Überstunden machen, wie er will. Nach seiner Verhaftung wird sogleich ein anderer Geselle eingestellt.

Das Stück betont statt dessen die fragwürdige Relation zwischen Arbeitsaufwand und Ertrag und die lebensgeschichtlichen Konsequenzen: Die anfangs reale, später immer drohende Armut hat, wie Hebbel es für seinen Vater feststellt, Meister Antons Seele eingenommen; Arbeitssklaverei und Askese haben aus ihm die denaturierte Form eines potentiell Anderen, ein menschliches Petrefakt gemacht.

Der Leitwert dieses versteinerten Sozialcharakters ist ein nicht weniger versteinerter Ehrbegriff, der in erster Linie die öffentliche Ehre, die Reputation meint, ohne deshalb, wie bei Leonhard, bloßen Schein ohne entsprechende Wirklichkeit zu intendieren. Gesellschaftliche und moralische Ehre werden vielmehr von Meister Anton identifiziert. Ein Gegensatz zwischen „Tugend" und „Ehre", wie er in Schillers „Kabale und Liebe" etwa von Ferdinand für möglich gehalten wird (II, 3), wäre für ihn undenkbar. Wie einleitend in bezug auf die „Ehrbarkeit" gezeigt, ist diese Ehre von der zünftisch-ständischen Tradition, die Meister Anton um so entschiedener verteidigt, je gefährdeter sie ist, nicht zu trennen — wie Hegel es in den „Grundlinien der Philosophie des Rechts" für das „Mitglied einer Korporation" formuliert: Es hat „in *seinem Stande seine Ehre*" (§ 253). Symptomatisch für diesen Zusammenhang ist die Auseinandersetzung mit dem Gerichtsdiener Adam (70), dessen Name hier nicht wie bei Kleist (trotz des gemeinsamen juristischen Bezugsrahmens) auf die prekäre Doppelexistenz des Menschen als Richter und Täter, sondern auf „adamitische" Gleichheitsvorstellungen führt.[43] Gegen seine neumodischen Usurpationen, die auch noch die juristischen Neuerungen des

18. Jahrhunderts hinter sich haben[44], wird heftigst auf der tradierten Ungleichheit von „Ehrlichen" und „Unehrlichen" insistiert.[45]

Ebenso ist die wechselseitige Partizipation aller Familienmitglieder an der Ehre des „ganzen Hauses" im Rahmen dieser Ordnung unumgänglich und nur von einer Position her aufzulösen, derzufolge der einzelne für sich selbst und sonst niemanden steht. Diese Position wird in „Maria Magdalene" von dem „mitleidigen" Pfarrer vertreten, der im Sinne christlicher Demutsvorstellungen für eine Moral mit begrenzter Haftung plädiert (65), ohne freilich die menschenfeindlichen Inhalte dieser Moral selbst, in Fragen der Sexualität etwa, zu überprüfen. (Ob er in bezug auf Klaras Sündenfall genauso zurückhaltend argumentiert hätte wie in bezug auf Karl?)

Was den traditionellen und insofern sozusagen normalen Momenten ihr spezifisches Gewicht für den Verlauf dieses „bürgerlichen Trauerspiels" gibt, ist die aggressive und kompensatorische Bedeutung, die der Fetisch Reputation[46] für Meister Anton als den radikalen Exponenten dieser Tradition auf der beschriebenen sozioökonomischen und charakterologischen Basis gewinnt.

Die Ehre, das gesellschaftlich approbierte gute Gewissen, bietet dem „Igel" die Möglichkeit, seine Stacheln in aller Öffentlichkeit nach außen zu kehren. Sie ist das Mittel einer aggressiven Distanzierung und Unterscheidung von der feindlichen „Welt", der Konkurrenz gegen „alle andern", (64) denen Meister Anton auf jeden Fall in bezug auf das summum bonum seiner Werthierarchie den Rang ablaufen will. Wenn aufgrund der Verabschiedung des ständischen Kollisionsdramas durch Hebbel (dazu noch einmal später) die Ehre in diesem „bürgerlichen Trauerspiel" ihre Bedeutung für die Auseinandersetzung zwischen Bürgertum und Adel verliert, so wird sie damit gerade nicht „privatisiert", sondern vielmehr als Medium der Konkurrenz universalisiert. Der traditionalistische Kleinbürger, der auf dem Markt nicht recht mithalten kann, will wenigstens „straßauf, straßab" (61) vorne sein. Sittliches und gesellschaftliches Leben meinen insgesamt ein peinlich genaues Erwerben, Besitzen und Eintreiben von Reputationsanteilen. Und das perhorreszierte Gegenbild der Ehre als Mittel aggressiver Geltungskonkurrenz ist nicht umsonst die Schande im Sinne fataler Gleichmacherei mit den Parias der Gesellschaft, wie es denn für Meister Anton der Gipfel der Provokation ist, wenn sich einer von diesen als „seinesgleichen" (58) präsentiert oder gar die mitleidige Herablassung der Anderen droht, die damit den potentiellen

Spucknapf der Gesellschaft noch schonen (65). Darin zeigt sich allerdings auch ein „dialektisches“ Moment: *Weil* es die Funktion der Reputation ist, sich *gegen* die Welt zu behaupten, erfordert sie die Identifikation *mit* der Welt, ihren Urteilen und Normen.[47]

Sodann ist die Ehre jenes Palliativ, das es gestattet, die sonst nicht erträgliche „Last des Lebens“ (63) zu tragen. Bei dem ersten von Meister Antons Selbstportraits war die Frage, was diesen kleinbürgerlichen Atlas zu seinen Gewaltleistungen befähigt. Nach der Katastrophe des ersten Aktes gibt ein weiteres Selbstportrait, das an das erste anknüpft, die Antwort:

> (...) alles, alles kann ich ertragen und hab's bewiesen, nur nicht die Schande! Legt mir auf den *Nacken*, was ihr wollt, nur schneidet nicht den *Nerv* durch, der mich zusammenhält! (66)

„Leid und Tod und jedes Mißgeschick“ (63), Frustrationen jeden Ausmaßes und jeder Art werden von Meister Anton „in Geduld“ hingenommen, sofern und solange der Nerv der Ehre den Leidenden zusammenhält. Gefüllt mit den Inhalten der pietistisch-puritanischen Arbeitsethik und Askese, ist sie es, die aus Mühlsteinen Halskrausen macht und ihm den Rücken steift — die Stützung für ein fragwürdiges Dasein, das ständig der Hilfskonstruktionen bedarf. Schande ist dementsprechend nie bloß Schande, sondern immer auch zugleich Verlust des Lebenssinns.[48]

Die Kinder spielen innerhalb dieser problematischen Lebenskonstruktion eine zentrale Rolle. Sie sind das primäre Objekt einer frustrierten Kleinbürgerwelt, in der nichts und niemand für sich selbst steht, wie sich auch nichts in ihr selbst trägt. Mit den Kindern (und an ihnen) lebt der aggressiv-masochistische Charakter in erster Linie seine Gefühle aus. In Verbindung mit den Schuld- und Verpflichtungsgefühlen Meister Antons werden sie zu einer Art „Schuldsumme“[49], die der „Welt“ als anonymem Gläubiger gezahlt werden muß. Nach dem (vermeintlichen) Fiasko mit dem Sohn konstatiert der Vater in finanzkapitalistischen Metaphern seinen partiellen Bankrott:

> Wie ein nichtswürdiger Bankerottierer steh ich vor dem Angesicht der Welt, einen braven Mann, der in die Stelle dieses Invaliden treten könne, war ich ihr schuldig, mit einem Schelm hab ich sie betrogen. (64)

Dieser „Bankerottierer vor dem Angesicht der Welt“ versteht sich indes zugleich als Gläubiger gegenüber den Kindern. Wie

Schillers Musikus Miller erklärt, ist Vaterrecht Erwerbs-, Eigentums- und Investoren-Recht: „Das Kind ist des Vaters Arbeit" (II, 6). „Die Zeit meldet sich allgemach bei mir, wo uns Vätern die Kapitale zustatten kommen, die wir im Herzen unserer Kinder anlegten — Wirst du mich darum betrügen, Luise? Wirst du dich mit dem Hab und Gut deines Vaters auf und davon machen?" (V, 1). Der Major als konkurrierender Liebhaber erinnert den väterlichen „Kaufmann" zwar an die Risiken bei dem Einsatz seiner emotionalen „Barschaft" (V, 3 und 5); doch die liebende Tochter, die wie Klara tut und „duldet", verzichtet auf den „Kirchenraub" am väterlichen „Vermögen" (III, 4) und zögert nicht, die eingeforderten Schulden schon diesseits „mit Wucher" zu bezahlen (V, 1).

Ganz so unverhüllt wie Schillers Residenz-Bewohner spricht Hebbels retardierter Tischlermeister die offenbaren Geheimnisse der familiären Ökonomie nicht aus. Er benutzt vielmehr eine agrarische Metapher, wenn er die Kinder als „Äcker" etikettiert, in die man „sein gutes Korn" in der Erwartung einer guten Ernte hineinsät (50). Insofern bleibt er (nicht Leonhard, nicht das Stück insgesamt) hinter den Fortschritten des Handelsgeistes und ihren Einflüssen auf die zeitgemäße Fassung des Vaterrechts zurück. Aber auch er wird im gegebenen Moment nicht zögern, die Tochter an das zu erinnern, was sie ihm „schuldig" ist (67). Und generell sind seine Investitionsperspektiven und Eintreibungspraktiken nur allzu deutlich.

Im Vordergrund steht dabei die Bedeutung der Kinder im Kampf um die Wahrung und Mehrung der Reputation. Wird der Lohn der alltäglichen Arbeitssklaverei und der innerweltlichen Askese sich erst am jüngsten Lohntag einstellen, so dienen die Kinder zur Erzielung einer auch schon diesseitigen Rendite. Allerdings droht angesichts der Tatsache, daß die Ernte bei Karl verhagelt scheint, die Frage, wie denn Unkraut aus den Äckern wachsen konnte, wenn wirklich nur „gutes Korn" hineingesät war.[50] So fordert Meister Anton von Klara:

> Werde Du ein Weib, wie deine Mutter war, dann wird man sprechen: an den Eltern hat's nicht gelegen, daß der Bube abseits ging, denn die Tochter wandelt den rechten Weg *und ist allen andern vorauf.* (64) (Hervorhebung L. L.)

Klara soll also nicht nur das Mittel der durch Karl notwendig gewordenen sozialen Rehabilitation sein, sondern auch in jener aggressiven Geltungskonkurrenz exzellieren, in der sich der Tischlermeister permanent befindet. So wird sie zur bevorzugten Stütze des gefährdeten Lebensnervs, Ersatz für den sonst ausbleibenden Sinn, ein Prestige-, ein Reputationswert. Dieser Zusammenhang erscheint spiegelbildlich verkehrt in der Nebenfigur des Kaufmanns Wolfram, der sich im Interesse seiner „armen Kinder" das Stillschweigen seiner Dienstboten über den Wahnsinn seiner Frau und die in dieser Welt damit assoziierte Schande „zu erkaufen" versucht (68): Sind für den kleinbürgerlichen Tischlermeister die familiäre Reputation und die Reputationsträger wesentlich die Mittel, den prekären Sinn seines Arbeitslebens zu retten, so will der Großbürger mit seinen spezifischen (Geld-)Mitteln den Riß der familiären Reputation kitten.

„(...) wie deine Mutter war" — damit ist gleichzeitig die Voraussetzung benannt, unter der innerhalb dieser traditionalistischen Welt das Reputationsziel erreicht werden muß. Gefordert ist die rest- und distanzlose Identifikation mit den vorgegebenen elterlichen Rollen — die weibliche wird von der patria potestas her definiert. Gewiß intendiert dieses rigide Rollendiktat auch das zeitliche und ewige Wohl der Kinder: In Meister Antons kohärentem Weltbild werden reputationsträchtige „Bravheit" und jenseitiger Lohn am jüngsten Zahltag in eins gedacht. Das Resultat ist jedoch eine Bildnismacherei, deren Beschreibung — lange vor der Thematisierung dieses Problems in der neueren Literatur — Meister Anton selber liefert:

> *Leonhard:* Er konnte doch von mir nicht denken —
> *Meister Anton:* Denken? Über Ihn? Über irgendeinen? Ich hoble mir die Bretter wohl zurecht mit meinem Eisen, aber nie die Menschen mit meinen Gedanken. Über die Torheit bin ich längst hinaus. Wenn ich einen Baum grünen sehe, so denk ich wohl: nun wird er bald blühen! Und wenn er blüht: nun wird er Früchte bringen! Darin sehe ich mich auch nicht getäuscht, darum geb ich die alte Gewohnheit nicht auf. Aber über Menschen denke ich nichts, gar nichts, nichts Schlimmes, nichts Gutes, dann brauch ich nicht abwechselnd, wenn sie bald meine Furcht, bald meine Hoffnung täuschen, rot oder blaß zu werden. Ich mache bloß Erfahrungen über sie und nehme mir ein Beispiel an meinen beiden Augen, die auch nicht denken, sondern nur sehen. (48)

Die Selbsttäuschung ist total.[51] Meister Antons Einschränkung seiner Erwartungshaltung auf den Bereich der Natur — obwohl auch die ihn in Gestalt des alten Birnbaums täuscht (50 f.) —; die indifferente Empirie, die er — ein handwerkelnder Positivist! —

in der Menschenwelt zu üben glaubt; all das, was er als Gebot seelischer Ökonomie versteht, ist genau das, was er nicht praktiziert. Wenn er „über Menschen" nichts denkt, sondern sie „nur sieht", dann im Sinn des verdinglichenden „bösen Blicks" (Sartre). Mutatis mutandis gilt für ihn, was Hebbel anläßlich von Klingers „Leidendem Weib" notiert (T. 1471): Selber erstarrt, versteinert er zugleich. Der Unterschied zwischen den Bäumen und den Menschen ist einzig der zwischen naturgesetzlich determinierten Dingen und tischlermeisterlich zurechtgehobelten, rollenfixierten Artefakten.

Die Funktionsbestimmung der Kinder als Prestige-, als Reputationswert und die zugehörigen Rollendiktate treffen Klara und Karl allerdings in unterschiedlicher Weise. Der Vater verleugnet seine Vorliebe für die Tochter (sie ist *das* Erbteil des bürgerlichen Trauerspiels) und seine Abneigung gegen den von der Mutter favorisierten Sohn (sie ist nur in Lenz' „Hofmeister" präfiguriert) von Anfang an nicht. „Maria Magdalene" steht hier deutlich im Kontext jener Reihenbildungen, die das Werk Hebbels bietet: Im „Moloch"-Fragment, im „Vatermord", in „Agnes Bernauer" treffen die Identifikationsforderungen der Väter und die Insubordinationen der Söhne noch entschiedener aufeinander; in „Barbier Zitterlein", in „Julia" verleugnen die Väter ihren Wunsch, die Tochter am liebsten für sich allein zu behalten, noch viel weniger. In „Maria Magdalene" verbinden sich beide Impulse, auch wenn Hebbel hier die manifesteren Formen meidet bzw. sie nur partiell in den Träumen leben läßt. Schon gegenüber dem kleinen Karl hätte der Familienpatriarch gerne strengere Saiten aufgezogen als seine Frau (39), obwohl ihm die Erinnerung an die „hitzige" Liebe der eigenen Mutter noch das Herz erweicht (54). Die prägnant zugespitzte Frage: „Er (Karl) ist anders als du, muß er darum gleich schlecht sein?" (57) wird von Meister Anton eindeutig bejaht. Veränderte Denk- und Verhaltensweisen sind nie wertneutral. Andersartigkeit ist Apostasie. Und die Reaktion auf die Verweigerung der Rollenidentifikation ist eine negative Bildnismacherei, die dem Sohn bereitwillig immer das „Schlimmste" zuschreibt (39 und 66) und noch in dem Bankrott vor den Augen der Welt den „gewöhnlichen Trost" (89) aggressiver Rechthaberei findet. Es ist bezeichnend genug, daß der Vater bei der Überprüfung der Anklage weit weniger die Rolle eines Verteidigers als die eines Staatsanwaltes übernimmt, der sich nach Indizien für die Schuld des mutmaßlichen Delinquenten umtut (66). Mit einer Wut ohnegleichen, „mit Zähneknirschen" (63), seine Flüche nur mühsam zurückhaltend, gelobt er, auf den Gerichtstag über den Zuchthäusler-Sohn zu warten.

Unterdessen gewährt ihm der Traum, in dem er den „lieben Karl" als Revolverhelden erblickt (64), schon jetzt das Vergnügen einer moralischen Hinrichtung in effigie. Klaras Traumdeutung gilt auch hier: Die latente „Hoffnung" „kleidet" sich in die manifeste „Furcht" (41). Die spätere Entschuldigung (91) ist folgerichtig mehr als halbherzig, überdies mit einem Vorwurf gekoppelt. Und für den Fall, daß der Sohn sich als Selbsträcher gegenüber dem Gerichtsdiener betätigen sollte, entdeckt der Vater sich sogleich wieder auf der anderen Seite (92). In dem zwischen Vater und Sohn anhängigen Prozeß gibt es keine wirkliche Revision.

In der Beziehung zwischen Vater und Tochter werden zärtliche Kindergeschichten analog zu den Erinnerungen der Mutter an den „allerliebsten Lockenkopf" Karls (39) nicht bemüht. Das Mädchen fällt erst als potentielle Frau in den Kreis dieses bürgerlichen Liebestrauerspiels. Und im Gegensatz zu den aggressiven Regungen, bei denen es keine Artikulationsprobleme gibt, ist Meister Antons Liebe zu Klara, anders als bei seinen Vorgängern von Sir William Sampson bis zum Musikus Miller, auch hinter seinem Charakterpanzer versteckt. Gleichwohl ist sie überall spürbar. Gewiß ist Meister Anton sich im klaren, daß er Klara nicht allein für sich behalten kann. Das unterscheidet ihn von Tobaldi in „Julia" und dem Barbier Zitterlein[52] und verbindet ihn mit Caspar Bernauer, mit Odoardo Galotti, mit Lenz' Major. Der libidinöse Charakter der Beziehung aber spricht sich in seinen eifersüchtigen Aggressionen, seinen rigorosen moralischen Forderungen, seinen aus Liebe resultierenden und auf Liebe kalkulierenden Erpressungen, seinen Tag- und Nachtträumen allzu deutlich aus, als daß er zweifelhaft bleiben könnte. Die Wahrung der Rollenidentität wird zugleich zum Inbegriff der Treue zum Vater. Werden bzw. bleiben, was die Mutter war, diese Forderung, deren sexualpathologische Bedeutung in „Julia" und „Barbier Zitterlein" deutlich gemacht wird, heißt immer auch, wie die Mutter *ihm* treu bleiben. Das Gegenteil wäre sexueller Hochverrat. In den Ehrvorstellungen, mit denen Klara konfrontiert wird, verbindet sich also die tradierte Sexualmoral mit restriktiv gewendeten libidinösen Wünschen und der Funktionsbestimmung Klaras in der sozialen Geltungskonkurrenz. So (aber auch nur so) versucht der Charakterpanzer, der an sich und auf sich und seine gestärkte Halskrause hält, seine asketischen Feste zu feiern.

Allerdings ist er gerade hier am allerwenigsten gegen böse Träume gefeit; wie Odoardo Galotti, wie der Musikus Miller ist er ein mißtrauischer Liebhaber. In seinen Tagträumen läßt er Klara schon „in die Wochen kommen" (64) — wobei ihm vermutlich in der Wirklichkeit so wäre, wie Karl später suppliert: „als ob er selbst in die Wochen kommen sollte! Und mit dem Teufel dazu!" (89) Und seine Nachtträume sind wie bei Karl erstaunlicherweise sogar von einem Mordverdacht bestimmt; der Tischlermeister zeigt dabei, daß er sich in der Psychopathologie des trauerspielmäßig zugespitzten Alltagslebens auskennt:

> (...) war Gift in der Suppe, wie ich gestern träumte? Einiger wilder Schierling, aus Versehen (...) hineingeraten? Dann tatst du klug! (62)

Anders als bei Karl sucht Meister Anton allerdings bei Klara seine Befriedigung nicht in negativer Rechthaberei; er bricht seine inquisitorischen Verdächtigungen vielmehr immer wieder ab, um mit allen Mitteln das drohende persönliche und soziale Fiasko zu hintertreiben. Exemplarisch dafür ist die Schlußszene des ersten Aktes, in der Klara gezwungen wird, die Identität von Sein und Sollen zu beschwören (dazu später). In der anschließenden Szene zeigt der aggressiv-masochistische Charakter womöglich noch deutlicher, welche Traumata, aber auch welche Möglichkeiten er hat. „Mit schrecklicher Kälte" macht er der Tochter „die Sache" im Gefühl des größeren Leidens und damit des größeren Rechtes des „Mannes" zynisch „leichter (...) als den übrigen" (64 f.).[53] Der Schwur, sich im Falle der Schande hinwegzurasieren und damit das aggressive Urteil der Öffentlichkeit an sich selbst zu vollziehen, soll die Einhaltung von Klaras Schwur garantieren. Und in der Tat: Für ein beeinflußbares und vaterliebendes Kind wie sie gibt es gegen diese *indirekte Erpressung*, gegen diese mit dem *Leiden* des Vaters verknüpfte Drohung kein Mittel.

Im Zusammenhang der Geschichte des bürgerlichen Trauerspiels gesehen, löst diese indirekte Erpressung zunächst die einverständige Tötung der Tochter in Lessings „Emilia Galotti" ab. Dort kulminiert der Wunsch Emilias (so wie ihn der Mann Lessing ihr in den Mund legt), vor dem Sündenfall der Tugend ein für allemal von dem Vater durchbohrt zu werden, die „Rose" von ihm brechen zu lassen, bevor der Sturm der Verführung als die „wahre Gewalt" sie entblättert, in einem sozusagen „harmonischen" und liebevollen Ende: „(...) (er faßt sie in seine Arme) Emilia: Lassen Sie mich sie küssen, diese väterliche Hand." (V, 7).

Bei Schiller („Kabale und Liebe") zeichnet sich zwar schon die Konstellation von „Maria Magdalene" ab: Der Musikus Miller droht der geliebten Tochter für den Fall, daß sie nicht „bleibt und duldet“, sondern ihm die Vereinigung mit dem „Liebhaber“ durch den Selbstmord vorzieht, das Gericht des Vatergottes und ein durchstochenes „Vaterherz“ an. Und Luise weiß, daß „die Zärtlichkeit noch barbarischer zwingt als Tyrannenwut!“ (V, 1) Indes droht dieser Vater noch nicht mit dem eigenen Selbstmord: Die geharnischte Verurteilung dieser „abscheulichsten“ Sünde zuvor schließt ein buchstäbliches Verständnis des „durchstochenen“ Vaterherzens aus. Die „zärtliche“ Drohung wird nicht mit „schrecklicher Kälte“, sondern laut weinend und mehr mit dem Appell an die kindliche Liebe als an die Furcht vorgebracht. Und am Schluß feiern Vater und Tochter „unter Lachen und Weinen“ ein „freudetrunkenes“ Liebesfest.

Von derlei einträchtigen Festen ist bei Hebbel nichts mehr zu spüren: Die Erpressung der geängstigten Liebe „ist die wahre Gewalt.“ Allerdings ist dabei auf die unbedingte Liebe und Treue der hörigen Tochter, sofern überhaupt möglich, noch mehr Verlaß.

Die Mutter: „Du starbst, als du’s hörtest!“

Der Name der Tischlermeisterfrau fällt genau ein einziges Mal — und zwar posthum, als Meister Anton nach ihrem jähen Tod seinen Nachruf formuliert:

> Gute Nacht, Therese! Du starbst, als du’s hörtest! Das soll man dir aufs Grab setzen! (59)

Das Personenverzeichnis nennt an zweiter Stelle hinter Meister Anton lapidar „Seine Frau“; und es verfährt dabei nur konsequent, denn die „gute Hausmutter“ (56), wie Meister Anton sie im Rückgriff auf die Terminologie des „ganzen Hauses“ nennt, ist eine primär relationale, nur in Beziehung auf die anderen, vor allem die Männer, definierbare Existenz, weitgehend identisch mit ihrer Rolle, zumindest weit identischer als noch ihre Vorgängerinnen in der Geschichte des bürgerlichen Trauerspiels, dramaturgisch gesehen eine Nebenfigur, gerade aber als solche symptomatisch.[54]

Bestimmend ist die heilige Dreifalt von Haushaltung, Kindererziehung und religiösem Leben. Die Bilanz, die die Mutter sub specie mortis zieht, lautet:

> (...) ich bin auf Gottes Wegen gegangen, ich habe im Hause geschafft, was ich konnte, ich habe dich und deinen Bruder in der Furcht des Herrn aufgezogen und den sauren Schweiß eures Vaters zusammengehalten. (38)

Kein Grund also eigentlich, weswegen die Mutter in einem bürgerlichen Trauerspiel einen Part spielen sollte. In der sechsten Szene des ersten Aktes gewinnt das „ganze ehrbare Bürgerhaus" sogar in ihrer zutraulichen Koketterie, in ihrem gutmütig-ironischen Eingehen auf die tischlermeisterlichen Galanterien zum ersten und einzigen Mal einen gewissen heiteren Glanz von innen. Gleichwohl hat auch diese Rolle ihre spezifischen Probleme und eine eigene Fatalität.

Der Tod, der den eisernen Alten in keiner Phase schreckt, wird für die allemal ängstlichere Mutter, der kein patriarchalisches Allianzgefühl den Rücken steift, zur schreckensvollen Begegnung mit dem gestrengen göttlichen Dienstherrn:

> Man zittert doch vor der letzten Stunde, wenn sie hereindroht, man krümmt sich wie ein Wurm, man fleht zu Gott ums Leben, wie ein Diener den Herrn anfleht, die schlecht gemachte Arbeit noch einmal verrichten zu dürfen, um am Lohntag nicht zu kurz zu kommen. (38)

Die Welt ist für die Mutter zwar heller als für Meister Anton (37), der Gott aber dunkler und unkalkulierbarer als für ihn. Während er die Zuversicht hat, sich dereinst ruhig schlafenlegen zu können, bleibt für ihr knechtisches Bewußtsein der Lohn ihres Arbeitslebens und ihrer Lebensarbeit allem guten Gewissen zum Trotz ungewiß.

In der Erziehung Klaras werden die tradierten Normen bruchlos weitergegeben: Erotische Nacht- und Nebel-Aktionen zum Beispiel werden nicht toleriert, weil das die eigene Mutter „auch nicht gelitten" hat (40); und die goldene Mitte des vorehelichen Beziehungslebens soll wie anno dazumal von Klara damit getroffen werden, daß sie Leonhard liebt, „wie er Gott liebt, nicht mehr, nicht weniger" (41). (In der Tat: Es ist eine Liebe danach!) Aber gerade die sozialpädagogischen Ermunterungen der Mutter, mit denen sie die „hochmütigen" Verkupplungswünsche ihrer Vorgängerinnen in der Geschichte des bürgerlichen Trauerspiels auf bourgeoisem Niveau konterkariert,[55] ihre Aufforderungen, sich an „seinesgleichen", nämlich den „so gesetzten", „braven" Leonhard zu halten (40 und 75), sind es, die Klaras Sündenfall mitverursachen. Der Wunsch nach „seinesgleichen" steht dabei nur scheinbar im Widerspruch zu den Nivellierungsängsten ihres Mannes, weil für beide, gleich, ob nun in der Abgrenzung nach oben oder nach unten, die ständische Hierarchie verbindlich ist.

Nicht weniger fatal sind die Auswirkungen der mütterlichen

Liebe — einer Liebe, die sich rollenspezifisch selbstlos, eben „mütterlich" dünkt, ihren Lohn aber doch in der Gegenliebe der Kinder erwartet[56] und erwarten muß, da er jenseitig ungewiß bleibt und außerfamiliär Befriedigung nicht zu finden ist. „Oh, er (Karl) ist gut und hat mich lieb!" (41) — dieser Satz der Mutter nennt nicht umsonst Gut-Sein und Lieb-Haben in einem Atem. Die moralisierte emotionale Bindung ist das „Positiv" der Reduktion in allen übrigen Bereichen. Außerdem ist die mütterliche Liebe blind. Als Klara, die von der Mutter in ihrer „Freude" (sic!) mit Leonhard nicht gestört werden sollte, nach ihrem freudlosen Beischlaf schluchzend zu der „von unsichtbarer Hand" Hingeworfenen tritt, nimmt die das „für kindliche Besorgnis": „sie griff nach der Hand meines Vaters und sprach mit einem seligen Blick auf mich: welch ein Gemüt!" (45). Schneidender läßt sich wohl kaum zeigen, wie aus mütterlicher Liebeserwartung die Unfähigkeit zu authentischer Einfühlung, zur Wirklichkeitswahrnehmung resultiert. Die Gemeinschaft ist „Pseudo-Gemeinschaft", die wechselseitige Bestätigung illusionär.[57] Es überrascht keineswegs, daß diese Mutter wohl für Klara beten, sie und ihre Notlage aber nicht verstehen kann (41).

Der Zusammenhang von Liebe, Liebeserwartung und Illusionsbildung wird in der Beziehung zu Karl noch deutlicher. Karls pietätloser Appetit während der Krankheit der Mutter wird mit verräterischer Schnelligkeit „natürlich" gedeutet (40). Klaras Blumenstrauß wird ebenso schnell dem Richtigen, der der Falsche ist, zugeschrieben (41).

Immerhin scheint die Mutter gerade in der Beziehung zu Karl ein gewisses Maß an Eigenleben zu gewinnen. Sie hat den kleinen König Ödipus gegen den Willen des Vaters verwöhnt. Und gegenüber der negativen väterlichen Bildnismacherei riskiert die mütterliche Sohnesliebe sogar einen deutlichen Widerspruch, auf dem sie auch beharrt, als der Hausvater mit einem barschen Verweis auf ihre Frauenrolle die Diskussion kurz und knapp beenden will (57). Hier spiegeln sich die Integrationsprobleme der „guten Hausmutter" innerhalb der Gemeinschaft des „ganzen Hauses" wider.[58] Als aber die Gerichtsdiener ihren Sohn als Dieb beschuldigen, zweifelt die Mutter wie der Vater nicht einen Augenblick an Karls Schuld. Gegenüber den Staats-Anwälten ist nichts mehr von sympathisierender Insubordination spürbar. Daß die Verdächtigung des Sohnes überhaupt ausreichen *kann*, die Mutter zu töten — diese extreme Reaktion zeigt, daß es hier statt zweier Eigenleben, von ihrer Seite her gesehen, nur eine Symbiose gibt[59] Das Schlußwort „Jesus!“ bemüht noch einmal den göttlichen Sohn und Heilsbringer,[60] der auch der eigene sein sollte. Damit, daß sie aber *tatsächlich* fällt, fällt sie auch so etwas wie ein Urteil. Ihr jäher, aus dramaturgischen Gründen vielgerügter und dabei unverstandener Tod ist der schlüssige Ausdruck symbiotischer Fixierung und mangelnden Zutrauens in einem. „Therese! Du starbst, als du's hörtest!“ (59) — die Paradoxie dieses Nachrufs liegt darin, daß die Mutter ihren Eigennamen in dem Moment wiedererhält, wo sie in jedem Sinn ihr Eigenleben[61] und das ihres Sohnes definitiv negiert.

Klara: „Vater unser ...“

Keine andere Person von Hebbels „bürgerlichem Trauerspiel“, auch nicht Meister Anton, auch nicht Karl, ist in ihrer Bedeutung so umstritten wie Klara. Die Extrempositionen der Interpreten reichen von der These Richard M. Werners, Klara sei ein sich selbst aufgebendes Opfer, dem der „Gedanke“ seines „Menschentums“ gar nicht komme, bis zu Kurt Mays ebenso folgenreicher wie problematischer Deutung, die Klara als dem deutschen Volksgeist gemäßes, wahrhaft weiblich handelndes, sich darbringendes „Mitsubjekt des Verhängnisses“ beschreibt.[62] Strittig ist dabei nicht einmal so sehr Klaras generelles Verhältnis zu den Gesetzen der Gesellschaft als die Frage, wie weit ihre Abhängigkeit von dem geliebten Vater und die Identifikation mit den patriarchalischen Normen reicht.

Aber auch schon die Auffassungen Hebbels sind alles andere als kongruent: Er sieht einerseits, wie einleitend gezeigt, seit der Münchener Erstkonzeption in eklatantem Widerspruch zu den Emanzipationsideen des Jungen Deutschland durch Klaras duldendes Tun die „Idee des Weibes“ inkarniert und scheint ihr zudem durch den biblischen Titel, ihr Vaterunser und die Passionsanklänge bei ihrem Tod geradezu heilsgeschichtliche Dimensionen zuzubilligen. Andererseits wird sie für ihn eben erklärtermaßen „aus der Welt *herausgedrängt*“ (Br. II, 246; Hervorhebung L. L.). Die Analyse wird also mit etlichen Widersprüchen zu rechnen haben — allerdings im metakritischen Sinn auch damit, daß die Neigung, in Klara das Individuum, das freiwillige Opfer, das weibliche Weib, die kindliche Liebe und die tröstliche Versöhnung zu retten, im Laufe der Rezeptionsgeschichte, aufs Ganze, gesehen näher lag als die gegenteilige Tendenz.

Hebbels Münchener „Idee des Weibes" ist in ihrer lapidaren, subjektlosen Formulierung symptomatisch genug; indes wird diese Rollendefinition, die so schon sprachlich eher einer Kastration gleichkommt, vom Stück selber in dieser edlen Einfalt nicht eingelöst. Die Sanftmut etwa, die Klara als dienstwilliges Aschenputtel von den ersten Szenen an zu bestimmen scheint, wird durch inquisitorische (gegenüber Karl, 39), ungeduldige (gegenüber der Mutter, 40) und kritische Züge (gegenüber dem Kaufmann Wolfram, 68 f.) konterkariert. Die Vorliebe der Mutter für Karl wird nicht ohne Eifersucht beobachtet (41), seine mangelhafte Anhänglichkeit nicht in jedem Fall verteidigt (40). Hinter Klaras Antizipationen des Todes der Mutter (41 ff.), besonders ihrem dreifachen „boshaften" Traum, wird man zwar nicht ohne weiteres aggressive Wunschphantasien vermuten dürfen, zumal Klara nach ihrer Schwängerung in der Mutter den einzigen potentiellen Beistand hat. Außerdem schließt die *dramaturgische* Funktion dieser Omina[63] eine ausschließlich *psychologische* Deutung aus. Gleichwohl ist die Beziehung der Tochter zur Mutter von unterschwelligen Ambivalenzen nicht frei, die sich dem Bild eines christlich-bürgerlich duldenden Opferlamms nicht fügen.

Das gilt entschiedener noch für einige Impulse in Klaras verschiedenen Männerbeziehungen von Leonhard über den Sekretär bis zum Vater und zum Vater-Gott, in denen sie die bei ihren Vorgängerinnen in der Geschichte des bürgerlichen Trauerspiels vorwaltende Demut nicht bezeigt, vielmehr mitunter an die Heftigkeiten von deren Gegenspielerinnen erinnert. In der Wiederbegegnung mit dem Sekretär schreit sie geradezu „wild", wie die Szenenanweisung vermerkt (74), schon fast „rasend" ihre Liebe heraus — mit expressiven Interjektionen, die die Syntax der Wohlanständigkeit durchbrechen:[64]

> Dich! Dich lieb ich! Da! Da! Ich ruf's dir zu, als ob ich schon jenseits des Grabes wandelte, wo niemand mehr rot wird, wo sie alle nackt und frierend aneinander vorbeischleichen. (74)

Gegen die Leidenschaft dieses Ausbruches verblassen die wohltemperierten erotischen Versprechungen des Sekretärs. Wenn Klara unter dem „starren" Blick der Männer, zumal des Geliebten, „allemal" errötend das Gefühl bekommt, das „Wärzchen" auf ihrer linken Backe wachse, „solange einer darnach kuckt" (44), so überrascht diese sexuelle Zwangsvorstellung bei ihr durchaus nicht. Und selbst da, wo sie sich kalt „wie der Tod" (78) dem ungeliebten Leonhard hingibt, übt ihr „verfluchtes Herz" (74) noch Rache an dem vermeintlichen Verräter, indem sie dem Sekretär zeigen will, daß sie über ihn hinweg kann (75).[65] Der Haß Judiths, die Rache Brunhilds sind dieser enttäuschten Liebe nicht gar *so* fern.

In der Auseinandersetzung mit Leonhard schleudert Klara, „wild" wie in der Begegnung mit dem Sekretär, dem schlangengleichen Mitgiftjäger ihre Anklage ins Gesicht, wohl wissend, daß sie für ihn nur ein austauschbares Objekt ist (83). Selbst da, wo sie sich Leonhard als tierähnliches Aggressionsobjekt, als profitable häusliche Arbeitssklavin mit einer minimalen Kostenseite offeriert (80), ist in ihrer Selbsterniedrigung noch das Bewußtsein ihrer Verdinglichung und Instrumentalisierung spürbar — jenes Bewußtsein, das sie wie selbst noch die braven Dulderinnen Angiolina und Julia mit Judith, mit Mariamne, mit Rhodope teilt. Die Szenenanweisung vermerkt ausdrücklich, daß sie sich „hoch aufrichtet" (83). Und diese aufrechte Haltung gilt nicht nur dem selbstgerechten Bürokraten, der die formale Gerechtigkeit repräsentiert, sondern auch jener „Welt", die der Inbegriff von Meister Antons Normvorstellungen ist. Ihr mitleidloses Urteil über die uneheliche Mutter würde Klara zwar akzeptieren, doch nur als „verdiente Strafe für, ich weiß nicht was" (80). Der Schuldspruch der tradierten Moral, der noch im biblischen Titel dieses „bürgerlichen Trauerspiels"[66] anklingt, insofern auf eine „Gefallene" verwiesen wird, auch wenn diese Verzeihung finden soll — dieser Schuldspruch ist für Klara nur ein sehr begrenzt gerechtes Gericht.[67] Ihr im Unglück kritisch gewordenes Bewußtsein fällt schließlich vielmehr selber sein Urteil über die schändliche Verfassung der Welt, und zwar in der Form einer kühnen Bibel-Kontrafaktur: „Dir (Leonhard) wird's wohl gehen auf Erden!" (84) Diese Prognose trifft zwar im Verlauf des Stückes nicht ein[68]; von Klara her gesehen, gibt es aber keine schneidendere Dissonanz als diese bittere frohe Botschaft, die dem, der nichts und niemanden ehrt, gute Aussichten verheißt, während der Tochter die Sünde und die Schande bleibt: Der Zusammenhang zwischen der Erfüllung des vierten Gebotes und dem Weltglück wird zerrissen.

Freilich ist das in keinem Sinn Klaras letztes Wort. Ihr Widerspruchsgeist und die kritische Schärfe ihres unglücklichen Bewußtseins machen vielmehr halt vor den Gesetzen des verinnerlichten Patriarchats. Die leidenschaftliche Intensität ihres Herzens wendet sich letzten Endes gegen sie selbst. In der Begegnung mit dem Sekretär kehrt Klara nach ihren „wilden" Explosionen wieder zu der anfänglichen Dumpfheit zurück. „Abwesend, ohne allen Anteil" (72), „als ob sie allein wäre" (74), später bei Leonhard „wie geistesabwesend“ (82) — das ist das Szenario der Dissoziation, der fremdbestimmten Entfremdung von sich selbst. Über den berühmt-berüchtigten Spruch des Sekretärs kann auch sie als Frau nicht hinweg (76):[69] „Lächelnd“ wiederholt, wird der Satz schon im Stück selbst zum affirmierten geflügelten Wort. Damit nicht genug, vollzieht das Opfer der patriarchalischen Virginitätsmoral selber noch einverständig das Urteil:[70]

> Nein, darüber kann kein Mann weg! Und wenn — Könntest du selbst darüber hinweg? Hättest du den Mut, eine Hand zu fassen, die — Nein, nein, diesen schlechten Mut hättest du nicht! Du müßtest dich selbst einriegeln in deine Hölle, wenn man dir von außen die Tore öffnen wollte. (76 f.)

Das Gefühl, „nicht zurück und auch nicht vorwärts“ zu können (73), die „Hölle“ einer versteinert stillstehenden, nicht mehr in Fluß zu bringenden Zeit (73), ist der Ausdruck einer Existenz, die rettungslos im Gefängnis der Rollenidentität gefangen ist.

Schon bei dem Sündenfall waren neben Klaras Rachegelüsten auch angepaßtere Motive wirksam gewesen:[71] die Furcht vor dem „Spott und Hohn“ der Welt, die die Tochter am Beginn dieses „bürgerlichen Trauerspiels“ noch mit dem Vater teilt; die Beeinflussung durch die kleinbürgerlichen Empfehlungen der Mutter, die „Hochmut“ für die Vorbereitung des Falles hält (75); vor allem aber der Gehorsam gegen den Mann, der vor ihr stand „wie einer, der eine Schuld einfordert“ (44). Diese absolut lustlose Hingabe unterscheidet Klara von all ihren „gefallenen“ Vorgängerinnen in der Geschichte des bürgerlichen Trauerspiels, von Sara Sampson, von Lenz’ Gustchen und Marie, von Klingers „Leidendem Weib“, das wenigstens noch den „Wein der Sünde“ trinkt (T. 1471), auch von Goethes Gretchen und Klärchen[72]. Der Mond — obligatorischer Begleiter der Liebenden —, der bei Klinger, obwohl blaß, noch geleuchtet hatte (I, 7), ist nicht umsonst kläglich in „nassen Wolken“ ertrunken; scheinen wird er nur, um Klaras Selbstmord zu diskriminieren. Und aus der Rose, die Odoardo Galotti *vor* dem „Sturm“ bricht, die Klingers Gesandtin *nach* dem Sturm zerreißt (V, 1), die bei Hebbel nur noch vom Sekretär zitiert wird, sind die Dornen eines Rosenbusches geworden, der Klara „wie mit Zähnen“ festhält, ohne daß hier ein Sturm auch nur drohte. Die Naturdämonie, die Klara beschwört; die Anti-Idyllik, in die sich die Lauben-Idyllik verkehrt hat: sie sind der Ausdruck einer Kleinbürgerwelt, in der „Geschlechtsakte“ Gehorsamsakte sind; in der die Hin-„Gabe“ nur ein Tribut, nicht einmal ein „Opfer“ ist;

in der es allemal um Schuld und Schulden geht und der Mann nicht umsonst mit Vorliebe von Gläubigern spricht und Kassierer ist.

Allerdings ist der Gehorsamsakt zugleich einer der Insubordination. Das Patriarchat, dessen konkurrierende Forderungen sich nicht miteinander vertragen, und die ihm zugehörige „Idee" des Weibes werden dialektisch. Leonhard kassiert Klaras sexuelles Debit auf der Basis eines quasi ehemännlichen Besitzanspruchs. Der Sekretär straft Klaras Sündenfall im Namen der männlichen Sexualmoral. Und der Vater versucht im Sinne seiner Besitzansprüche und zur Verbesserung seiner gefährdeten Bilanzen die Identität von Sein und Sollen einzutreiben. Eben damit treibt er sie aber auch aus der „Stube" wie aus der „Welt" heraus. Zwar verhält sich Klara auch in der Beziehung zu ihm keineswegs nur passiv und fügsam. Sie kritisiert wie die Mutter die Urteile des Vaters über Karl als Vorurteile (66). Sie nennt seine „schreckliche" inquisitorische Härte beim Namen (60). Sie attestiert dem gnadenlosen Alten lakonisch sein „steinernes Herz" (63). In der ersten Schwurszene schließlich beweist sie in der Umformulierung des väterlichen Diktats immerhin eine gewisse Beweglichkeit. Eben diese Beweglichkeit aber findet ihre Grenze in der totalen Fixierung auf den Vater, die Klara noch über ihre Vorgängerinnen in der Geschichte des bürgerlichen Trauerspiels hinaus zeigt. Sie weiß von der väterlichen Gegenliebe (42), wie für alle ganz klar ist, daß sie sein „Schoßkind" (89) ist. Nur bedeutet es eben eine fatale Mitgift, das Schoßkind dieses Vaters zu sein. Denn als solches verbindet Klara die Intensität der erwiderten töchterlichen Liebe dergestalt mit der tradierten Rolle und der diktierten Funktionsbestimmung, daß sie am Ende eher den Tod sucht als das Orientierungszentrum ihres Lebens zu gefährden. In Klaras Selbstverständnis tritt bezeichnenderweise fast immer nur die „Tochter" dem „Vater" gegenüber. An Leonhard stellt sie ihr masochistisches Heiratsgesuch in der Rolle der Tochter des weißhaarigen[73] „alten Mannes, der mir das Leben gegeben hat" (79) — so lautet, wie in Schillers „Kabale und Liebe", der Grundsatz patriarchalischer Weltauffassung: das Leben, nicht ein indifferentes oder gar oktroyiertes Faktum, sondern wie bei dem schöpferischen Vater-Gott ein dankforderndes Geschenk. „Ich bin die Tochter meines Vaters" (79) — das ist die Kurzformel ihrer relationalen Existenz"[74]; und der Mann Hebbel wird diese Formel sanktionieren, wenn er über Elise feststellt: „Das echte Weib ist seinem eigenen Gefühl nach nichts für sich, es ist nur etwas in seinem Verhältnis zu Mann, Kind oder Geliebtem" (T. 2927). „Nun, Klara?" (77) — diese auffordernde

Frage, die sie in ihrem Monolog am Ende des zweiten Aktes selbst an sich stellt (in einem Monolog, der den von Hebbel geforderten „Dualismus“ zweier in einer Brust konkurrierender Personen[75] durchaus nicht mehr zeigt), ist die symptomatische rhetorische Form. Hier braucht kein Herr mehr zu sprechen; die Sätze, die sie spricht, sind nichts als die verinnerlichten Sätze des anderen, der ihr sagt, was sie ist und tut. So wie Klara die Dialogdominanz ihres Vaters trotz der zitierten kritischen Töne insgesamt immer nur mit kurzen Fragen, verzweifelten Ausrufen, besänftigenden Aufforderungen unterbricht, so werden seine einseitigen Ereignisdefinitionen, seine „Interpunktionen“[76] der Geschehenszusammenhänge akzeptiert. Der Tod der Mutter kann so unwidersprochen zum Muttermord avancieren (60). Was der Selbstmord des Vaters wäre, wird für die erpreßte Liebe zum Vatermord (83)[77]. Diese masochistische Schuldzuschreibung geht noch weit über die hinaus, die Klingers „Leidendes Weib“ nach dem jähen Sterben ihres alten Vaters (das übrigens in seiner Abruptheit den Fall von Klaras Mutter antizipiert) vornimmt (V, 1). Klara gibt dem Vater „das Messer in die Hand“ (84). Klara läuft Gefahr, ihn zum Äußersten zu treiben (81)[78]. Da aber Vater und Gott-Vater in dieser Welt Alliierte sind, hat die Tochter es im Vater immer auch mit dem Gott zu tun. Zehrt Gottes „furchtbare heilige Nähe“ jenseits des Grabes in den Menschen, die frierend und nackt aneinander vorbeischleichen, „den Gedanken an die anderen bis auf die Wurzel“ weg (74), so gilt auch schon diesseits: Du sollst keine fremden Götter neben mir haben. Die Präsenz des Vaters und des Gottes ist die Absenz der anderen und des Selbst. In der spezifischen Atmosphäre dieser Frömmigkeit, die in der Tat als das „Gefühl schlechthinniger Abhängigkeit“ zu definieren ist,[79] werden die menschenfreundlicheren Elemente einer mütterlich verstandenen Religiösität, wie sie Klara aus der Distanz im Marienkult zu entdecken glaubt (42), zunichte; zunichte auch jene Appellation an den barmherzigen Gott, die im kühnen Rollentausch zwischen Mensch und Gott eigentlich eher ein Anti-Gebet als eine demütige Bitte ist: „Gott im Himmel, ich würde mich erbarmen, wenn ich du wäre, und du ich!“ (74)[80]. Erfüllungsgewißheit findet Klara nur in der einverständigen Bettelei um ihr „tiefstes Elend — mein Elend wirst du mir geben!“ (77).

Wenn sich auch hier Konflikte ergeben, dann wieder zwischen den konkurrierenden Forderungen des internalisierten Patriarchats. „Du sollst nicht töten!“ — das verbietet nicht nur den Vatermord, sondern auch den Selbst- und den Kindesmord (83 f.)[81]. Alles wäre Sünde; Klara kann nicht bruchlos Frau und Mutter und die Tochter ihres Vaters sein. Doch der Konflikt wird im Namen der Vatergötter entschieden; die Mutter-Rolle noch der Tochter-Rolle untergeordnet. Eine ebenso willkürliche[82] wie eherne patriarchalische Logik regiert:

> *Klara:* (. . .) leichter find ich am Jüngsten Tag noch eine Antwort auf des Richters Frage: warum hast du dich selbst umgebracht? als auf die: warum hast du deinen Vater so weit getrieben? (. . .)
> *Leonhard:* Du kannst Gott Lob nicht Selbstmörderin werden, ohne zugleich Kindesmörderin zu werden!
> *Klara:* Beides lieber als Vatermörderin! O ich weiß, daß man Sünde mit Sünde nicht büßt! Aber was ich jetzt tu, das kommt über mich *allein!* Geb ich meinem Vater das Messer in die Hand, so triffts ihn wie mich! Mich triffts immer! (81 ff.)

In der Tat: Diese Tochter trifft's immer. Sie muß nur dafür sorgen, daß es sie allein trifft. Das „duldende Tun" Klaras versteht sich so als doppelte Sünden-Prävention: als potenzierte Heteronomie. Verhindert in der Frühgeschichte des bürgerlichen Trauerspiels der Vater den Sündenfall der Tochter mit ihrer Tötung, sucht in Lenz' „Hofmeister" die Tochter den befürchteten Selbstmord des Vaters schon um den Preis der Selbstgefährdung zu verhindern (IV, 2), während Luise Millerin noch erklärt, daß sie für den Vater wohl „sterben, aber nicht sündigen" könne (III, 6), so sorgt am Ende dieser Geschichte Klara mit ihrem Selbstmord dafür, daß der Vater sich nicht befleckt. Erst Gerhart Hauptmanns Rose Bernd wird „bitter, eisig" und „grausam fest" (V), wie es bei Hebbel nur Meister Anton ist, das Einverständnis mit der Welt der Vater-Götter kündigen.

Das schlüssige Symbol dieser nicht eindimensionalen, aber letzten Endes fremdbestimmten Existenz ist die Version des „Vaterunser", die Klara vor ihrem Selbstmord betet. Zunächst hat sie, anders als der Vater, der bei seiner Parodie auf die neumodische Frömmigkeit der jüngeren Generation die verschiedenen Bitten korrekt zitiert (49 f.), mit dem Text ihre Schwierigkeiten, auch wenn sie das Gebet noch nicht wie Judith delegiert. Das „Reich" des Vater-Gottes wird mit seinem „Namen" verwechselt (90)[83] — sinnvoll durchaus, denn der „Name" ist eben nicht mehr einfach zu heiligen, wo die Theodizee fraglich wird (dazu noch einmal später) und Gott und Mensch tauschen müssen, damit es so etwas wie die Aussicht auf ein Erbarmen gibt. Es herrscht unter dem Diktat der patria potestas schlüssigerweise nur sein „Reich", das gar nicht zu „kommen" braucht, in das aber auch Klara in der Umkehrung des „Vaterunsers" gar nicht eigentlich „gehen" kann, weil es seit je da ist.

Dann findet Klara zwar „wie ein Kind, das sich das Vaterunser überhört" (90), zum authentischen Text zurück, um in den Äquivalenten von Schuld und Vergebung die Hoffnung auf Versöhnung zu finden. Indes bleibt ihr im weiteren davon nur die einseitige Bitte um Vergebung, die in der Ich-Form vorgebracht wird. Und am Schluß steht wie in Klingers „Leidendem Weib", aber durchaus im Gegensatz zu Miß Sara Sampson und Luise Millerin, die im Sterben zur *verzeihenden* Erlöserin werden,[84] ein wiederholtes Gnadengesuch, dem kein „Amen" folgt:[85]

Vergib mir, wie ich — Sei mir gnädig — gnädig — (Ab.) (91)

Diese Reduktion ist nur konsequent. Denn mag Klara auch Leonhard etwas zu vergeben haben — die Tochter hat bei ihren Vater-Göttern immer nur um Vergebung zu bitten. Ihr „eigenstes Gesetz" ist, „es von anderen zu empfangen".[86] Wenn sie „von Mann zu Mann, zu Mann, zu Mann und in den Brunnen"[87] geht, so heißt das sowohl, daß sie „vom Ensemble der Männerwelt" umgebracht wird wie sich umbringen läßt. Diese Feststellung will durchaus *nicht* als eine erneute lieblose Exekution verstanden werden. Wenn aber der freie „Liebesopfergeist" einer „sich darbringenden" Heldin gefeiert werden soll, dann ist *für* das Opfer *gegen* sein „Opfer" Einspruch zu erheben. Die „neunte Stunde", um die Klara ihren Kreuzweg beendet (91) (die aber schon bei Matthäus und Markus die Stunde der Gottverlassenheit ist, bevor der schöne Schein der Auferstehung sich über die Szene breitet), ist eben nicht[88] die verfinsterte Tages-, sondern die Nachtstunde. Klara erreicht ein Golgatha, das in der Tat die Schädelstätte jeglichen absoluten Geistes ist. Und die „innere Leuchtkraft des tragischen Opfers"[89] vergeht gänzlich in dem Schein eines Mondes, der den voreiligen Dank der Leidenden (91) kalt widerlegt.

Karl: Der Weg ins Freie?

Das Lied vom „jungen Schiffer", das Karl in der achten und neunten Szene des dritten Aktes singt, scheint nicht weniger signifikant für ihn, als es das „Vaterunser" und seine Deformationen für Klara sind. Wenn sonst jemand in der Welt dieses „bürgerlichen

Trauerspiels" ein Lied singt, dann einen Dankchoral (42) oder ein Sterbelied: die Demuts- und Abgesänge einer freudlosen und abhängigen geistigen Welt. Nicht so Karl, der mit Mut und Lust die Freiheit und Weite der Meere besingt und ihr Bild der engen Gefängnisumwelt des Vaters entgegenstellt. Wenn der Tischlermeister in seinen Charakterpanzer hineinkriechen möchte, so will Karl seine Haut abstreifen „wie den Kleinkinderrock" (89). „Fisch und Vogel" (92) sollen nicht länger „darüber streiten, ob's in der Luft oder im Wasser am besten ist" (92). Andersartigkeit soll nicht Apostasie, sondern die Gleichberechtigung unvergleichbarer Lebenswelten bedeuten.

Dieses Lied, das — zumal mit dem Lob des ziellosen Ausfahrens am Schluß (91) — in der Tradition frischfröhlichfreier romantischer Meerfahrtlyrik, aber auch der „Lumpazi"-Lieder der Biedermeier-Literatur steht[90], erhält durch seinen szenischen Zusammenhang einen äußerst dissonanten Charakter. „Wär gern hineingesprungen / Da draußen ist mein Reich!" (91) — das ist unmittelbar nach Klaras Abgang erst einmal *ihr* Text, allerdings eben nicht das Symbol einer Befreiung, sondern eines bloßen Auswegs. Was den Meerfahrer selber betrifft, so findet er mitten in seinem Auf- und Ausbruchsgesang Zeit, nach der Uhr zu sehen, obgleich dabei nicht ein Federfuchser im Stil Leonhards, sondern der Sohn in der gespannten Erwartung des Vaters fragt: „Wieviel ist's?"

Schließlich ist zweifelhaft, ob es Karl wirklich „gleich" ist, wohin die Reise geht; kommt es doch für ihn klar genug darauf an, mit seiner Ausfahrt Erfolg zu haben. Wenn er ein Meerfahrer wird, dann eher ein Kauffahrer. Ist er also wirklich der Repräsentant der Freiheit, der Weite, im Generationenkonflikt: des Neuen, oder gar einer größeren Humanität?[91]

Die unbezweifelbare Tiefe dieses Generationenkonflikts läßt sich unter anderem daran ablesen, daß die von Hebbel in das „bürgerliche Trauerspiel" eingeführte Mutterbindung des Sohnes, die trotz aller Unverschämtheiten und Undankbarkeiten spürbar ist, zwar ausgereicht hat, ihn an der häuslichen Hobelbank zurückzuhalten (89), nicht aber dazu, ihn wirklich zu integrieren. Die Sozialisationswirkung ist hier nicht annähernd so wie bei der Vaterbindung der Tochter. Unter dem bestimmenden Vorzeichen der wechselseitigen Abneigung zwischen Vater und Sohn wird vielmehr gegen das tradierte Rollendiktat opponiert. Eine Identifikation erfolgt nur mit dem Bild, das man sich „im Hause" von ihm macht:

(Für sich) Hier im Hause glauben sie von mir ja doch immer

das Schlimmste; wie sollt' es mich nicht freuen, sie in der Angst zu erhalten? (39)

Das ist die Logik negativ fixierter interpersoneller Wahrnehmung: Da Karl sieht, wie ihn die anderen sehen, beschließt er, daß sie ihn auch sehen sollen, wie sie ihn sehen wollen.[92]

Allerdings wird Karl nicht wirklich der, den die negative Rechthaberei des Vaters in ihm sucht. Im Gegensatz zu dem Prädikat eines „Säufers und Schuldenmachers“ (70) arbeitet er abends nicht nur zwei Stunden länger als die anderen (39), sondern ist sogar fleißiger als der Vater (66). Er ist also keinesfalls ein Parasit. Aber er akzeptiert — und das ist wichtiger — die Arbeitsethik des Vaters und ihre religiösen Implikationen nicht. Als Angehöriger einer jüngeren Generation, die innerweltlich bilanziert, die nicht den jenseitigen Lohn, sondern den diesseitigen Ertrag will, nicht Askese, sondern Konsum und sofortigen Genuß, stellt er an das spätzunfthandwerkliche Arbeitsleben die Rentabilitätsfrage; und was dabei unter dem Strich für ihn herauskommt, ist ein resultat- und perspektivenloses Dasein, das nur auf ebenso illusorische wie groteske Weise angereichert werden kann:

Karl: (trinkt hastig): Nun könnten wir denn wieder anfangen. Hobeln, Sägen, Hämmern, dazwischen Essen, Trinken und Schlafen, damit wir immerfort hobeln, sägen und hämmern können, sonntags ein Kniefall obendrein: ich danke dir, Herr, daß ich hobeln, sägen und hämmern darf! (Trinkt) Es lebe jeder brave Hund, der an der Kette nicht um sich beißt! (Er trinkt wieder.) Und noch einmal: er lebe! (88)

Das Leben ist, so betrachtet, in der Tat ein Gefängnis: ein blödsinniger Zirkel zwischen sinnloser Produktion und bloßer Reproduktion, die ewige Wiederkehr des miserablen Gleichen — mit Büchner gesagt: Es ist die Mühe nicht wert, die es macht, es zu erhalten.

Dieselbe sinnlose Wiederkehr prägt für Karl das Ordnungs- und Normensystem des „ganzen Hauses“. In den Urteilen des Vaters kann er nur Vorurteile entdecken, die gelten, weil sie gegolten haben. Die „zweimal zehn Gebote“ (86) sind der Inbegriff eines Schematismus, der das Leben und den Lebensgenuß erstickt. Ausweg und Abwechslung werden in einem geselligen Genußleben gesucht, der „liebe Gott“, modernen Transsubstantiationen entsprechend, die dem Vater nur blasphemisch erscheinen können, im „Wein“. Da aber das Handwerk den nötigen Ertrag nicht abwirft, wird der Genuß vorweggenommen; der Erwerb läuft ihm nach.

Der Ausbruchsversuch endet in verschärfter Gefangenschaft. Karl revoltiert so zwar gegen die alltägliche Arbeitssklaverei und den despotischen Traditionalismus, aber auch er bleibt „an der Kette". Der Konsumfetischismus scheitert ebenso wie Meister Antons Kompensatorik durch Ehre. Ein radikalerer Ausbruch ist vonnöten, den der Vater im illegalen Erwerb vermutet, während der Sohn nur das Gefängnis der häuslichen Borniertheit verlassen will, um sich auf dem Weltmarkt des Lebens zu tummeln:

> *Karl:* Hinaus! Hier gedeih ich nicht, oder erst dann, wenn ich's gewiß weiß, daß das Glück dem Mutigen, der sein Leben aufs Spiel setzt, der ihm den Kupferdreier, den er aus dem großen Schatz empfangen hat, wieder hinwirft, um zu sehen, ob es ihn einsteckt oder ihn vergoldet zurückgibt, nicht mehr günstig ist. (89)

Die Meerfahrt wird zur unbestimmten Chiffre eines risikofreudigen, im wörtlichen Sinn spekulativen Erwerbsspiels, in dem der einzelne ohne wie immer geartete Mitgift, aber auch liberalisiert von normativen Traditionsschranken, Stände- und Werthierarchien, für sich allein steht und sich selber für seine ego-zentrischen Zwecke „setzt". Karls Intentionen stehen zwar in der Tradition des Fortuna-Motivs[93], verweisen aber gleichzeitig in der Konstellation des Stückes auf einen „Unternehmungsgeist" (Sombart[94]), der als „Synthese von Geldgier, Abenteuerlust, Erfindungsgeist und manchem andern" dem soliden, bornierten und philiströsen Handwerksgeist Meister Antons entgegengesetzt ist und sich als die zweite Komponente des „kapitalistischen Geistes" komplementär zu der von Leonhard repräsentierten Variante des „Bürgergeistes" verhält.

An sozialen, moralischen, weltanschaulichen Gegensätzen ist also in der Beziehung zwischen Sohn und Vater kein Mangel. Gleichwohl fehlt es nicht an Regressionen, die beide auf dem unerschütterten Boden der Tradition vereinen — auch wenn sie beide das nicht merken. Bezeichnend genug hofft der Sohn mit seiner spekulativen Meerfahrt schließlich doch noch den väterlichen Segen zu erringen (92). Schon insofern bleibt Karl den verinnerlichten Rechtfertigungsinstanzen verpflichtet. Und gegenüber Klara, deren „Sonderbarkeit" er kurz registriert, ohne, wie sie selber feststellt (88), ernstlich teilnehmend darauf einzugehen, heißt es lapidar:

> *Klara:* (tritt ein).
> *Karl:* Endlich! Du solltest auch nur nicht so viel küssen! Wo

sich vier rote Lippen zusammenbacken, da ist dem Teufel eine Brücke gebaut! Was hast du da?

Klara: Wo? Was?

Karl: Wo? Was? In der Hand!

Klara: Nichts!

Karl: Nichts? Sind das Geheimnisse? (Er entreißt ihr Leonhards Brief). Her damit! *Wenn der Vater nicht da ist, so ist der Bruder Vormund!* (67, Hervorhebung L. L.)

Mit diesem kategorischen Satz beharrt die patria potestas in Vater *und* Sohn ungerührt auf der Kontinuität ihrer Herrschaft. Was der Bruder von Klingers „Leidendem Weib" als Statthalter eines vom Schlag der Schande getroffenen Vaters exekutieren will, was Valentin in der Gretchen-Tragödie als braver Soldat rigider patriarchalischer Moral vorexerziert — Karl macht es wenigstens tendenziell nach. Der Generationenkonflikt, die beschriebenen Innovationen tasten die innerfamiliären Herrschaftsstrukturen und die tradierten Geschlechterrollen nicht an. Mit anderen Worten: Der Sohn ist „Rebell, aber kein Revolutionär".[95]

Wie dieser Sohn enden wird, hat das Stück offengelassen. Man kann annehmen, daß ihm, moralisch gesehen, beide Wege offenstehen, die Eichendorffs „Zwei Gesellen" alternativ durchprobieren. Ökonomisch gesehen, ist es durchaus nicht ausgeschlossen, daß am Ziel seiner Karriere jener reiche Mann stehen wird, den sich Vater und Sohn unter unterschiedlichen Vorzeichen gemeinsam herbeiträumen.[96] Egal aber, ob dieser reiche Mann von einer bloß fassadenhaften Rechtlichkeit sein wird, wie die negative Rechthaberei des Vaters es sich wünscht, oder ob der heimkehrende Taugenichts sich das väterliche Schulterklopfen verdienen wird: Als Patriarch wird er allemal der Sohn dieses Vaters sein. Die Romantik der Meerfahrt wird mit einiger Wahrscheinlichkeit im sicheren Hafen des bürgerlichen Realismus zwischen Soll und Haben, Herrschen und Gehorchen verfliegen.[97]

Leonhard: Der Einzige und sein Eigentum

Das Wort „Wurm" fällt in „Maria Magdalene" im Zusammenhang mit Leonhard mehrere Male (46, 75, 83,). Natürlich ist das eine Reminiszenz an „Kabale und Liebe". Darüber hinaus zielt die Metapher und das zugehörige Wortfeld[98] („Schlange" etc.) auf die Unmenschlichkeit Leonhards und auf seine besondere Art von

Beweglichkeit und Klugheit: den spezifischen Typus seiner Rationalität. Ist der „beschränkte Kreis" der Tischlermeisterfamilie gemäß dem Vorwort zu „Maria Magdalene" durch seine Unfähigkeit zur „Dialektik" tragisch disponiert (26), so ist Leonhard in jedem Betracht einer „schlangenglatten Dialektik" fähig.[99] Hebbels Vermutung, daß „der Mensch (...) nicht Schlange, nur Igel sei" (T. 4212: Die Schlange kann stechen und umschnüren, er kann nur stechen!"), wird durch Leonhard durchaus widerlegt. Die Beziehung zu Klara ist zwar keineswegs gefühllos: Immerhin ist es auch die Eifersucht, die Leonhard an dem „verfluchten Abend" (78) treibt. Doch bleiben diese irrationalen Restbestände allemal einer Zweckrationalität untergeordnet, die das leitende Endziel nie aus den Augen verliert. Und dieses ist für Leonhard der Erwerb und die ihm zugeordnete Karriere, in der Beziehung zu Klara die 1000-Taler-Mitgift, die es mit den Mitteln der Liebe zu „holen" (47) gilt. Aus den erotischen Zwecken der Verführer-Typen des bürgerlichen Trauerspiels sind primär ökonomische geworden. Der „Kassierer", als der Leonhard figuriert, ist in jedem Sinn das Etikett dieser Existenz, die mit ihrer „Rechnerei und Bedachtsamkeit (...), Vernünftigkeit und Wirtschaftlichkeit" auf ihre Weise dem „Bürgergeist" verpflichtet ist.[100] Kein drastischerer Ausdruck dieses „Geistes", als wenn Leonhard das „höchste Gut" mit dem „letzten Band" an sich fesselt (43): Die geradezu klassische Formel aus dem ewigen Vorrat der bürgerlichen Moral und der Traktätchenliteratur deckt ein sexuelles „Endspiel", in dem ein kalt kalkulierender Mann von einer Frau, die ihrerseits kalt ist „wie der Tod", mit dem sexuellen Debit zugleich den finanziellen Profit einzutreiben sucht.

Kalkulationsprobleme ergeben sich für Leonhard nur da, wo keine klaren Daten zur Verfügung stehen. Symptomatisch dafür ist die Auseinandersetzung mit Meister Anton über das Schicksal der 1000-Taler-Mitgift, in der der seinerseits kalt observierende Tischlermeister den zweifelhaften Schwiegersohn sarkastisch ins Leere laufen läßt:

> *Meister Anton.* Er ist ja ordentlich blaß geworden! Das nenn ich Teilnahme!
> *Leonhard.* Er wird mich nicht verkennen!
> *Meister Anton.* Gewiß nicht! (Er trommelt auf einer Kommode). Daß das Holz nicht durchsichtig ist, wie? (52)

Wenn die Figuren Büchners durch ihre existentielle Dickhäuterei am wechselseitigen Erkennen gehindert werden und in Einsamkeit gefangen bleiben, so wird in dieser Kleinbürgerwelt die mangelnde ökonomische Transparenz der Sachen[101] zum Symbol der Unberechenbarkeit und Undurchschaubarkeit der Menschen. Um an den deus absconditus, den unbekannten ökonomischen Inhalt, für den es angesichts der mitmenschlichen Aberrationen des Tischlermeisters keine „rationalen" Garantien gibt, heranzukommen, muß Leonhard jenen Heiratsantrag als Vorleistung stellen, der eigentlich auf „Sicherheiten" zielt. Der scheinbar so besonnen Kalkulierende — ein Komödienmotiv in diesem bürgerlichen Trauerspiel — läuft Gefahr, der Genarrte zu sein. Doch der deus ex machina, den er hier zum ersten Male braucht, hilft ihm in Gestalt der Familienkatastrophe aus der Falle. „Schrecklich! Aber gut für mich!" (59) — dieser Satz, in dem der erste mitfühlende Impuls rigoros abbricht, ist die Kurzformel eines Denkens, das zwar die menschlichen Valeurs noch nicht gänzlich aus dem Auge verloren hat, sie aber außer Kraft setzt durch die Logik der „instrumentellen Vernunft". Im Kurs gesunkene „höchste Güter" können ohne Verzug verabschiedet werden, da die kalkulierte Erotik des Karrieristen mühelos jeden neuen Inhalt rezipiert. Sie braucht sich dabei nicht einmal selber zu belügen: „Vor allen Dingen die Sache mit dem kleinen Buckel nur recht fest gemacht" — dieser Satz über die Nichte des Bürgermeisters, der die ganze Person brutal auf ihr Häßlichkeitsstigma reduziert, weil der Buckel pars pro toto doch nur den Geldsack meint, spricht den Charakter dieses Beziehungslebens schnörkellos und eben sachlich aus, ohne die gefühlsmäßigen Störungen, die gegenüber Klara noch spürbar waren. Das „Herz" des anvisierten Heiratsobjektes, das man mit den Draperien einer heruntergekommenen Blumensprache ködert (81), ist die Geldseele; die einzig wirksame Realität, mit dem Vorwort zu reden, ist die „reelle Zahl", um die sich das relevanzlose „Schnörkelwesen von Figuren und Gestalten" herumschlingt (21). Da die Zwecke konstant sind, können die Mittel wechseln.[102] Leitend ist die Einsicht von Stirners „Einzigem":

> Ich, als *unbedingtes* Ich, schließe ein Liebesverhältnis, treibe freien Handel.[103]

Ihre Legitimation empfängt und behauptet Leonhards instrumentelle Vernunft mit Ideologemen verschiedener Herkunft, die indes alle im Evangelium der Zweckrationalität konvergieren: Alles geschieht „in der besten Absicht!" (46)

Da ist in erster Instanz ein familiärer Liebesgeist, von dem Leonhard seine Inspirationen erfährt. Kinder sind für ihn im durchaus materiellen Sinn eine „Art von Gläubigern" (51), das heißt: eine vorgeblich fordernde, in Wahrheit sanktionierende Instanz, die von jeder anderen Verantwortlichkeit befreit und jedes Erwerbsmittel gestattet. In der Rolle des potentiellen Familienvaters suspendiert der „kalte Rechner"[104] die christlich-mitmenschlichen Verpflichtungen, an denen der versteinerte Tischlermeister kategorisch festhält (51).

Von einem Gegensatz zwischen Christlichkeit und Familiengeist kann insgesamt allerdings bei Leonhard keine Rede sein. Vielmehr wird die biblisch geforderte Einheit von Mann und Frau im Sinne bürgerlicher Familienideologie so interpretiert, daß für die männliche „Schlange" eine moralisch nicht eingeschränkte „Klugheit" im gesellschaftlichen Kampf ums Dasein reklamiert wird, während der weiblichen „Taube" die sakrosankte Privatsphäre, das Residuum einer verstellungsfreien und friedvollen Innerlichkeit bleibt (46). Hier ist der in Meister Antons Welt noch nicht bestimmende „Strukturwandel der Öffentlichkeit", die Entgegensetzung von gesellschaftlicher Konkurrenz- und privater Intimsphäre[105], bereits deutlich spürbar. Doch indem Leonhard das Liebes- und Familienidyll als Gegenentwurf zur feindseligen Welt bemüht, importiert er höchst dialektisch deren Prinzipien in den Bereich der Intimität.[106] Klaras verzweifeltes Heiratsgesuch wird im Namen der ewigen Herzenswerte zurückgewiesen (79). Und die Mitgiftjägerei findet im Gegensatz zu Meister Antons sarkastischem Hinweis auf die Einfalt unseres „Großvaters Adam", der Eva trotz ihrer paradiesisch-nackten Besitzlosigkeit nahm, ihren biblischen Archetypus bei den „heiligen Erzvätern", die den „Mahlschatz" als Beigabe ihrer Weiber auch nicht verschmähten (52). Der Parvenü Leonhard begibt sich erfolgreich auf die Ahnensuche.

Reichen biblisch aufgeputzte Familienideologeme nicht aus, dann wird auf bürokratische Verfahrensnormen zurückgegriffen. Sein Abschiedsbrief ist für Leonhard „vernünftig", weil er gegen keine Regel verstößt. Die „Vernunft" — das ist neben der Logik der Zweckrationalität offenbar der Inbegriff formaler Normen. Verantwortlichkeit besteht entweder nur in ihrem Rahmen, oder sie wird delegiert: „Warum muß ich grausam sein? Nur weil er (Meister Anton) ein Tor war!" (82) — das ist die Antwort, die Leonhard „ordentlich den Rücken" steift. Indes stählt sich hier kein kleinbürgerlicher Atlas, sondern ein Schreibtischtäter sorgt für seine Entlastung. Droht trotzdem ein solcher Vernunft widriges individuelles Schicksal, so flüchtet sie sich, akten- und zahlenfreudig, wie sie ist, in Statistik. Sie glaubt zu wissen, was der „Fall" ist; und als kleinbürgerlicher Mephistopheles[107] weiß der Statistiker natürlich auch, daß Klara nicht „die erste und letzte“ ist (81).

Freilich führt diese Gewißheit wie bei Schillers „Wurm“ (III/6) nicht an der Tatsache vorbei, daß die Statistik Lücken hat und eben auch andere „Fälle“ vorkommen (83): so die Gegenrechnung zum mephistophelisch-bürokratischen Zynismus. Und die Schlußfolgerungen dieser Vernunft, die keine Entscheidungen gewohnt ist, sondern nur angebliche Sachzwänge exekutiert, laufen angesichts von Klaras opferwilliger „Verrücktheit“, trotz der Sicherheit, die der Selbsterhaltungstrieb zu gewähren scheint, in eine Spirale präventiver Reflexion[108] aus, in der Leonhard „Wurm nach Wurm gebiert“ und der Humor der Nemesis auch ihn sozusagen in die Wochen kommen läßt (84). Das Dilemma dieser Art von „Vernunft“ wird zwar durch die Duellforderung des Sekretärs beendet, indes nur, um in der Konfrontation mit seinem „männlichen“ Ehrenkodex erneut ihre Ohnmacht zu erfahren.

Die zweckrational orientierte, ideologisch kaschierte und formalistisch verfahrende Vernunft des Kassierers findet also ihre Grenze einmal in der „Irrationalität“ der Menschen, die keinem berechenbaren Kalkül folgen, sodann in den Gesetzen einer unbürgerlich-heroischen Konvention. Ihre vorgängige, fundamentalere und sozial bedeutsamere Abhängigkeit liegt indes in jenen Regeln und Gesetzen, deren sich Leonhard mit dialektischer Beweglichkeit zu bedienen trachtet, denen er aber damit eben auch gehorcht und gehorchen muß. Das wird dort besonders deutlich, wo Leonhards „dialektische“ Gymnastik der (folgenlosen) Einsicht des Tischlermeisters in die Unverläßlichkeit der Menschen den selbstbewußten Sinnspruch entgegensetzt:

> Meister Anton, Er macht es ganz verkehrt. Der Baum hängt von Wind und Wetter ab, der Mensch hat in sich Gesetz und Regel! (48)

Idealistische Autonomievorstellungen im Munde eines fremdbestimmten Karrieristen, der, wenn überhaupt etwas, seine Zwecke in sich hat — das ist die Klassik als Phrase, doziert vom lebenstüchtigen Untertan, entlarvt, wie bei Büchner, als die zynische Groteske der heruntergekommenen Bildungstradition und des emporgekommenen Bildungserben.

Stellt man diese Phrase indes vom idealistischen Kopf auf die materiellen Füße, so werden jene Momente faßbar, die der gesellschaftskonforme Parvenü mit seinem per se guten Gewissen nicht reflektiert, die Hebbel aber für sein Stück in Anspruch nimmt, wenn er später beschließt, Leonhard dadurch, daß

> die Schwierigkeit, eine Existenz in der modernen Welt zu erringen, als treibendes Grundmotiv *mehr wie jetzt* durchscheint, *noch tiefer* zu begründen. (T. 4351, Hervorhebung L. L.)

Hier ist nicht von jenen moralischen Kategorien die Rede, die Hebbel andernorts ins Spiel bringt, wenn er Leonhard und Meister Anton als „Gegensätze, wie Gut und Bös" (Br. VI, 101) qualifiziert. Und anstelle des *„Gottes"*, der für die *„Natur"* des „Lumpen" Leonhard verantwortlich zeichnen soll (Br. II, 342 f.), stehen die Lebensbedingungen der „modernen Welt", genauer: eine existenzgefährdende Konkurrenzsituation, die Anpassungsbereitschaft und Erfolgsorientierung in „Wind und Wetter" zu „Gesetz und Regel" macht.

Während die spätzunfthandwerkliche Misere durch das prekäre Verhältnis zwischen Arbeitssklaverei und einem nur asketisch zu konservierenden Ertrag charakterisiert ist, ist diese Konkurrenzsituation in der drohenden Arbeitslosigkeit begründet. Die Fortschritte auf dem Bildungssektor, die die pädagogische Kompetenz der Tradition in Frage stellen, haben die Menschen immer klüger und gleicher gemacht (40 f.). Die bildungsmäßige Gleichheit wiederum hat die Zahl der Konkurrenten vergrößert, die mit ihren eigentümlichen Mitteln den Kampf ums Dasein führen müssen. Allerdings ist die Gleichheit noch nicht in jeder Hinsicht gewährleistet, die freie Konkurrenz[109] noch nicht wirklich hergestellt, wie es sich ja für Leonhard auch nicht um einen freien, sondern den gebundenen staatlichen Arbeitsmarkt handelt. Seine Bewerbung um die ausgeschriebene Kassiererstelle hat es mit einer Konkurrenz zu tun, die ob ihrer Beziehungen zur Obrigkeit begünstigt ist. Insofern äußert sich in seinen Um- und Abwegen, seinem instrumentellen Umgang mit Menschen und Gefühlen, seiner Bereitschaft zur Verleugnung und Selbstverleugnung (45 f.) das Intrigantentum eines Kleinbürgers, der die Mängel seiner gesellschaftlichen Mitgift kompensieren muß.

Das gilt um so mehr, als man in dieser Welt erst etwas *ist*, wenn man etwas *hat*. So versucht der auf sich selbst verwiesene „Einzige", mit dem realistischen Sinn für die „reelle Zahl" begabt, sein „Eigentum" zu erwerben, indem er einen völlig bindungslosen Egoismus mit einem absolut machtkonformen Opportunismus verbindet.

Der Sekretär: Darüber kann kein Mann weg!

Der Name des Sekretärs fällt wie der der Mutter genau ein einziges Mal (47), und das Personenverzeichnis spricht mit unbestimmtem Artikel nur von „einem Sekretär": Symptom dafür, daß es hier in demselben Maße wie bei der Mutter nur um einen rollenidentischen Charakter geht, und zwar gerade bei der Person, die Hebbel (und den meisten Interpreten) zufolge den höchsten Übersichtspunkt in „Maria Magdalene" erreichen soll (T. 2926)?

Beruflich hat sich der Sekretär wie Leonhard durchgearbeitet (72). Die Liebe war dabei jahrelang für ihn (wie für Lenz' Fritz von Berg[110]) „nicht mehr in der Welt" (74). Dahinter steht wie bei Leonhard die Bindung des bürgerlichen Seins an das Haben (75), das bei günstigen Prospekten „mehr werden kann", vorderhand aber nur Magerkeit und Blässe (72) hinterlassen hat — im körperlichen und seelischen Sinn. Im Sog von Klaras Leidenschaftlichkeit sub specie mortis scheint es zwar für einen kurzen Moment so, daß die „wohlschmeckenden und wohlriechenden Worte" der Fibel „wie Kirsche und Rose" (72) die weniger verheißungsvollen der Bibel ersetzen können (72). Doch dann ist es die versteinerte Traditionsmoral, die, mit Karl *Kraus* zu reden, bei diesem Jungakademiker aus der Jungfernhaut einen dramatischen Knoten schürzt,[111] der nur mit schlagender Verbindungsmoral durchhauen werden kann. „Tausende ihres Geschlechts hätten's klug und listig verschwiegen und es erst dem Mann in einer Stunde süßer Vergessenheit in Ohr und Seele geschmeichelt!" (76) — das würdigt zwar Klaras atypische Ehrlichkeit, zeigt aber auch, in welcher Vorstellungswelt der Sekretär lebt: die „Stunde süßer Vergessenheit", hochgemuter Kitsch aus dem Arsenal kümmerlicher Männerphantasien, welche die Offenheit in die Vorhöfe der Lust verbannen und Hochzeitsnächte als Beichtveranstaltungen verstehen. „Darüber kann kein Mann weg!" (76) — dieses ungeflügeltste aller geflügelten Worte, über das Lenz' Fritz von Berg allerdings sehr wohl schon hinweg konnte[112], ist die lapidare Formel einer Virginitätsmoral, die monopolistisch, heteronom und — entgegen ihrem ätherischen Schein — auch roh-materialistisch ist. Heteronom, weil es nicht anders als für Meister Anton darauf ankommt, wer vor wem die Augen niederschlagen muß (76). Roh-materialistisch, weil das krude Faktum der Defloration schwerer wiegt als jede individuelle und emotionale Differenz. Eine „Hingabe", selbst wenn sie kalt ist „wie der Tod", bleibt für diesen Materialismus doch eine Hingabe. Monopolistisch, weil es in der Konkurrenz der

Hähne, die nur in der Fibel lustige rote Tiere sind (71), um das ius primae noctis keine Konzessionen gibt. „Meinesgleichen" ist für den Sekretär wie für Meister Anton ein Schimpfwort, das er allenfalls für die Dauer eines Duells gelten läßt (85), weil er es da gelten lassen muß. Das heißt aber auch, daß er den Mann noch als Gegner akzeptiert, den er eigentlich für einen „tollen Hund" hält (85). Das Duell ist so der ebenso paradoxe wie schlüssige Entscheidungsmodus einer obsolet werdenden Männerwelt, die sinnigerweise gerade auf dem Boden eines vollkommen bürgerlich gewordenen Trauerspiels an jenen heroischen Gladiatorenspielen festhält,[118] die bei den aristokratischen Vorgängern des Sekretärs schon vermeidbar waren. Er zieht gewissermaßen noch die Konsequenz aus der Inquisition, die Schillers liebender Major bei seinem vermeintlichen Konkurrenten veranstaltet: „Wie weit kamst du mit ihr?", diese bei Schiller nicht umsonst viermal wiederholte und zugespitzte Frage (IV, 3) ist zwar das Stereotyp, das beide verbindet: das zwanghaft reproduzierte Symptom einer wahrhaft kärglichen Neugier. Doch wenn Schillers Held den Hofmarschall als nicht einmal satisfaktionsfähig verschmäht, so läßt der Sekretär seinen „Todeskameraden", eben weil er so weit kam, noch als solchen gelten. Erst Hauptmanns christlich-demütiger (und „unmännlicher"!) August mit seinem ironisch sprechenden Namen wird am Ende darauf verzichten, seinen „Keil" in den Konkurrenten hineinzutreiben.

Allerdings scheint sich der Sekretär als Kamerad des Todes von den Prinzipien dieser Männerwelt freizumachen. Er gesteht seine Schuld und seine Abhängigkeit ein. Der „Dialektik" in einem anderen Sinn als Leonhard fähig geworden, plädiert er für Klara und rechnet auch mit den Vater-Göttern ab.

Am Anfang dominiert in der Beziehung zu ihnen, gefaßt in den Metaphern einer insgesamt rechenhaft bleibenden Moral, der frohgemute Dank an einen „lieben Gott", der als Handelskapitalist nicht um „den einzigen Zins" betrogen werden soll, „den seine Welt ihm abwirft, um ein fröhliches Gesicht und um ein helles Auge, das all die Herrlichkeit abspiegelt und verklärt zurückgibt" (73). Später verdüstert sich jedoch das Bild des Schöpfergottes, dem die „Katzen, Schlangen und sonstigen Scheusale (...) zwischen den Fingern durchgeschlüpft sind" (75), und auch seine Omnipotenz erleidet eine Einbuße; denn Mephisto hat die Scheusale nachgemacht, und zwar besser, weil er sie „in Menschenhaut" gesteckt hat. Und wenn sich schließlich „Gott und Teufel (...) beständig um die Welt zu schlagen" scheinen und niemand weiß, „wer gerade

Herr ist", so deutet der zweifelhafte Weltprozeß auf eine vollends prekär werdende Theodizee. In der Schlußabrechnung kann denn auch keine Rede mehr von einem Respekt vor den Vater-Göttern sein. Statt dessen erfolgt so etwas wie eine Apotheose von Klaras Tat, die aber, wie noch zu zeigen ist, den Herrschaftsbereich der Männerphantasien und trauerspielträchtiger Bürgerlichkeit keineswegs sprengt.

2. *Exemplarische Textanalyse*

Die Szenen und Szenenteile, die im folgenden analysiert werden, heben sich in der dramatischen Zuspitzung deutlich von den meisten anderen Szenen ab. Gleichwohl sind sie mit ihrer leitmotivischen Struktur, mit ihren szenischen und gestischen Korrespondenzen, ihren rhetorischen Figuren, vor allem aber mit ihrer Metaphorik, ihrer Raumsymbolik, ihren Zitaten und Assoziationen exemplarisch: Elemente einer außerordentlich dichten Textur, einer „Backstein-Dramatik"[114], die eindrucksvoll die Enge dieser kleinbürgerlichen Welt vergegenwärtigt und authentisch die Beklemmung verbreitet, der sie entspringt.

Szene I/7, zweiter Teil

Nach den vorwiegend analytischen Szenen des ersten Aktes, in denen sich die spezifische soziale und psychische Konditionierung der Personen (58 ff.) zeigt,[115] dominiert in der Schlußszene des ersten Aktes die zieldramatische Handlung. Diese gipfelt in einer einzigartigen Eskalation in Klaras oktroyiertem Schwur — einem „der ergreifendsten Momente in der gesamten dramatischen Literatur", wie schon ein Zeitgenosse Hebbels mit Recht festgestellt hat (Br. III, 210). Eingeleitet durch die tragisch-ironische Ankündigung der Mutter: „Da ist er" (gemeint ist der gerade von Meister Anton des Diebstahls verdächtigte Sohn), bricht der Gerichtsdiener Adam mit seinen Kollegen bei „seinesgleichen" ein: so die gezielte Provokation der tischlermeisterlichen Phobien. Die Mutter fällt. Leonhard nimmt nicht weniger abrupt seinen Abschied. Die Hausdurchsuchung wird, da die schon zuvor bemühte ominöse Kommode wie für Leonhard nichts hergeben will, auf die hinteren Räume ausgedehnt, in die dann später, wie die Mutter, auch Klara gebracht wird. Der Appell an das Mitleid „Adams", der hier zum Prototyp des unmenschlichen Menschen avanciert, bleibt folgenlos.

Der zweite Teil der Szene zieht die Schlußfolgerungen aus dieser Kadenz von Ereignissen für die beiden[116] Hauptpersonen des Stücks. Klara versucht dem Argwohn des Vaters, die Eltern hätten die Ehrlichkeit und die Sittsamkeit womöglich „in der Familie allein verbraucht"[117], mit einem Vertrauensvotum für Karl zu begegnen: „Vater, er ist unschuldig! Er muß unschuldig sein! Er ist ja dein Sohn, er ist ja mein Bruder!" (60) Doch die Unschuldsbeschwörung, die mit ihren parataktischen, symmetrischen Sätzen, ihren Anaphern und der Anhäufung von Ausrufzeichen Nachdruck gewinnen soll, bleibt wirkungslos. Die anfängliche Konstatierung („er ist") wird zu einer Behauptung abgeschwächt („er muß"); und die Begründung setzt eben das voraus, was zu beweisen ist: daß Karl als Sohn und Bruder unschuldig ist, obwohl ihn der Vater gerade als den ihm nicht nachfolgenden Sohn schuldig gesprochen hat. Obgleich jedes Mitglied des „ganzen Hauses" an der Ehre und Schande der anderen partizipiert, kann paradoxerweise doch niemand für den anderen garantieren.

Der Vater hat denn auch schon längst andere Schlüsse gezogen: „Unschuldig, und ein Muttermörder?" — das ist der bitterböse Humor eines Anklägers, dessen rhetorische Fragen endgültiger als die untauglichen Beschwörungen der Tochter sind, auch wenn dabei die tatsächlichen Zusammenhänge vergewaltigt werden. Aus dem Tod der Mutter, der, wie gezeigt, einen Urteilsspruch impliziert, wird ein Mord, aus der Begebenheit eine Tat, aus dem Leiden ein Verbrechen. Diese Logik interpunktiert die Ereignisfolgen dergestalt, daß nur eindeutige Kausalitätsverhältnisse und einseitige Schuldzuschreibungen übrigbleiben[118]. Wenn Eltern *an* ihren Kindern leiden, so müssen die Kinder dieser Logik zufolge notwendigerweise erleiden, daß sie allemal die Täter sind. Meister Antons Lachen, mit dem er seine rhetorische Frage beantwortet, dieses sarkastische Lachen, das schon in der ersten Hälfte der Szene und dann wieder zu Beginn des zweiten Aktes zu hören ist, insgesamt weit öfter und deutlicher als das meistens unterdrückte Weinen, ist der bezeichnende Gefühlsausdruck einer präventiv gepanzerten Distanzierung von einer Welt, in der es eigentlich nichts zu lachen gibt.

Der weitere Szenenverlauf gibt dem Tischlermeister wenigstens in einem Fall recht: So, wie er schon zuvor seine Kenntnis der Kassierer-Mentalität angedeutet hatte, so weiß er jetzt, als Leonhards Brief eintrifft, von vornherein seinen Inhalt. Hier beweist Meister Anton eine geradezu divinatorische Menschenkenntnis, die die mütterlichen Naivitäten weit hinter sich läßt. Das anschließende Händeklatschen für den „Lumpen" ist wie das vorhergehende Lachen Ausdruck seines Sarkasmus, aber auch den „verrückten" Gesten der Kaufmannsfrau, mit denen diese die Unfälle der bürgerlichen Welt zu begleiten pflegt (68 f.), nicht gar so fern; denn dieser Applaus bezeigt durchaus ein perverses Einverständnis mit der Katastrophe.

Die Empfehlung an Klara, auf Leonhard zu verzichten, ist entsprechend gelassen, kommt es doch, wie der Vater in der Eröffnungsszene des zweiten Aktes klarmacht, für die Weiber in der vermeintlich singulären Liebe nur auf die narzißtische Befriedigung und die Versorgung an (63). Alle Katastrophen sind hier reparabel — ausgenommen die eine, deren Andeutung den Tischlermeister freilich sofort so sehr in Rage bringt, daß nur die Rückkehr der beiden Gerichtsdiener für ein retardierendes Moment sorgt. Adams unzutreffendes Resümee: „Suchet, so werdet ihr finden!", ist wie die zitierte Prognose Klaras für Leonhard eines jener zahlreichen Bibelzitate,[119] die dieses christlich-bürgerliche Trauerspiel immer wieder bereichern, indes meistens quer zu seiner Handlung und zu seinem Geist stehen. Hier wird die Verheißung zur Häme, der inquisitorische Mißerfolg umgemünzt in pharisäische Selbstgerechtigkeit.

Nach dem Abgang der beiden Gerichtsdiener nimmt der Vater — formal typisch für die dichte Textur des Stückes, psychisch symptomatisch für den Wiederholungszwang, der hinter seinen Sätzen steckt — Klaras Unschuldsbeschwörung für Karl wieder auf, aber so, daß daraus ein Verdachtsmoment gegen Klara wird. Und der Vater könnte bei seiner inquisitorischen „Suche", die die der Gerichtsdiener innerfamiliär fortsetzt, schon jetzt „finden"; doch die definitive Schlußfolgerung bricht nach dem wiederaufgenommenen und intensivierend wiederholten „du — du" ab: Die Aposiopese, eine der bezeichnendsten Sprachgesten des Stücks,[120] ist Ausdruck des noch Unnennbaren, aber gleichzeitig belastender als der ausgesprochene Verdacht. Klaras Antwort: „Vater, Er ist schrecklich!", ist nichts als Notwehr und nur um so angemessener, als Meister Anton, der schon vorher mit seinem bitteren Lachen die Fähigkeit zur Ausdrucksumkehrung hinreichend bezeugt hatte, jetzt seine „liebe Tochter" „sehr sanft" bei der Hand faßt. Es läßt sich kaum etwas Schneidenderes und Dissonanteres als diese schreckliche

Sanftheit denken, die weit schlimmer ist als das Zähneknirschen bei der Drohung gegen Karl und die Kälte der Selbstmorddrohung, weil diese Reaktionen eindeutiger und eben deswegen erträglicher sind.

Der Zuspruch, den dieser Vater seiner Tochter spendet, ist ein beispiellos aggressiver Akt. Es fehlt hier zwar nicht an (zum Teil wörtlichen) Anklängen an Lenz' „Hofmeister" (IV, 1); aber dort ist der bittere väterliche Sarkasmus noch nicht als direkte Attacke gegen die Tochter gerichtet. Der „Mutter-Mörder" wird einer unausgesprochenen, aber um so selbstverständlicheren patriarchalischen Logik zufolge im Vergleich mit der potentiellen Vatermörderin zum „Stümper" degradiert. Die Einladung der Tochter zur Hilfestellung bei der Exekution des Vaters greift wieder auf das fatal trächtige Bild des Baumes zurück, das der Vater schon im Gespräch mit Leonhard über seinen unterschiedlichen Umgang mit Menschen und Naturdingen gebraucht hatte. Diese Baummetapher ist eine der authentischen „Tropen", die der Handwerker aus seiner Lebenswelt bezieht — gemäß der Absichtserklärung des Vorwortes. Zugleich ist sie Bestandteil eines höchst dialektischen „Spiels" mit dem Widerspruch von Wesen und Erscheinung, von prätendiertem Realismus und manipulativer Welt- und Selbstverkennung.

Werden von dem Tischlermeister Menschen sehr wohl wie Naturdinge traktiert (48), wird der Birnbaum, der zunächst „leer und kahl" erscheint, dann aber fruchtbar ist, durch den Vergleich mit dem „Schlingel" von Sohn gerade nicht notwendig „verschimpfiert", so steht der knorrig aussehende, aber angeblich wackelnde „alte Stamm" fest „wie bis zu Ende" (94), *weil* er wacklig *scheint* und knorrig *ist*. Mit anderen Worten: Die Naturbilder, mit denen Meister Anton, der zunächst angenommenen Eindeutigkeit der gesetzmäßigen Natur zum Trotz, den Widerspruch von Wesen und Erscheinung illustriert, werden zum Symptom eines scheinhaften Selbst- und Weltverständnisses; gerade aber diese „falsche" Selbstdefinition, die hier wie überall Handlungsaufforderungen impliziert, ist höchst wirksamer Bestandteil einer selbsterhaltenden erpresserischen Strategie.

Das Gesicht der „lieben Tochter", das zwar keine „Axt" ist, aber doch — so die unerhört harte metaphorische Fügung — wie eine Axt wirken kann, scheint dem Vater geeignet, den „alten Stamm" zu fällen. Diese Symbolik gibt zu erkennen, daß Meister Anton die erotische Anziehungskraft Klaras sehr wohl bemerkt hat. Doch wenn er „Augen, Nase und Mund" hier zum ersten Mal lobt, dann eben sub specie mortis — will sagen: im Angesicht des möglichen Vatermordes. Ein hübsches Gesicht ist in dieser Welt der nicht nur literarisch „harten Fügungen" eine Bedrohung, die Liebeserklärung des Vaters wie später das Selbstmordgelöbnis eine indirekte Erpressung, die Aufforderung, Selbstvertrauen zu bekommen, eine Verdächtigung.

Vorerst läuft die Handlungsaufforderung zwar wieder in eine Aposiopese aus: Die Katastrophe selber kann nicht beim Namen genannt werden. Doch eigentlich verdrängt hier die Aposiopese den definitiven Ausdruck nicht so sehr, als daß sie ihn überspringt, um wenigstens verbal schon bei den schrecklichen Gewißheiten anzukommen: „(. . .) werde — du verstehst mich wohl, oder sag mir, es kommt mir so vor, daß Du's schon bist!" Zwar operiert auch diese Verdächtigung mit abstrakten Leerformeln, die sichtlich von der Verdrängungsarbeit geprägt sind. Der Angriff des Vaters auf die Seele der Tochter, nach der bisher vorherrschenden intermittierenden Dialogführung quasi monologisch vorgetragen, ohne auch nur die Spur einer Einspruchsmöglichkeit zu bieten, ist aber so erbarmungslos, daß die gepeinigte Klara „fast wahnsinnig" und „mit aufgehobenen Armen" zu Füßen der toten Mutter stürzt und zweimal „wie ein Kind" um ihre Hilfe ruft. Die Regression, die schlüssigerweise nicht zu dem (Vater-)Gott ihre Zuflucht nehmen kann, und die Progression in den Wahnsinn sind Folge des väterlichen Terrors und Fluchtversuch in einem.

Doch der Vater versperrt auch dieses Asyl. Die Aufforderung, die Hand der Toten zu fassen, verkehrt die hilfesuchende kindliche Geste und die Präsenz der Mutter, die Rettung zu versprechen schien, in eine weitere Bedrohung.[121] Der „brave Hund an der Kette" zeigt, daß er selbst Hände in Ketten verwandeln kann. Der Schwur, den der Vater der Tochter dann auferlegt[122], ohne noch weiter nach ihrem Zustand gefragt zu haben, nennt das Ungesagte zwar wieder nicht inhaltlich bei seinem Namen. Das ist aber auch nicht nötig, weil in dieser Welt immer schon deutlich genug ist, mit welchen Bedeutungen die Hohlformeln schwanger sind. „(. . .) schwöre mir, daß du bist, was du sein sollst!" — das fordert ebenso eindeutig wie rigoros die Übereinstimmung von Sein und Sollen, Zustand und Norm, das ist die immer schon leitende Rollenerwartung, auf ihren denkbar prägnantesten Identitätsbegriff gebracht.

Näherhin besehen, impliziert der geforderte Schwur allerdings ein potentielles Dilemma. Akzeptierte Klara das Diktat des Vaters, so hätte sie die zweifelhafte Wahl, ihm entweder befehlsgemäß die Wahrheit zu sagen und damit Hand an den alten Stamm zu legen oder das gewünschte Bild zu bestätigen und damit einen Meineid zu leisten, was Rose Bernd tatsächlich tun wird, für Klara aber wie für Luise Millerin noch undenkbar ist.[123] Das Wahrheitsgebot und die Rollennorm mit den ihr zugeordneten Sanktionsandrohungen kollidieren. Jede der beiden Möglichkeiten ist zugleich geboten und untersagt. Insofern könnte die Schwurforderung eine unlösbare „double-bind"-Situation im Sinn der Forschungen über den Zusammenhang zwischen Schizophrenie und Familie und der Theorie der menschlichen Kommunikation hinauslaufen,[124] wenn der ausbrechende Wahnsinn hier nicht in eine höchst dialektische Vernunft umschlüge. Die stockend vorgebrachte, während des Redens allmählich verfertigte[125] und umformulierte Formel definiert „Schwören" unausgesprochen nicht als wirklichkeits- und gegenwartsbezogenes „Beschwören", sondern als zukunftsbezogenes „Versprechen".[126] Klara kann so den Meineid vermeiden und doch der Schwurforderung des Vaters entsprechen.

Die Reduzierung der geforderten Identität auf die Vermeidung von Schande kann dabei ohne Einspruch passieren, weil die Übereinstimmung von Sein und Sollen ohnehin für den Vater synonym damit ist.

Allerdings hebt die Umformulierung des Schwurs die Tatsache nicht auf, daß die Identität von Sein und Sollen nicht mehr wirklich gegeben ist. Insofern macht Klara bei ihrer Antwort einen mentalen Vorbehalt. Und dieser Widerspruch bricht in der nächsten Szene auf, wenn Meister Anton Klara an „ihren" Schwur (welchen?) erinnert und seine Formulierung wieder aufgreift mit den Worten: „bleib nur, was du bist." (65) Das ist für Klara nun in der Tat ein unlösbares Dilemma. Denn „bleibt" sie, was sie (inzwischen) „ist", so ist sie nicht, was sie sein soll. Versucht sie aber zu sein, was sie sein soll, so kann sie nicht bleiben. Und — „man hat's gesehen" (94) — sie geht! Die Abschwächung der väterlichen Formel entpuppt sich für sie als tödliche Verschärfung. Wenn in der Schillerschen Kontrastszene (V, 1) der Vater nach dem von der „Zärtlichkeit" erzwungenen Verzichtschwur „freudetrunken" seiner Tochter an den Hals fällt, so ist hier nach dem zustimmenden „Gut!", mit dem der Tischlermeister die vermeintliche Bereinigung der innerfamiliären Szenerie befriedigt konstatiert, wie am Ende des Stücks nichts wirklich gut.

Der Aktschluß steht diesen Dissonanzen in nichts nach. Angesichts des schönen Wetters setzt der tischlermeisterliche Fanatiker der Enge seinen Hut auf. Der „festgenagelte Sonnenschein", unter dem Klara leiden wird, ist das Wetter des Masochisten. Als solcher begibt er sich nach seinen aggressiven Aktionen freiwillig auf einen Spießrutenlauf, bei dem wie in den Tagen der Kindheit die Stacheln wieder gegen ihn gerichtet sind. Der bitterböse Humor der Nemesis läßt ihn dabei, ohne daß er es wüßte, seinem Sohn nachfolgen, der inzwischen schon von dem Gerichtsdiener „straßauf, straßab" (92) geführt worden ist. Die Öffentlichkeit einer „mittleren Stadt" ist das Forum, auf dem sich die Quälereien fortsetzen, die sonst in den vier Wänden einer guten Familienherberge ihren intimen Schauplatz haben.

Szene III/11

In der gemilderten Form „verdeckter Handlung"[127] haben sich die Katastrophen des dritten Akts (das Duell, Klaras Selbstmord) bereits abgespielt, als der Sekretär die Bühne betritt. Die Schlußszene bietet Enthüllung und Abrechnung zugleich.

Der Auftritt des „bleichen und wankenden" Sekretärs, der nach seinen Versuchen, aufzustehen, am Ende in jedem Sinn „zurückfällt", ist Bestandteil einer artifiziellen Choreographie, die ihn einem eisernen Patriarchen gegenüberstellt, der seinen steifen Rücken trotz partieller Verunsicherungen behält. Das Tuch, das der Sekretär gegen seine Brust drückt, ist Bestandteil der leitmotivischen Struktur des Stückes. Jenes Tuch, das Klara für den Vater *sauber* gestickt hat und er zu *Ehren* der Tochter an den höchsten Feiertagen trägt, ist das tragisch-ironische Symbol und Symptom einer sublimierten tödlichen Liebe. Das Tuch, das Meister Antons Lehrherr und Ersatzvater nach seinem Selbstmordversuch ängstlich bis ans Kinn hinaufzieht (54 f.), verbirgt vor der inquisitorischen bürgerlichen Öffentlichkeit „bis an sein Ende" die Wunde, die letzten Endes auf ihr Konto geht; und es verweist auf jene schrecklichere Situation, mit der Meister Anton seine Tochter erpreßt: wo kein Tuch mehr helfen kann, weil nämlich der „ganze Kerl" hinwegrasiert ist (65). Beim Sekretär bedeckt es notdürftig die Wunde, die der „Mann", der über die selbsterrichteten Hindernisse nicht hinwegkonnte, nicht sowohl erlitten als sich selbst zugefügt hat. Und schließlich ist Klaras eigenes Tuch das Relikt, mit dem man die Tote im Brunnen identifiziert. Kurz: Was Zeichen der Liebe war oder Schutz geben sollte, hat sich auf dem Boden dieses bürgerlichen Trauerspiels ins Stigma von Selbstmördern deformiert.

Auch die rasch hervorgestoßenen Worte des Sekretärs mit ihrer diffusen Mischung von Fragen, Interjektionen und Floskeln stellen mehrfach symptomatische Zusammenhänge her. „Jesus!" — das ist wie beim Tod der Mutter der Schlußseufzer der „fallenden" Kreatur. Doch die hat hier trotz ihres „Gott sei Dank" ihre Fragen: Über Karls Antwort hinweg, dessen zum ersten Mal mitmenschlich teilnehmende Rede in einer zweifachen, von Angst geprägten Aposiopese abbricht, wird das Theodizee-Problem wieder aufgegriffen, das die der Gedankenwelt der Figuren gemäße Ausdrucksform für jene „Dialektik" ist, die der Autor des Vorworts zu „Maria Magdalene" mit Goethe in die „Idee" wirft (5).[128] Am Schluß der sechsten Szene war dieses Problem angesichts des gemischten Charakters der von Gott und Teufel umkämpften Welt offengeblieben. Hier ist nur noch wenig von einem offenen Weltprozeß zu spüren. Die gehäuften Aposiopesen des Sekretärs markieren vielmehr die Leerstelle, in der der Sinn des Geschehens verschwunden ist: „Der Bube liegt — Aber auch ich bin — Warum das, Gott? — Nun kann ich sie ja nicht —". Danach scheint sich zwar aus dem Tod Klaras noch so etwas wie eine Antwort zu ergeben: „Bube, nun weiß ich, warum deine Kugel traf." Doch ergeben zwei Katastrophen noch keine Theodizee. Und da es — kurz und knapp gesagt — für den Sekretär „gleich aus" ist, bleibt ihm nichts anderes übrig, als sich an den irdischen Patriarchen zu halten.

Er versucht das zunächst, indem er den Vater auffordert, Nachsicht für Klara zu geloben. Doch diese ungeschickte Rede läßt dessen Argwohn nur „die Augen aufgehen" — und er erkannte, daß Klara nackt, das heißt: schwanger war? Die Reminiszenz an das erste Buch Mosis macht hier wie bei fast allen Bibel-Paraphrasen des Stücks die realen Diskrepanzen nur um so spürbarer. Denn mag die Übertragung des Zitats von der Mann-Frau- auf die Vater-Tochter-Beziehung noch deren latenten Charakter aussprechen, so schließt sich im Alten Testament der „Erkenntnis" die Scham an, während Meister Anton aus seiner Erkenntnis wie bei Karl nur die Rechtfertigung bezieht: „Hätt' ich ihr nicht unrecht getan?" Die erneute Aufforderung des Sekretärs, ihm die Hand zu geben, wird mit jener dramaturgisch und symbolisch unübertrefflichen Geste beantwortet, die den Sozialcharakter Meister Antons in konzentrierter Form ausdrückt: „(Steckt beide Hände in die Tasche)". Wenn in diesem bürgerlichen Trauerspiel jemand einem anderen die Hand gibt, dann, wie gezeigt, die noch lebende Tochter der schon toten Mutter, und zwar eben unter dem Diktat des Vaters und zu erpresserischen Zwecken. Hier gibt es nicht einmal eine gestische menschliche Verbindung, statt dessen den Rückzug auf jene Enge, die dem Charakterpanzer immer schon das einzig zuverlässige Asyl zu bieten schien und für die Menschen seiner Umgebung lebenserstickend wurde. Zwischen „guter Herberge“ und „Räuberloch“ hat Meister Anton den Wohnort vergessen, an dem er sich mit den Seinen aufhält und in dem er nur seinen Sohn vermutet: das Gefängnis, „die wahre, ungesunde, unerfreuliche (...) Bürgerstube.“[129] Und dieses Gefängnis hat wie die Kirche das „Beinhaus mit dem eingemauerten Totenkopf“ (50) im Prospekt. Das Versprechen, Klara „Platz“ zu machen, ist die tragisch-ironische Umkehrung dessen, was der Tischlermeister in Wahrheit seit je praktiziert: Sargmacher, der er ex professo ist, sargt er die Menschen, zumal die geliebten, schon zu Lebzeiten ein[130]; und im Gegensatz zu dem Totengräber, der seine Gruben auf Vorrat so groß macht, daß auch die größten Toten hineinpassen können (57), tischlert er, hier wie auch sonst knapp kalkulierend, seine Särge für die Lebenden so klein, daß auch die Fügsamsten keinen Platz haben. Der kleinbürgerliche Atlas, dem die Lasten seines Lebens einen steifen Rücken gegeben haben, ist zugleich der Prokrustes, der alle Welt auf seine Maße zurechthobelt.

Der Brunnen wiederum, in den Klara schon hineingesprungen ist, während der Tischlermeister ihr noch Platz zu machen verspricht, ist das leitmotivische Symbol, das polar zu dieser Enge zu stehen scheint, ihr aber in Wahrheit entspricht.[131] Karl glaubt sich in der glücklichen Lage, nicht „alles Wasser aus einem Brunnen“ schöpfen zu müssen (39).[132] Doch selbst die Fülle der Meere ist bei ihm letzten Endes aus demselben Brunnen geschöpft. Meister Anton bemüht sich, seinen „Tränenbrunnen“ zu verstopfen (54) — ihm Luft oder Wasser als Elemente zuzusprechen, wie Karl es vor dem geplanten Weggang versöhnlicherweise tut (92), ein unangemessenes Bild. Die drei Brunnen, die Klara auf ihrem Bittgang zu Leonhard passiert (77), repräsentieren mit der vorzeitigen selbstmörderischen Versuchung ein ins denkbar Unmärchenhafte umgeschlagenes Märchenmotiv. Und der Brunnen, in dem Klara endet, wird für sie, die sich selber in ihre Hölle einriegelt, die, wie der „brave Hund“ an die Kette seiner Lebensarbeit, ihrerseits an die Männerwelt gekettet ist, nur zu einer Art von Notausgang ihres Lebenswegs.

Die Dissonanzen dieses Endes werden durch die Korrespondenzen deutlich, die die Schlußszene zu Klaras Paraphrase des „Vaterunsers“ und Karls Freiheitsgesang herstellt. Wenn die Tatsache, daß das Brunnenbrett nicht „vorgenagelt“ ist (91), noch ein

Alibi zu gewähren schien, so wird Klara auch diese Gnade von der Welt und von dem Gott versagt. Ihr voreiliger Dank wird auf tragisch-ironische Weise widerlegt. Die Welt sagt eben nicht: Sie ist hinein*gestürzt* (91 und 93), sondern: sie ist hinein*gesprungen*. Und dieser Sprung ist in keinem Sinn, wie in Karls Lied besungen, der Sprung in ein freieres Reich.[133] Auch das Draußen ist die Enge; in der Welt dieses „bürgerlichen Trauerspiels" sind in einem umfassenderen Sinn, als es sein Autor beabsichtigte, in der Tat „alle Mauslöcher" verstopft (T. 2926).

Das szenische Ensemble verschärft diese Dissonanzen noch. Wenn dem Sekretär, hinter dessen Aposiopese nicht die Verdrängung, sondern die entsetzte Erkenntnis steht, jetzt endlich ganz die Augen aufgehen, so kommt das für jede Hilfe zu spät.

Der doppelte „Vater"-Ruf des hereinstürzenden Karl, der hier zum ersten Mal diese Anrede statt des üblichen „Er" gebraucht, entspricht dem doppelten kindlichen Hilferuf Klaras nach der Mutter in der Schlußszene des ersten Aktes. Doch hier ist — ohne daß sich der Sohn darüber klar wäre — der Adressat selber der Urheber des Schreckens. Dessen Hilfsbereitschaft — „und ob's der Gerichtsdiener wäre!" — läßt keine Gelegenheit aus, zu demonstrieren, daß er der „ehrlichste Mann" in der Stadt ist, auch wenn er sich dabei auf die menschlich fernstliegende Möglichkeit stürzt und nebenbei noch Gelegenheit erhält, den voraufgegangenen Disput mit Karl fortzusetzen. Wie sich in Hebbels „Mutter und Kind" der ehrliche Proletarier im sozialen Konfliktfall mit dem ausbeuterischen Wucherer identifiziert, so ist hier der Kleinbürger mit einer Rechtlichkeit, die aus dem Atlas noch einen Cato macht, sofort zur Hilfe für den rechtsbrüchigen Repräsentanten der Obrigkeit bereit.

Indes ist „Alles", zumal die „Nachbarn", wie immer schon da. Und der denunziatorisch „böse Blick" der beobachtenden Magd hat „mit Bestimmheit" gesehen[134], was der katastrophale Fall ist, auch wenn der sonst publikumsabhängige Patriarch hier zunächst noch, anders als bei Karl, den skeptischen Verteidiger spielt.

Die Choreographie der Szene wird hektisch: Nach der ersten Namensnennung haltbedürftig, dann sich niedersetzend, steht Meister Anton schließlich doch wieder auf. Die Erkenntnis, die ihm hier erneut den mühlsteinbeladenen Rücken steift, gibt sich, wie die zuvor im Irrealis geäußerte Vermutung, daß er Klara nicht unrecht getan haben könnte, zwar hypothetisch, ist aber in Wahrheit schon definitiv. „Wenn ich ihn recht verstanden habe, so ist alles gut!" — mit diesen Worten, die der tischlermeisterliche Vatergott im Anklang an die Genesis am Schluß seiner „Schöpfungs-", d. h. Einsargungsarbeit spricht, wird das, was sich ihm als sexueller Hochverrat darstellt, erbarmungslos quittiert.

In genauer Umkehrung der Reaktionen von Lessings William Sampson, der im Blick auf den „traurigen Rest“ seines Lebens (I, 1) lieber „von einer lasterhaften Tochter, als von keiner geliebt“ sein will, weil ein Vater „doch immer ein Vater“ und ein fehlendes Kind „deswegen doch ein gutes Kind“ bleibt (III, 3), wird der Selbstmord der Tochter dem Bankerott mit der Lebenden vorgezogen[135]. Lieber tot als vor Schande rot! Lieber kein Kind als eines, das dem väterlichen Diktat nicht entspricht! Die Versöhnungs- und Liebesgemeinschaft, die als schöner (Vor-)Schein am Ende des empfindsamen, aber auch noch des Sturm- und Drang-Trauerspiels stand, ist zerbrochen. War „Bürgertum“ im 18. Jahrhundert „synonym mit ‚Menschlichkeit‘ “, so bedeutet es jetzt gnadenlose „Ordnung im Gegensatz zum Menschlichen“.[136]

So ist es nur konsequent, daß die große Schlußabrechnung des Sekretärs — Umkehrung der Versöhnungsszenen des bürgerlichen Trauerspiels auch sie — ein konzessionsloses Urteil über diesen strengen Richter fällt. Dieses Plädoyer[137] gegen einen Angeklagten, der sich nicht als solchen versteht, beschreibt, indem es Klaras Selbstmord eigentlich als Mord deutet, wieder klare Schuldzusammenhänge in den Ereignisfolgen, aber mit mehr Recht als dort, wo der Vater den Tod der Mutter als Muttermord und den eigenen potentiellen Selbstmord als Vatermord definiert hatte.

Allerdings läßt der Sekretär es nicht bei einer einseitigen Anklage bewenden. Dem anaphorisch wiederholten „Er“ wird das „ich, ich bin schuld“ konsequent hinzugefügt[138], das aus dem Selbstmord Klaras zwar nicht ein Gemeinschaftsverbrechen, aber doch eine unterlassene Hilfeleistung macht. Außerdem entdeckt der Sekretär auch noch andere Schuldige: jene nichtswürdigen „*Schlangen*“, von denen schon öfters die Rede war: in bezug auf Leonhard, seine schlangengleiche Beweglichkeit und Beutegierigkeit; in bezug auf jene Teufel, die dem ohnmächtigen Schöpfergott durch die Finger geschlüpft sind und die Beelzebub mit Menschenhaut getarnt hat; hier in bezug auf die zischelnden „Pharisäer“ mit ihrer lebenslügnerischen Sittenstrenge[139].

Der Sekretär scheint also nicht einseitig zu personalisieren, sondern den gesellschaftlichen Charakter des bürgerlichen Trauerspiels zu bezeichnen und damit in der Tat den Übersichtspunkt zu erreichen, den Hebbel ihm zugeschrieben hat. Indes ist er auch hier noch der Logik jener Welt verhaftet, der er das Urteil spricht. Sein Maßstab bleibt aller menschlich mitfühlenden Teilnahme für Klaras „Jammer" und ihre „namenlose Angst" zum Trotz der einer heteronomen Moral;[140] und die Moral bleibt rechenhaft. Wenn der Sekretär betont, daß man nicht sowohl abhängig ist als sich abhängig *macht*, so stört ihn nicht die Abhängigkeit von den Vorurteilen der Welt als solche, sondern die Abhängigkeit von den „*Schlechteren*", wie es ja auch für sich spricht, daß der Sekretär wie der Vater keineswegs grundsätzlich etwas dagegen hat, daß man auf jemanden „mit Fingern" zeigt (65 und 73), wenn es nur der Rechte ist.[141] Im übrigen liefert wieder einmal die Ökonomie die Stichworte:[142] Der Preis, den der Sekretär mit seinem Leben „bezahlt"; die Umweltreaktionen, die der Vater sich nicht hätte „ersparen" lassen sollen, um in der Todesstunde die nötige Unterstützung zu haben — das meint eine verfehlte Lebensrechnung. Und die Vorstellung, daß es am Sterbebett eines Menschen bedarf, der den „Angstschweiß" abtrocknen kann, zeigt vollends, daß der Sekretär den Boden der von Furcht und Zittern getriebenen heteronomen Moral wie Vater, Tochter und Mutter nicht verlassen hat. Wenn er, selber sterbend, Gottes explizit mit keinem Wort gedenkt,[143] so ist dieser doch weiterhin in dieser Vorstellung präsent — aber eben: in einer schweißtreibenden Angstvorstellung. Das sollte die neue Freiheit sein?

Die Replik des Vaters greift die erstellte Bilanz unter umgekehrtem Vorzeichen auf: „Sie hat mir nichts erspart — man hat's gesehen!" Dabei gewinnt die Bilanz aber auch einen fatalen Hintersinn, denn diese leicht variierte Wiederholung der Schreckensnachricht Karls meint nicht nur, daß der Vater gleichsam den Beleg für seine Einschätzung Klaras zu erhalten glaubt, sondern auch: *Indem* man's gesehen hat, *indem* „die Sache" öffentlich geworden ist, hat Klara ihm nichts erspart.[144] Erst hier kulminiert in dieser Welt des bösen Blicks die negative Bilanz.

Der Schuldspruch des Sekretärs besteht schlüssigerweise in einem — gesperrt gedruckten — „Wert-Urteil": *„Er war's nicht wert, daß ihre Tat gelang!"* Der Selbstmord Klaras avanciert dabei freilich weniger schlüssig zur „Tat". Diese Umdeutung fällt deutlich hinter die zuvor vertretene Überzeugung des Sekretärs zurück, daß Klara auf den „Weg des Todes" *hinausgewiesen* und zur Verzweiflung *getrieben* wurde — so wie für Hebbel selbst Klara trotz der erwähnten gegenläufigen Interpretationstendenzen „vom geraden Wege (...) *gestoßen*" (T. 3003) und „aus der Welt herausge*drängt*" wird (Br. II, 246). Mit den Worten: „Ihr entgegen!", schlägt die Abrechnung mit dem menschenfeindlichen Rigorismus des Vaters und dem bösartigen Pharisäismus der Welt tendenziell sogar in eine Apotheose um, die eher prekäre Erinnerungen an den Schluß von Faust II, die himmlische Freiheitsgöttin, der Egmont entgegenschreitet[145], die „Wallfahrten“ an das „heilige Grab“ von Klingers „Leidendem Weib“, die Heiligsprechung des „Engels“ Sara Sampson und der nicht weniger engelhaften Luise Millerin wachrufen kann, als daß sie dem Zwangscharakter dieses bürgerlichen Trauerspiels gerecht würde. Dieser „Seelenaufschwung“ verfehlt die Verfassung einer Welt, die die Frau nur als Opfer, jedoch nicht als Büßerin oder Märtyrerin, geschweige denn als Heroine, kennt und mit der Absage an die alten Vatergötter noch keine neue Göttin hat. Der an Karl gerichtete Hilferuf des Sekretärs, der denn auch bei dem Versuch, Klara entgegenzugehen, „zurückfällt“, und Karls hilfreiche Geste bieten die einzige authentische Aufhellung in diesem unglaubwürdigen Versöhnungsversuch.

Weit konsequenter bleiben die Reaktionen des eisernen Patriarchen. Hat er dem Schuldspruch des Sekretärs und seiner Heiligsprechung Klaras zunächst nur eine simple Umkehrung entgegenzustellen, so verliert er seinen steifen Rücken im weiteren keineswegs und macht schon gar keine Anstalten, mit seinen Mühlsteinen nun auch seinerseits ins Wasser zu gehen oder den „ganzen Kerl“ wirklich hinwegzurasieren. Ein flagranter Selbstwiderspruch, der nur so zu interpretieren wäre, daß die Selbstmorddrohung nicht ernst gemeint gewesen ist; daß sie *nur* ein Erpressungsmittel war; daß es nach dem Mißerfolg überflüssig ist, sie wahrzumachen? Wohl kaum.[146] Diesem eisernen Charakter sind ausschließlich taktische Verhaltensweisen nicht zuzutrauen. Zudem bezog sich die Selbstmorddrohung auf den Fall, daß man auf die lebende Klara „mit Fingern“ gezeigt hätte; daß der Tod der Ehre und das Leben der personifizierten Schande zusammengetroffen wären. Jetzt aber hat der Selbstmord der Schande den Tod der Ehre eingeholt. Die liquidatorische Logik des Sargmachers wird also keineswegs annulliert.

So kann sich Meister Anton wie bei dem Tod und Begräbnis der Mutter auch dieser Katastrophe gewachsen zeigen und die Tochter ungerührt „in die Hinterstube“ deportieren lassen, „wo die Mutter stand!“ — die Tochter, die wie ihre Mutter sein sollte, aber im Leben für ihn gerade nicht wie sie war. Die Szenerie ist wieder dissonant genug. Der Tod, der eigentlich immer schon in den Vorderräumen, unmittelbar hinter den Fassaden gewohnt hat, wird nach hinten verbannt.[147] Das Vorderhaus-Hinterhaus-Schema des naturalistischen Dramas wird später nur schwächere Varianten dieser Totenhaus-Architektur bieten. Gleichzeitig kann der Tischlermeister seinem Metier weiter nachgehen, das immer schon im Umgang mit Leichen bestand. Gepanzert, versteinert, wie er ist, wird er auch von dem „Scheidewasser“, das der Sekretär „sterbend gegen ihn ausspritzt“ (sic! T. 2926), nicht aufgelöst, sondern bleibt symbolisch *stehen,* und zwar „fest, wie bis zu Ende“. Allerdings ist das weder sein letztes Wort noch das des Stückes. Der geflügelte Schlußsatz: „Ich verstehe die Welt nicht mehr!“ (die Welt, die er ohnehin nie verstanden, immer nur zurechtgehobelt hatte)[148], signalisiert partielle Verunsicherung, das Eingeständnis einer Inkongruenz von Weltanschauung und Weltlauf. Und die abschließende Szenenanweisung betont den einsetzenden Reflexionsprozeß noch. So bietet das Stück zwar nicht den Kollaps der bürgerlichen Welt,[149] aber auch nicht ihre Affirmation: Der Vorhang zu und einige Fragen immerhin offen — angesichts fragwürdig gewordener bürgerlicher Trauerspiele schlüssigerweise ein unschlüssiger Schluß.

3. *Ein bürgerliches Trauerspiel*

Das Vorwort zu „Maria Magdalene“, das ein Postscriptum ist, sieht die *„inneren* (...) Elemente“, auf denen Hebbels „bürgerliches Trauerspiel“ im Widerspruch zur diskreditierten Gattungsgeschichte basieren soll, in zweierlei: Erstens soll es nicht aus „allerlei *Äußerlichkeiten,* z. B. aus dem Mangel an Geld bei Überfluß an Hunger, vor allem aber aus dem Zusammenstoßen des dritten Standes mit dem zweiten und ersten in Liebesaffairen“ hervorgehen, sondern aus der „schroffen Geschlossenheit, womit die aller Dialektik unfähigen Individuen sich in dem beschränktesten Kreis gegenüberstehen, und aus der hieraus entspringenden schrecklichen *Gebundenheit* des *Lebens* in der *Einseitigkeit“* (26). Zweitens soll die Sprache des Trauerspiels diesem „Kreis“ so entsprechen (26 f.), daß die Figuren weder durch unstandesgemäß „schöne Reden“ geadelt noch als eine Art von „belebten Klötzen“ unter ihren „wirklichen Standpunkt in der Welt“ hinabgedrückt werden (27). Damit scheint die Gattungsbezeichnung, die das Stück im Untertitel führt, und Hebbels literarisch-philosophische Intention hinreichend klar expliziert; doch dieses Bild wird erheblich durch andere, gegenläufige Selbstinterpretationen kompliziert; und natürlich ist grundsätzlich die Frage, ob Hebbels Selbstverständnis — primär nur historisch gesehen, in bezug auf die Sache selbst aber sekundär wie alle Interpretationen — dem Stück gerecht wird.

Die „dialektische Natur der Sprache, deren ganze Kraft auf dem Gegensatz beruht" (3), spielt für den Autor des „Vorworts" auf mehreren Ebenen eine Rolle: Er spricht nicht nur seinen Figuren, sondern auch all jenen Interpreten, die nur in einander ausschließenden Begriffen denken können, die Fähigkeit zur „Dialektik" ab — und hofft, diese selber zu bewähren, indem er, wie es an der Zeit ist, die „Dialektik unmittelbar in die Idee selbst" hineinwirft (5), um sie desto besser zu begründen. Man hat also die Wahl, entweder zu den Rittern von der undialektisch traurigen Gestalt oder zu denen „vom Geiste" zu rechnen; indes kann auch diese Gefahr nicht von der Frage dispensieren, ob zusammengehen kann, was in Hebbels Programm zusammengehen soll.

Da geht es einerseits in aller Entschiedenheit um ein historisches und gesellschaftliches Problem.[150] Schon die Verabschiedung des ständischen Kollisionsdramas, die Hebbel zugunsten der Konzentration auf die Einseitigkeitstragödie des Lebens zu vollziehen glaubt, hat einen prononciert historisch-kritischen Sinn. Wenn der Verfasser des „Vorworts" sich im Gegensatz zu seinen diskreditierten Vorgängern nicht bloß gnädig „zum Volk hernieder" lassen will, wenn er ihm vielmehr die Würde des „Menschen" zuspricht[151] und zu zeigen versucht, daß auch „im eingeschränktesten Kreis eine zerschmetternde Tragik möglich ist" (T. 2910), so schließt er damit an die progressive gattungsgeschichtliche Tradition an, die eine fortgesetzte Erklärung der bürgerlichen Tragödien-Rechte ist; und zwar tut Hebbel das um so deutlicher, als er eben gänzlich mit der Ständeklausel aufräumt und statt mitleid- und schaudererregender Nobilitäten nur noch der Bürger auf der Bühne erscheint, bei dem, wie gesagt, auch auf jede ideelle oder sprachliche Nobilitierung verzichtet wird. Diese Tendenz wird dadurch noch zugespitzt, daß in der Spannung von Figuren- und Autor-Bewußtsein ein „gemeiner Mensch" für tragödienfähig erklärt wird, der selbst noch auf dem Boden der Ständegesellschaft verbleibt. Die zeitgenössische Kritik von 1848 hat diesen literarisch-revolutionären Aspekt des bürgerlichen Trauerspiels vollauf gewürdigt.[152]

Diese Tendenz verbindet sich mit der Kritik an christlich-bürgerlichen Traditionen. Das Drama wird dezidiert aus einem „bürgerlichen Kreise" abgeleitet, der durch das „Beharren auf den überlieferten patriarchalischen Anschauungen" definiert ist (Br. II, 348), auf jenen „Vorurtheilen“, die Hebbel in „Maria Magdalene“ noch nicht wie später in „Herodes und Mariamne“ schont (Br. IV, 26). Der in der Einführung erwähnte Plan zu einer umfassenden tragédie und comédie historique, den er im Juni 1844 an Campe schickt, ordnet „Maria Magdalena“, d. h. „Moral, Sittlichkeit, Ehre, Familie“ ausdrücklich der Darstellung der „Vergangenheit“ zu; „Vergangenheit“ meint dabei natürlich nicht, daß das Stück wie etwa „Judith“ oder „Genoveva“ historisch wäre, sondern bezeichnet das Obsolete der noch gegenwärtigen Tradition. Aus der Darstellung der „Ideen der Familie, der Sittlichkeit, der Ehre, mit ihren Tag- und Nachtseiten“ sollen „Consequenzen“ aufdämmern, „die wohl erst nach Jahrhunderten in den Lebens-Katechismus Aufnahme finden werden“ (Br. II, 342). Der Dichter kann aber schon im Revolutionsjahr den Eindruck gewinnen, daß er „das alte Gefängniß ohne Rauchfang und Fenster“ — so die an das Stück erinnernde Metapher der Enge — „nicht weiter malen muß“, weil die „Conflicte“, aus denen seine bisherigen Dramen „hervorgingen, jetzt geschichtlich gelöst werden“ (Br. IV, 124).

Vor der Aufgabe, den „jedesmaligen *Welt-* und *Menschenzustand* in seinem *Verhältnis* zur *Idee*“ zu veranschaulichen, problematisiert Hebbel also einerseits als „epochemachender“ Dramatiker das in früheren Epochen noch unangefochtene „sittliche Zentrum“, das traditionelle „Sittengesetz“, das sich auch als falsches entpuppen kann (Br. II, 348). Gattungsgeschichtlich gesehen, bedeutet dieses Programm, daß die Moral- und Ehrbegriffe, die das politisch und gesellschaftlich kastrierte Bürgertum[153] gegen die Korruption der Aristokratie gesetzt, aber dabei auch gleichzeitig als Instrumente der Triebrepression gegen sich selbst gekehrt hatte, der Kritik verfallen.[154]

Andererseits wird die undialektische Gebundenheit in der Einseitigkeit als Grundzug eines „Lebens“ verstanden, das nicht auf eine bestimmte historische oder soziale Konstellation zu relalivieren ist. Der Begriff der „in sich bedeutenden, d. h. symbolischen Handlung“ (27) soll in der Tradition der Klassik für den Bezug zum „Allgemeinen“ sorgen. Der Bürger ist tragödienfähig — indes nur, insofern die Tragödie menschlich ist. Die anthropologische Abstraktion kassiert den gattungsgeschichtlichen Impuls. Der Grund-Satz der im „Vorwort“ vertretenen Tragödien-Theorie ist der, daß Tragik nur als Pantragik denkbar ist. Hebbel trifft sich hier trotz der konträren Stellung zur Ständeklausel und zur Wertung des bürgerlichen Trauerspiels im Ergebnis wieder mit dem absoluten, unhistorischen Tragik-Verständnis Schopenhauers.[155] Die „kümmerliche Teilnahme" am verhinderbaren oder veränderbaren „Einzel-Geschick", die der Autor des „Vorworts" ebenso souverän wie kalt verachtet, mag das „triviale", bloß traurige Trauerspiel erregen. Der Tragiker, auch der, der „bürgerliche Trauerspiele" schreibt, hat es mit dem „von vornherein" Bedingten, „gar nicht zu Umgehenden", zu tun, das „wie der Tod, mit dem Leben selbst" gesetzt ist.[156] „Versöhnung", die vertrackte Zielvorstellung der idealistischen „Aesthetici", zumal der hegelschen, ist dementsprechend nicht als Harmonisierung der Dissonanzen, als Umarmung der Gegensätze zu denken, sondern nur als „Notwendigkeit" im Gang der Handlung und als „Einsicht in die Notwendigkeit."[157] Die „tabula rasa" (die Hebbel freilich am Schluß des Stückes, wie gezeigt, nicht ganz herstellt) wird zu ihrem einzig möglichen Repräsentanten. (Br. IV, 124), da sie die Tragödie der Einseitigkeit auflöst. Wenn aber alle handelnden Figuren ohne moralische Schuld[158] und ohne einen historischen oder sozialen Grund notwendig einseitig sind; wenn statt der Täter und Opfer nur noch Handelnde übrigbleiben, die in Wahrheit allesamt Leidende gegenüber dem Welt-Willen sind, wie das Vorwort formuliert (29)[159], das so indirekt das „duldende Tun" des Weibes als wahre Form menschlichen „Handelns" erscheinen läßt, damit freilich auch den sonst so sehr von Hebbel bemühten Unterschied der Geschlechter einebnet; wenn das Böse sowenig aus dem Drama wie aus der Welt verwiesen werden kann (T. 3003); wenn es eben um die Gebundenheit des *Lebens* geht, die zur Tragödie disponiert: dann sind auch alle Figuren — selbst der „Lump" Leonhard — „im Recht" (Br. II, 342; T. 2926);[160] dann geht es nicht um bürgerliche beschränkte Kreise, sondern um die „menschliche Gesellschaft"; dann braucht man trotz der in die „Idee" geworfenen Dialektik auch nicht „neue und unerhörte Institutionen", sondern „nur ein besseres Fundament für die schon vorhandenen" (7). Auch wenn dieser Satz des Vorworts im Sinne einer Schutzbehauptung akzentuiert sein mag: Der hyperkritisch verabsolutierte Pantragismus, von dem Hebbels Einseitigkeitsdramaturgie geprägt ist, läuft Gefahr, zum Panlogismus, zu einer Rechtfertigungslehre zu werden, die — wie es dann nach 1848 bei Hebbel tatsächlich geschieht[161] — in den Sog restaurativer Programme geraten kann.

In Hebbels Selbstinterpretation treffen so immer wieder historisch-kritische und ontologisch-affirmative Tendenzen aufeinander. Gattungsgeschichtlich gesagt: In dem Moment, wo das bürgerliche Trauerspiel gewissermaßen ganz zu sich selbst findet, wo — mit der bekannten Formel Arthur Eloessers — aus der „bürgerlichen

Tragödie" die „Tragödie *des* Bürgertums" wird[162], da wird es sich gleichzeitig wieder entfremdet, indem sein Autor es in den Tiefen des gespaltenen „Welt-Ganzen" (Br. II, 342) verankert.[163] Philosophiegeschichtlich gesehen, kollidieren historisch-dialektische Impulse, die in der Tradition Hegels stehen, mit dualistisch-metaphysischen, die auf Schelling, Solger und Schubert verweisen und von der Schopenhauer-Rezeption des späten Hebbel bestätigt werden.

Anders als es das Plädoyer des „Vorworts" für eine „vielseitige" Dialektik glauben machen will, sind diese Tendenzen in der Interpretation von „Maria Magdalene" nicht zu vereinen. Und das Stück ist auch so eindeutig, daß es keine beliebigen Interpretationsalternativen gestattet. Das läßt sich zunächst im Anschluß an die Kritik zeigen, die Hebbel kurz vor seinen Notizen zur „Idee des Weibes" im Münchener Tagebuch an „Emilia Galotti" geübt hat.[164] Dort heißt es, Lessings Charaktere seien „zu absichtlich auf ihr endliches Geschick, auf die Katastrophe, berechnet". Wo aber nicht das „ernste Antlitz der Nothwendigkeit" zu erblicken sei, da sei

> nur noch die Execution oder die Prämienvertheilung möglich, und damit hat die Kunst nichts zu thun. Ein Vater, der sich leichter zum Äußersten, als zu etwas anderem entschließt; eine Tochter, die um ihren Tod bettelt, wie Tausende ums Leben betteln würden; eine Mutter, die an sich nichts bedeutet, deren breites Dasein aber Gelegenheit giebt, daß andere sich entfalten (...): das Schicksal hatte es doch gar zu leicht!, wir wollen aber nicht sehen, was nicht ausbleiben kann! (T. 1 496)

Wie später die Feststellung, daß „die ‚Meister Anton' nur in der Literatur zu Dutzenden vorkommen" (Br. VI, 183), lassen sich diese Sätze zwar wie eine Selbstkritik der eigenen pantragischen *Intentionen,* einer perfektionistischen Tragödienmechanik, die systematisch alle „Mauslöcher" verstopft, lesen[165]; in bezug auf die Realitäten des Stücks aber zeichnen sie prägnant die tatsächlichen sozialen und psychischen Konturen der Charaktere. Denn dieser Vater kann sich in der Tat nur „zum Äußersten" entschließen, weil es zwischen Fremd- bzw. Selbst-„Exekution" und „Prämienvertheilung" für ihn kein Mittleres gibt. Diese Mutter bedeutet sehr wohl etwas, indem sie „an sich" nichts bedeutet und mit ihrem „breiten Dasein" anderen nur Gelegenheit zur Entfaltung gibt. Und diese Tochter muß wirklich um ihren Tod betteln wie andere um das Leben, weil sie die Tochter dieses Vaters (und dieser Mutter) ist.

Nicht minder schlagend treffen gerade die Sätze, mit denen der Verfasser des „Vorworts“ sarkastisch Dreißig-Taler-Trauerspiele und ähnliches verabschiedet, die Realitäten des Stücks. Man muß an diesen Formulierungen, bei denen sehr deutlich Hebbels Abneigung gegen den Banalrealismus Ifflands und Kotzebues und ihren weinerlichen Predigtstil die Feder führt,[166] nur wenig ändern, um eine Beschreibung dessen zu erhalten, was der Dramatiker inszeniert hat. Dieser müßte sich sagen: „*Hätte* sie (Klara) die tausend Taler Mitgift gehabt, dann hätte ihr Schicksal nicht diesen Verlauf genommen“; denn diese „Trivialität“ ist offensichtlich einer der Angelpunkte des Stücks[167], auch wenn Hebbel wie schon zuvor Ludwig Robert in seinen poetologischen Briefen über das bürgerliche Trauerspiel sichtlich bemüht ist[168], der Auflösung der Tragödie durch die zunehmende Bedeutung des Geldes zu entgehen[169]. Und der Kritiker des ständischen Kollisionsdramas könnte mutatis mutandis einige seiner bürgerlichen „Helden“ durchaus noch sagen lassen: „Wäre sie nur ein Fräulein geblieben“ ...

Selbst die Glossen des „Pantragikers“ verweisen so noch auf die konkreten ökonomischen, ideologischen, psychologischen Bedingungen, die aus der intendierten zeitlosen, allgemeinmenschlichen und irreparablen Tragödie ein zeitspezifisches, sozial relatives und geschichtlich veränderbares bürgerliches Trauerspiel machen[170]. In der Tat ist kein einziges Moment des Dramas „tragisch“ im geschichtstranszendenten oder gesellschaftsunabhängigen Sinn. Die historischen Tendenzen der Hebbelschen Selbstinterpretation sind gegen seine Metaphysik zu verteidigen. Seine pantragisch-panlogischen Unschuldtheoreme erhalten allein dann einen akzeptablen Sinn, wenn man sie als moralische Entlastung der *Individuen* durch den Aufweis ihrer sozialen *Bedingungen* versteht. Gleichermaßen gilt umgekehrt, daß die Momente, die von den Hebbel-Kritikern nur als Reflexe seines Tragismus verstanden worden sind (der rigide Ehrbegriff, die tragödienträchtige angebliche „soziale Exotik“, der „tragische Heroismus“, die perfektionistische Tragödienmechanik etc.[171]), einen durchaus plausiblen sozialen und psychischen Sinn haben.

Schließlich ist das Stück auch nicht zwischen die Pole „Gemeinschaft“ und „Gesellschaft“, „Innerlichkeit“ und „Äußerlichkeit katexochen“, „Eigentlichkeit“ und „Uneigentlichkeit“ bzw. „Sozietät überhaupt“, „Ich“ und „Kollektiv“ einzuspannen[172]. Die abstrakten Oppositionen vor allem der älteren Forschung laufen Gefahr, fatalen Trends der deutschen „Geistes"-Geschichte folgend, sich durch die Ontologisierung der „Welt *des* Sozialen" in ein vermeintlich gesellschaftstranszendentes „inneres Reich" hineinzukatapultieren, das sich mit dem diskreditierten äußeren nur zu gut verträgt. Das Stück bleibt vielmehr in allen Aspekten ein „bürgerliches Trauerspiel".

Der Versuch, die Bürgerlichkeit dieses „bürgerlichen Trauerspiels" abschließend zusammenfassend zu bestimmen, darf sich von der Verabschiedung des ständischen Kollisionsdramas (zu dem „Agnes Bernauer" freilich wieder zurückkehrt) nicht verleiten lassen, einen uniformen Bürgerlichkeitsbegriff ins Spiel zu bringen, auch wenn die Forschung, zu deren eisernem Bestand die Einsicht in die innovatorische Bedeutung Hebbels zählt, dabei meist mit schlechtem Beispiel vorangegangen ist. Ebenso ist dem aus diesem uniformen Bürgerlichkeitsbegriff resultierenden Versuch, hier vermeintlich „unbürgerliche" Figuren zu entdecken,[173] mit einiger Skepsis zu begegnen. „Bürgerlich" heißt im ständischen Sinn zwar meist soviel wie kleinbürgerlich; aber diese kleinbürgerliche Welt ist so deutlich differenziert, daß das Trauerspiel symptomatische historische Varianten der Bürgerlichkeit repräsentiert. Und die traurigen Tropen der Handwerker, Kassierer, Sekretäre entsprechen dem: Sie werden zwar, anders als das „Vorwort" es proklamiert (27), auch am „Sternenhimmel" gepflückt, (der sich als Backsteinhimmel entpuppt) und „aus dem Meer" gefischt (das die Weite einer Brunnenöffnung hat); gerade so aber zeigt sich ihr authentischer, sozial adäquater Charakter.

Den „Mächten des socialen Beharrens" werden, um die historisch-soziologische Systematik des von Hebbel hochgeschätzten Wilhelm Heinrich Riehl aufzugreifen, die „Mächte der Bewegung" konfrontiert.[174] Die Innovationstendenzen laufen auf die Auflösung der geschlossenen ständischen Ordnung mit ihren Unfreiheiten und Ungleichheiten, der wechselseitigen Repräsentanz ihrer Mitglieder, ihrer christlich-heteronomen Moral und einer asketischen Arbeitsethik protestantisch-pietistischer Provenienz durch ein Konglomerat „freier" und „gleicher" Einzelner hinaus, die für sich stehen und ihre primär ökonomischen Zwecke verfolgen, aber von den Konkurrenz- und Arbeitsbedingungen der im historisch-dynamischen Sinn zunehmend verbürgerlichten Welt das Gesetz ihres Handelns erhalten. Die polaren Symbole der Enge und Weite dienen weder zur Inszenierung einer Urerfahrung des Raumes[175], noch veranschaulichen sie das dualistische Weltmysterium, sondern sind die Chiffren einer polaren historisch-sozialen Situation. Der Mangel an „Dialektik“ ist ebenso Ausdruck einer ökonomisch und ideologisch bornierten Gesellschaftsformation, wie die Dialektik von einer wandlungsfreudigeren und expansionsbegierigen historischen Avantgarde in die „Idee“ geworfen wird.

Näherhin repräsentiert Meister Anton im Verein mit der Hausmutter und Klara die zünftisch-ständische patriarchalische Tradition. Der aggressiv-masochistische Charakter der männlichen Hauptfigur und der komplementäre Charakter der Titelheldin erweisen sich als das Resultat einer Sozio- und Psychogenese, in deren Verlauf der unter den Lasten seiner Lebensmisere versteinerte Vater *in* und *mit* der Familie zu kompensieren gelernt hat, während der erpreßten töchterlichen Liebe nur die Exekution der patriarchalischen Rollendiktate bleibt.

Ihnen stehen in dem Sohn, dem Kassierer und dem Sekretär drei in gewissem Umfang der „Dialektik“ fähige Einzelne gegenüber, von denen die ersten beiden das zukunftsträchtige Ensemble von Unternehmens- und Bürgergeist repräsentieren, während der letzte auf die Selbsttranszendenz traditionsfixierter Männlichkeit und milieuabhängiger Bürgerlichkeit zu verweisen scheint. Doch die Regression auf die Prinzipien der patriarchalischen Tradition zeigt die fatale Kontinuität dieser bürgerlichen Welt, die in der Schlußapotheose der „Tat“ Klaras nur scheinbar durchbrochen wird. In allem und über allem aber herrscht neben der patriarchalischen Tradition und ihren ideologischen Reflexen an einem von den Vatergöttern bevölkerten Himmel bis in die kleinsten Poren der protestantisch-pietistischen Ethik hinein der Geist des Handels- und Finanzkapitalismus. Wenn neben den Symbolen der Enge und Gefangenschaft immer wieder ökonomische Requisiten und Metaphern die Szenerie bestimmen[176], wenn sich nicht Eltern und Kinder, Frauen und Männer, Gott und Menschen gegenüberstehen, sondern nur Schuldner und Gläubiger, Bankerottierer mit ihren Schuldsummen und Investoren, dann zeigt sich, daß das ganze irdische und überirdische Leben im realen wie im weltanschaulichen Sinn auf eine permanente Bilanzbuchhaltung, Soll und Haben, reduziert ist. Symptomatisch für diese über alle traditionell begrenzten Formen hinaus expandierende Kommerzialisierung ist ein ephemer erscheinendes entstehungsgeschichtliches Detail: Aus dem jüdischen Kaufmann „Gold“ in der Erstkonzeption (W. II, 373), der sich einem Tagebuchnotat Hebbels zufolge (T. 5153) vermutlich schon seinen wohlklingenden Namen um „theures Gold“ von den Behörden gekauft hatte, wird der schlichtbürgerliche „Wolfram",[177] das heißt — mit der Generalthese von Marx' eingangs erwähnter Abhandlung „Zur Judenfrage" —: der ehemals „bornierte" jüdische Gott ist Weltgott, die Warenform universell geworden.

Mit dieser Darstellung der „modernen Geldmacht" vergegenwärtigt Hebbels „bürgerliches Trauerspiel" das am meisten zukunftsweisende Element der bürgerlichen Gesellschaft. Zwar schreitet das Stück, wie schon einleitend betont, nicht zur Auseinandersetzung mit industriekapitalistischen Problemen fort. Wenn ein zeitgenössischer Interpret wie Gustav Kühne in „Maria Magdalene" die „wahrhaften Vertreter des Proletariats" zu entdecken glaubt,[178] spricht das mehr für sein Wohlwollen als für seine historische Präzision. Die Revolte Karls zum Beispiel gegen seinen Vater, Herrn und Meister hat mit der im Vormärz virulenten Opposition der verarmten und revolutionär gestimmten Gesellschaft kaum etwas zu tun, der (bloß vermutete) Diebstahl schon gar nichts mit der auch von Hebbel prognostizierten Schlacht zwischen den besitzenden und den nichtbesitzenden Klassen der Gesellschaft.[179] Gleichwohl repräsentieren der Sohn und mehr noch Leonhard Kräfte, die in der entwickelten bürgerlichen Gesellschaft zu Erfolg und — paradoxerweise — auch wieder zu „Ehre" kommen werden. Die Zukunftsträchtigkeit des „Unternehmungsgeistes" hat die zweite Hälfte des 19. Jahrhunderts hinreichend illustriert. Die optimistische Prognose, die Ernst August Georgy für Karls Zukunft stellt, weil er offenbar die Erfahrungen der Gründerzeit und des Kolonialismus hinter sich hat, kann dafür stehen: „Wir dürfen es ihm (Karl, L. L.) zutrauen, daß er (...) ein tüchtiger Kerl werden wird"; Meister Antons Welt „stirbt ab, damit einer in der Tragödie der reiche Mann werden und an seinem Lebensabende die Goldstücke zählen darf (...) er wird das Gut bekommen, welches aus dem Leiden aller aufblüht, und mit frischem Wagemut zum Heile der Menschen bewirtschaften."[180] Für die Veranschaulichung der Lebenstüchtigkeit Leonhards, dessen Exitus in historisch-sozialer Perspektive weniger plausibel erscheint als das „Wohl", das das bittere Bibelzitat Klaras ihm voraussagt (84), genügt ein kurzer Vorblick auf den „Untertan" Heinrich Manns. Jener Diederich Heßling, der in Anbetracht geschrumpfter Mitgiftaussichten seine deflorierte erste Liebe rücksichtslos opfert, seinen Rückzug mit seinem „sozialen Gewissen" motiviert und souverän auf einen besser gefüllten und mit „braunen Lappen", i. e. Banknoten umwickelten menschlichen „Kochtopf" umsteigt — das ist unter wilhelminisch avancierten Bedingungen der Leonhard redivivus, der mit beweglichem Realismus und machtkonformem Opportunismus reüssiert hat.[181]

Aber auch in der Darstellung der patriarchalischen Tradition bietet „Maria Magdalene“ durchaus kein obsoletes bürgerliches Trauerspiel. Die Verdikte der Hebbel-Kritiker übersehen in der Regel die Hartnäckigkeit dieser Tradition und die Weite ihres Geltungsbereichs. Das Urteil Franz Mehrings zum Beispiel, das „Deutschland der vierziger Jahre“ sei tendenziell über „die atemraubende, herzbedrückende Enge hinweggeschritten, in der sich das tragische Schicksal der Tischlerstochter“ vollziehe, und Hebbels München sei eben die „kleinbürgerlich verhockteste unter den größeren Städten Deutschlands gewesen“[182], verkennt — abgesehen davon, daß Mehring Retardationen des Fortschritts im „Philistertum“ zugesteht — den Bezugsrahmen dieses Trauerspiels, der sich nicht auf historische Reservate, geographisch auf die Provinz, insgesamt auf irgendeine „soziale Exotik“ einschränken läßt. Es spricht für sich, daß Hermann Hettner in seinen zeitgenössischen „Ästhetischen Untersuchungen“ mit aller Entschiedenheit dafür plädiert, daß „das sociale Drama“, mehr noch als das politische Drama *die* Gattung der Zeit, „in der Gegenwart“ wurzeln müsse — und gerade an diesem Maßstab orientiert „Maria Magdalene“ positiv würdigt. Und spätestens „Rose Bernd“ wird Mehrings Fortschrittsglauben eines Schlechteren belehren.

Diejenigen Kritiker wiederum, die Hebbels „bürgerliches Trauerspiel“ zwar als relativ avanciertesten Erben seiner Gattung würdigen, hier insgesamt aber nur noch den Sperrmüll der Geschichte entdecken können, sind allzu deutlich auf die Vordergrund-Tragödie der Ehre und die Schürzung des dramatischen Knotens aus dem Virginitätssyndrom kapriziert, als daß sie den durchaus tiefer reichenden Motivationszusammenhängen gerecht werden könnten.[183] Die Diagnose der von Marx approbierten Peuchet-Memoiren zeigt dementgegen weit plausibler die kompensatorische Funktion, welche die familiäre Tyrannis und der Fetisch „Ehre“ auf der Grundlage höchst realer gesellschaftlicher Bedingungsverhältnisse gewinnen. Wenn es hier noch eines Beleges bedarf, der die Lücke zwischen Hebbels angeblich winkelbürgerlichem Trauerspiel und Peuchets sozial-politischer und sozial-psychologischer Diagnose schließt, so läßt er sich in Eugène Sues „Geheimnissen von Paris“ finden.[184] Hebbel hat dieses Pionier- und Bestseller-Werk unter den Zeitungsromanen zwar erst nach der Fertigstellung von „Maria Magdalene“ in Paris gelesen, wie aus den Tagebüchern und Briefen trotz einiger frappanter Detailübereinstimmungen einigermaßen glaubwürdig hervorgeht.[185] Doch gerade dieser Umstand spricht statt für triviale Einflüsse für sachliche Koinzidenzen.

Die Staatsgewalt bricht in den „Mystères“ in die Behausung des Steinschneiders Hieronymus Morel ein, der mit seiner Frau (namens Magdalene), seiner Schwiegermutter und seinen Kindern in einer verpesteten, lichtlosen Stube lebt, um die Tochter Louise zu verhaften, die des Kindesmordes angeklagt ist. Der kranke und arme, aber rigoros ehrliche Vater bürgt so lange mit aller Entschiedenheit für seine geliebte, „brave“ Tochter, wie er glaubt, daß sie nur unter Diebstahlsverdacht steht. Als er aber hört, daß Louise tatsächlich uneheliche Mutter war, erklärt er kurz und knapp und mit einer „entsetzlichen Ruhe“, die Meister Antons schrecklicher Sanftheit ebenbürtig ist: „(...) sie ist nicht mehr meine Tochter“. Daraufhin hat er die Genugtuung, sie „ohne Gewissensbisse verfluchen“ zu können. Die Wahrheitsprobe wird, Hebbels erster Schwurszene nicht unähnlich, an der Leiche einer nachts zuvor gestorbenen Schwester gemacht.[186] Zwar bricht bei Morel dann wieder die Liebe durch, bevor ihn schließlich ein gnädiger Wahnsinn ereilt: Der sexuell zugespitzte Ehrbegriff und eine väterliche Liebe, die den sexuellen Hochverrat der Tochter mit einem Todesurteil quittiert, zeigen aber, daß auch er wie Hebbels eiserner Tischlermeister aus dem Geist und Fleisch jener Erzeuger gemacht ist, die Lebensrechte nur um den Preis treuer Identifikation vergeben. Sechzig Jahre nach Sue, nach Hebbel, wird Hauptmanns Vater Bernd genau diese Tradition erneut ratifizieren: „Aso ane Tochter hätt ich nich“.

Hier liegt der Kern eines bürgerlichen Trauerspiels, dessen Wurzeln bis in die Anfänge der Gattungsgeschichte zurückreichen und deren Erben, wie uns die Anti-Psychiatrie nachdrücklich gezeigt hat, wir, die Kinder der heiligen Familie, nach wie vor sind, auch wenn das müde Lächeln einer historistischen Kritik über soviel Vergangenheit sich und uns versichert hat, daß wir uns nicht mehr zu fürchten brauchen. Diese Gattungsgeschichte zeigt sich durchaus nicht als Emanzipation des Geistes im Bewußtsein seiner Freiheit, sondern als Fortschritt der abhängigen Seele in der Verinnerlichung ihrer Krankheit.

Die Vater-Tochter-Beziehung spielt in der Geschichte des bürgerlichen Trauerspiels, zumal in den Stücken, die Hebbel während der Entstehung von „Maria Magdalene“ beschäftigt haben, von Anfang an eine zentrale Rolle. Sie ist, wenn nicht *die*, so doch eine wesentliche Konstante der Gattungsgeschichte:[187] der „gemeinschaftliche Familienzug“ (Kabale und Liebe“, V, 7), den keines ihrer Kinder verleugnet. Indes verändern sich der Stellenwert und die Struktur dieser Beziehung zwischen Lessing, Klinger, Lenz und Schiller einerseits, Hebbel andererseits, einschneidend. Treten bei den ersteren die Beziehungen zu den verschiedenen Liebhabern und die damit verbundenen politischen und sozialen Konflikte gleichgewichtig hinzu, so verlagert Hebbel trotz des Gewichtes, das er Leonhard und dem Sekretär beimißt, den Schwerpunkt deutlich in den *inner*familiären Raum. Hier werden die in Lenz' „Hofmeister" angedeuteten, bei Schiller zugespitzten, aber noch auf zwei Familien verteilten,[188] feindselig oder liebevoll akzentuierten Querverbindungen in einem „quadratischen" familiären Ensemble (Vater/Mutter — Tochter/Sohn) zusammengefaßt. Der Akzent liegt dabei freilich nicht so sehr auf der Vater-Sohn-Kollision, sondern auf der Vater-Tochter-„Kollusion".[189] Die gattungstypische Nebenrolle der Mutter ist bei Hebbel wie bei seinen Vorgängern teils Reflex ihrer sozialgeschichtlichen Reduktion; teils scheinen die dichtenden Söhne, indem sie die Mütter an den Rand drängen oder gar schon vor Beginn ihrer Stücke bzw. möglichst schnell in ihrem Verlauf eliminieren, so etwas wie die Bewältigung ihrer symbiotischen Abhängigkeiten und Bindungen zu betreiben — abgesehen davon, daß so natürlich auch die „Pufferzone" in den Vater-Sohn-Konflikten und der „Bremsklotz" in den Liebestrauerspielen zwischen Vätern und Töchtern entfällt.

Womöglich noch gravierender ist ein zweites Moment: Erst bei Hebbel wird, vor allem aufgrund der Verabschiedung des ständischen Kollisionsdramas, die äußere Konfrontation von Spiel und Gegenspiel sekundär. Innerseelische Spannungen dominieren; mit den Worten des Vorworts: Das Drama entfaltet nicht mehr so sehr die Dialektik antagonistischer Charaktere bzw. Standesvertreter; vielmehr wird die Dialektik unmittelbar in das Innere des „Individuums" und seiner „Ideen" geworfen. Dieses hat die ganze Spannung des internalisierten Konfliktes zu tragen. Und diese Spannung ist um so größer, die Last der Entscheidung um so schwerer, als bei Hebbel erstmals eine absolut konzessionslose väterliche Liebe und eine trotz aller Selbständigkeitsimpulse letzten Endes grenzenlose Erpreßbarkeit auf seiten der Tochter zusammenkommen. Wenn Lessings William Sampson seiner gefallenen Tochter nicht nur verzeiht, sondern sogar wie später Lenz' Major für die restriktive Ausübung seiner „väterlichen Gewalt" bei ihr um Verzeihung bittet; wenn in „Emilia Galotti" die Prävention des Sündenfalls und in „Kabale und Liebe" der abgedrungene Selbstmordverzicht Väter und Töchter vereint; wenn schließlich — extremstes

Gegenbeispiel — bei Lenz gerade nach dem Sündenfall die Väter ihre Köpfe in den Schoß der Töchter betten, gemeinsam mit ihnen „die Teiche hinunter" treiben oder gar sich in ihren Liebes- und Versöhnungsfesten einträchtig „auf der Erde wälzen", so kennt Hebbels Tochter am Ende nur noch die Exekution von Gehorsamsakten am eigenen Leibe und Hebbels versteinerter Vater nur noch die gnadenlose Ausübung der seelischen Gewalt.

Die Leit-Sätze, auf denen dieses Trauerspiel basiert, sind die Grundsätze eines familiären Lebens, das sich im gelindesten Fall als „Form der Nichtbegegnung", schlimmstenfalls aber als oktroyierter „Selbstmordpakt" zeigt:[190]

Schwöre mir, daß du bist, was du sein sollst! — das ist die Formel eines Gefolgschaftsanspruchs, der Liebe nur als Identifikation kennt und Andersartigkeit als Apostasie definiert. Seinerseits aus der Identifikation mit einer traditionalistischen patriarchalischen Gesellschaft resultierend, wird dieser Gefolgschaftsanspruch zum „Arm" eines fremdbestimmten Gesetzes, das alles sich nicht nach seinem Bilde entwickelnde Leben erstickt. In dieser Welt ist niemand, selbst in seinen Monologen nicht, „für sich" und kann den anderen schon gar nicht für sich sein und gelten lassen. „Ich sehe mich, wie man mich sieht" — „Ich sehe dich, wie man dich sieht" und vor allem: „Sieh dich, wie ich dich sehe!"[191]: das sind die wiederholten Spiegelungen eines versteinerten und versteinernden „bösen Blicks". Doch anders als diese Gesellschaft, die Identifikationsverweigerungen mit der Stigmatisierung straft, erzwingt die elterliche Liebe, die gewohnt ist, Kinder als „nach außen projizierte Teile ihrer selbst" zu verstehen[192], die Gefolgschaft mit der Androhung des *eigenen* Leidens: „Wenn du das nicht tust, nicht bist, dann tue ich *mir* das an!" — lautet das Versprechen einer Gewalt, die zwar aus Liebe kommt, aber auch mit Liebe rechnet. Der Strick um den *eigenen* Hals ist der, der den anderen am sichersten erdrosselt[193]. Die Hölle, das sind in dieser christlich-bürgerlichen Welt die anderen, die in der Hölle zu sein drohen.

Ich bin die Tochter meines Vaters — das ist die Formel einer relationalen Existenz, die keinen Eigen-Namen, kein Eigen-Leben hat und akzeptiert, daß die Identifikationsverweigerung gleichbedeutend mit Untreue und Beziehungsverrat ist. Die Tragödie des einfühlsam „begabten Kindes", dessen „Inneres" von den Leitfiguren der „externen Familie" bewohnt wird[194], vollzieht sich im Zeichen der Kardinaltugend der Selbst-Losigkeit.

Eher werde ich Selbstmörderin als Vatermörderin — das ist schließlich die konsequente Schlußfolgerung aus diesen Prämissen:

die Moral eines „Liebesopfergeistes“, der in den Reaktionen des anderen nur die eigene Schuld entdeckt; der sich nicht gegen die „Invasion der Liebe“[195] wehrt, sondern sich im stellvertretenden Leiden bewährt. So feiert im Schoß der heiligen Familie die erpressende und erpreßte Liebe die „Hochzeit mit dem Tod“.[196]

„Maria Magdalene“ also, wie „Kabale und Liebe“ einst der Dolchstoß ins Herz des Absolutismus, die Todesanzeige der bürgerlichen Familie[197], gar der ganzen auf ihr basierenden bürgerlichen Gesellschaft?[198] „Fällt um und stirbt“ — diesen jähen Abgang hat Hebbel nur seiner Tischlermeistersfrau bereitet; im übrigen herrschen die Ambivalenzen, denen kein Angehöriger der heiligen Familie entgeht — abgesehen davon, daß Nachrufe in der Tradition ihrer Gattung zur Versöhnung und zur Verheißung ewigen Lebens neigen. So ist es nur zu verständlich, daß die Botschaft dieses bürgerlichen Familientrauerspiels, des Vorworts, des symbolischen Titels und seines Autors auf allen Ebenen widersprüchlich bleibt. Die unbezweifelbare Kritik an den „überlieferten patriarchalischen Anschauungen“, an den Ideen der Familie, der Moral, der Ehre läuft in die Suche nach einem besseren Fundament für die bereits vorhandenen Institutionen aus. Das Zusammenbrechen der Kirchen und Häuser, das der Autor des Vorworts als Seismograph der Krise beobachtet (8), verweist für ihn auf das epochale Erdbeben, nicht auf die Brüchigkeit der bisherigen Konstruktionen[199]. Der Anschluß an die progressive gattungsgeschichtliche Tradition ist (nicht nur in der Demokratisierung des Tragödien-Begriffs) zwar noch so deutlich, daß das Stück mit einigem Grund als „Fehde-Handschuh“ für die „ganze Europäische Gesellschaft“[200] empfunden werden konnte und hier schon gar nicht jene devoten Kotaus vor dem Bestehenden zu suchen sind, die die Widmung vermuten ließ; doch der „Pantragöde“ Hebbel rettet sich und seine Welt aus der geschichtlichen Dialektik in den unaufhebbaren Dualismus der „Gebundenheit in der Einseitigkeit“. Der personifizierte patriarchalische Traditionalismus merkt zwar endlich, daß er die Welt nicht versteht, wird aber keineswegs gänzlich zersetzt; an der Bewunderung des Autors für seinen eisernen kleinbürgerlichen Atlas kann kein Zweifel sein.[201] Und wer wollte auch bestreiten, daß es sich hier um einen „ganzen Kerl“ handelt? Über die übrige Männergesellschaft könnte man all ihren zukunfts- und innovationsverheißenden Versprechungen zum Trotz problemloser hinweggehen, wenn im Schlußplädoyer des Sekretärs nicht der Übersichtspunkt des Ganzen erreicht werden sollte. Doch kann auch hier von einem wirklich freien Ausblick keine Rede sein[202]. Die Titelheldin schließlich erscheint im Gang des Trauerspiels wie auch in der Selbstinterpretation des Autors zwar als aus der Welt herausgedrängtes Opfer. Die Passionsanalogien sollen indes auf ein stellvertretendes, erlösendes Leiden verweisen, auch wenn sich die Unangemessenheit dieser Konstruktion in Dissonanzen niederschlägt, die sich gegen jede Harmonisierung sperren. Der biblische Titel, der unglücklich bleibt, selbst wenn man ihn appellativ versteht[203], bemüht die Heiligenlegende eines Sündenfalls und einer Vergebung — doch nicht einmal die Titelheldin kann in sich eine Sünderin entdecken. Was bleibt, ist ein erpreßtes Opfer, das schon in der Schlußszene die höheren Weihen erhält. Und der Autor und die ihm folgenden Interpreten werden nicht zögern, das Leiden als duldendes Tun, die gehorsame Selbstaufgabe als „nach innen gekehrtes Handeln“ (16) zu feiern.[204] Offenbar ist es schwer, auf diese Männerphantasien zu verzichten — schwerer allerdings noch, sich einer Liebe zu verweigern, die mit ihrem unbezweifelbaren Leiden droht. Denn diese Verweigerung riskiert das Ende eines zwar traurigen, aber harmonischen Familienschauspiels.

Anmerkungen

1. Einführung

[1] Zu Hebbels Aufenthalt in Paris vgl. Hermann Fricke: Paris als Schicksal Fr. Hebbels. In: Hebbel-Jahrbuch (abgek. HJb) 1964, S. 105 bis 128; Friedrich Sengle: Der Anti-Idylliker von Paris bis München. Hebbels Metaphysik und geschichtliche Erfahrung im bewegtesten Jahrzehnt seines Lebens 1843—1852. In: Jb. der Grillparzer-Gesellschaft, 3 F. Bd. 12/1976, S. 291—315 ff.; Klaus Geißler (Hrsg.): Der einsame Weg. Fr. Hebbels Tagebücher. Berlin/DDR o. J., S. 498 und 508;

Über Hebbel und Engels/Marx vgl. Verf.: Hebbel. Gegenwartsdarstellung — Verdinglichungsproblematik — Gesellschaftskritik (= Beiträge zur neueren Literaturgeschichte, 3. F., Bd. 29), Heidelberg 1976, S. 251 ff.; ders.: Timon oder die verkehrte Welt. Über einen Shakespearischen Motivkomplex bei Marx und Hebbel. In: HJb 1979, S. 39—64.

[2] Karl Marx/Friedrich Engels: Werke (abgek. MEW), Bd. 1, Berlin 1972, S. 385.

[3] Dazu Verf.: Hebbel ..., a. a. O., S. 16 f.; ders.: Dualismus und Dialektik. Hebbels „Epoche machendes Drama“ zwischen „tragédie humaine“ und „tragédie historique“. In: Friedrich Hebbel. Neue Studien zu Werk und Wirkung. Hrsg. Hilmar Grundmann (= Steinburger Studien Bd. 3), Heide 1982, S. 159 ff.

[4] Vgl. Friedrich Sengle: Biedermeierzeit. Deutsche Literatur im Spannungsfeld zwischen Restauration und Revolution 1815—1848. Band I: Allgemeine Voraussetzungen, Richtungen, Darstellungsmittel. Bd. II: Die Formenwelt. Bd. III: Die Dichter, Stuttgart 1971, 1972 und 1980, bes. Bd. II, S. 371 ff., 531 ff. und 886 ff.; Autorenkollektiv: Geschichte der deutschen Literatur. Von 1830 bis zum Ausgang des 19. Jahrhunderts. Erster Halbband, Berlin 1975, passim; Viktor Zmegac (Hrsg.): Geschichte der deutschen Literatur vom 18. Jahrhundert bis zur Gegenwart. Bd. II Königstein/Ts. 1980; Horst A. Glaser: Deutsche Literatur. Eine Sozialgeschichte. Bd. 6 (Hrsg. Bernd Witte). Reinbek 1980, Bd. 7 (Hrsg. H. A. Glaser) Reinbek 1982.

[5] Vgl. Fr. Sengle: Biedermeierzeit, Bd. I, S. 110 ff., Bd. III, S. 355 ff.

[6] Vgl. Heinz Schlaffer: Friedrich Hebbels tragischer Historismus. In: Hannelore und Heinz Schlaffer: Studien zum ästhetischen Historismus, Frankfurt/M. 1975. Zur Kritik an Schlaffers Thesen vgl. Verf.: Hebbel in historischer Sicht. Zum gegenwärtigen Stand der Hebbel-Forschung. In: Fr. Hebbel. Neue Studien ..., a. a. O., S. 17 ff.

[7] Vgl. Verf.: Hebbel ..., a. a. O., passim.; Fr. Sengle, Biedermeierzeit, Bd. III, a. a. O., S. 387 ff.

[8] Dazu Verf.: Antikommunistisches Manifest oder karitative Utopie? Hebbels „Mutter und Kind“ und Verwandtes. In: HJb 1982, S. 117 bis 148.

[9] Vgl. Birgit Fenner: Fr. Hebbel zwischen Hegel und Freud, Stuttgart 1979, S. 107.

[10] Vgl. Fr. Sengle, a. a. O., Bd. II, S. 371.

[11] Vgl. Fr. Sengle, a. a. O., Bd. III, S. 341 ff.

[12] Vgl. Verf.: Hebbel ..., passim, und Helmut Martin: „Besitzdenken" im dramatischen Werk Fr. Hebbels, Nürnberg 1976.

[13] Zur Kritik vgl. Verf.: Hebbel ..., a. a. O., S. 274 ff.

[14] Dazu Verf.: Hebbel, a. a. O., S. 196 ff.

[15] Vgl. Hans Richard Altenhein: Geld und Geldeswert im bürgerlichen Schauspiel des 18. Jahrhunderts. Diss. Köln 1952, passim.

[16] Vgl. Verf.: Hebbel a. a. O., S. 196 ff.

[17] MEW 1, S. 501 (Hervorhebung L. L.).

[18] Vgl. die Forschungsskizze im Anhang.

[19] Karl Immermann: Werke in fünf Bänden, Bd. 4: Memorabilien (Hrsg. B. v. Wiese). Frankfurt/M. 1973, S. 441 ff. und 430.

[20] Zitiert bei Otto Brunner: Vom „ganzen Haus" zur „Familie". In: Familie und Gesellschaftsstruktur. (Hrsg. Heidi Rosenbaum), Frankfurt/M. 1974, S. 53.

[21] Vgl. dazu den Materialienanhang (7).

[22] Vgl. Georg Schwägler: Anfänge einer Familiensoziologie bei Wilhelm Heinrich Riehl und Frédéric Le Play. In: Dieter Claessens, Petra Milhoffer (Hrsg.): Familiensoziologie. Frankfurt/M. 1975, S. 22 ff.

[23] Vgl. O. Brunner, a. a. O., S. 52; Helmut Möller: Die kleinbürgerliche Familie im 18. Jahrhundert. Berlin 1969, S. 303; Hans Mottek: Wirtschaftsgeschichte Deutschlands. Bd. II. Berlin/DDR, S. 65.

[24] Dazu O. Brunner, a. a. O., passim; Wilhelm Roessler: Die Entstehung des modernen Erziehungswesens in Deutschland. Stuttgart 1961, S. 28 ff.; H. Möller, a. a. O., S. 10 ff.; Ingeborg Weber-Kellermann: Die deutsche Familie. Versuch einer Sozialgeschichte. Frankfurt/M. 1975, S. 73 ff.

[25] Vgl. Rudolf Stadelmann, Wolfram Fischer: Die Bildungswelt des deutschen Handwerkers um 1800. Berlin 1955, S. 201; Peter Szondi: Die Theorie des bürgerlichen Trauerspiels im 18. Jahrhundert. Hrsg. G. Mattenklott. Frankfurt/M. 1973, S. 62 ff.; Hartmut Titze: Die Politisierung der Erziehung. Frankfurt/M. 1973, S. 58 ff.; I. Weber-Kellermann, a. a. O., S. 74 ff.; Jan Berg: Friedrich Hebbel: „Maria Magdalena" und die Bearbeitung von Franz Xaver Kroetz. In: Jan Berg et al.: Von Lessing bis Kroetz. Kronberg/Ts. 1975, S. 51 ff.

[26] Vgl. H. Möller, a. a. O., S. 149 ff.

[27] W. Roessler, a. a. O., S. 39.

[28] Vgl. H. Möller, a. a. O., S. 89, 208 ff. und 312; H. Titze, a. a. O., S. 58 ff., J. Berg, a. a. O., S. 50.

[29] Vgl. H. Möller, a. a. O., S. 73 und 88 sowie die bei J. Berg (a. a. O., S. 66 f.) zitierten Erinnerungen des Landgeistlichen Carl Büchsel.

[30] Vgl. Verf.: Hebbel, a. a. O., S. 204 ff. (dort weitere Nachweise).

[31] Vgl. G. Schwägler, a. a. O., S. 27 f.

[32] S. Dazu den Materialienanhang (4). Das Verdienst, auf Marx' Übersetzung der Peuchet-Memoiren und ihre Bedeutung für die Hebbel-Interpretation hingewiesen zu haben, gebührt Helmut Kreuzer: Peuchets Memoiren. Ein Hinweis auf Hebbel-Parallelen. In: HJb 1964, S. 129 bis 131.

[33] MEGA 1. Abt., Bd. III, Berlin 1932, S. 403.

[34] ebd. S. 395 f.

II. Textgeschichte

[1] Zur Entstehungsgeschichte vgl. Paul Zincke: Die Entstehungsgeschichte von Fr. Hebbels „Maria Magdalena". Prag 1910 (Nachdruck Hildesheim 1974). Karl Pörnbacher: Fr. Hebbel: Maria Magdalena. Erläuterungen und Dokumente, Stuttgart 1970.

[2] Vgl. Ernst Beutler: Beppi. In: Essays um Goethe. Leipzig ²1942, S. 416—429; Hanns Arens: Fr. Hebbel und München. In: HJb 1967, S. 139—170.

[3] T. 550, 574, 582, 745.

[4] Für Hebbels „Idee des Weibes" impliziert dieser Titel eine Tautologie.

[5] Vgl. Karl S. Guthke: Das deutsche bürgerliche Trauerspiel. Stuttgart ³1980, S. 98.

[6] Vgl. Hans Winkler: Vier Hebbel-Briefe und einige andere Dokumente zu Hebbels Aufenthalt in Kopenhagen. In: ZfdPh 1954, S. 173. Zu Hebbels Kontroverse mit Heiberg vgl. Horst Nägele: Historische Objektivation als poetische Instanz. In: HJb 1973, S. 32—50.

[7] T. 2861, 2931, 3035, 3116; anders T. 3240.

[8] Fr. Hebbel: Briefe. Hrsg. U. Henry Gerlach. Heidelberg 1975, S. 59.

[9] Abgedr. bei Friedrich Hirth (Hrsg.): Aus Fr. Hebbels Korrespondenz. München und Leipzig 1913, S. 23 ff.; vgl. auch T. 3001.

[10] Instruktive Belege für diesen symptomatischen Aspekt der Rezeptionsgeschichte bieten die „typisch gewordenen Striche und Änderungen", die Hartwig Sievers (Hebbels „Maria Magdalene" auf der Bühne, Berlin und Leipzig 1933, S. 80 f.) dokumentiert. Es handelt sich neben antiklerikalen und antimonarchistischen eben vor allem um sexuell „anstößige" Stellen.

[11] Abgedr. bei Hirth, a. a. O., S. 36 f.

[12] Vgl. bei Hirth, a. a. O., S. 95, und Br. III, 161.

[13] Vgl. Fr. Hebbel: Briefe, Hrsg. U. Henry Gerlach, a. a. O., S. 61 ff.; H. Winkler, a. a. O., S. 167.

[14] Vgl. J. Müller: Zur motivischen und dramaturgischen Struktur von Hebbels „Maria Magdalena". In: HJb 1968, S. 75.

[15] Anders Peter Schütze: Der Tod im Birnbaum. Das Bild der Menschengeschichte in Fr. Hebbels „Maria Magdalena", In: HJb 1981, S. 165.

[1] Vgl. besonders Erich Fromm: Über Methode und Aufgabe einer analytischen Sozialpsychologie. Bemerkungen über Psychoanalyse und historischen Materialismus. In: Zeitschrift für Sozialforschung, 1 (1932), S. 28 bis 54; ders.: Studien über Autorität und Familie. Sozialpsychologischer Teil. In: Max Horkheimer (Hrsg.): Studien über Autorität und Familie, 1. Abt.: Theoretische Entwürfe über Autorität und Familie. Paris 1936, S. 77—135; ders.: Die Furcht vor der Freiheit. Zürich 1945. Alle Titel jetzt auch in Erich Fromm: Gesamtausgabe, Bd. I: Analytische Sozialpsychologie. Stuttgart 1980.

[2] Gert Kleinschmidt (Die Person im frühen Drama Hebbels. Lahr 1965, S. 66 f.) hat mit Recht betont, daß die Personen von „Maria Magdalene" nicht isoliert beschrieben werden dürfen. Das heißt aber nicht, daß nur noch die Struktur einer „Kollektivperson" im „idealtypischen Verfahren" zu erhellen wäre (a. a. O., S. 67); es geht vielmehr darum, ausgehend von den spezifischen sozialen und psychischen Charakteren, ihre spezifischen Interaktionsformen zu analysieren.

[3] In diesem Sinn ist nur zu betonen, daß Fromms Sozialpsychologie den Gesellschafts- bzw. Sozialcharakter als Resultat einer *dynamischen* Anpassung versteht.

[4] So argumentiert Rolf K. Högel: „Ort: eine mittlere Stadt." The setting of Hebbels „Maria Magdalene". In: MLN 1972, S. 763—768.

[5] Fromm zufolge „*möchte*" der „Gesellschafts-Charakter" so handeln, „wie er handeln *muß*"(GA I, S. 383).

[6] In seinem Brief an Willibald Alexis vom 15. Februar 1844 (abgedruckt in: Friedrich Hebbel. Briefe. Hrsg. von U. Henry Gerlach, Heidelberg 1975, S. 47) gebraucht Hebbel diesen Terminus, der auf das „ganze Haus" eigentlich besser zutrifft als der Begriff „Familie" (dazu Otto Brunner, a. a. O., S. 48 ff.).

[7] David Riesmann, Paul Denney, Nathan Glazer: Die einsame Masse. Reinbek 1961, S. 26 ff. Von einem bloßen „Konventionalismus" (Annette Leppert-Fögen: Die deklassierte Klasse. Studien zur Geschichte und Ideologie des Kleinbürgertums. Frankfurt/M. 1974, S. 233) im Sinne ausschließlich äußerlicher Verhaltensorientierungen kann in bezug auf Meister Anton nicht gesprochen werden. Das ist Leonhards Metier.

[8] Vgl. H. Möller, a. a. O., S. 19 und 316.

[9] Über die „Privilegien der ‚hohen Herren'" als „Sakrilegien des Bürgers" Peter Schütze: Der Tod im Birnbaum. Das Bild der Menschengeschichte in Friedrich Hebbels „Maria Magdalena". In: HJb 1981, S. 178.

[10] Vgl. H. Möller, a. a. O., S. 78.

[11] Vgl. W. H. Riehl, a. a. O., S. 150.

[12] So Schütze, a. a. O., S. 179.

[13] Vgl. Peter Michelsen: Hebbels „Maria Magdalene". In: Blätter des Deutschen Theaters in Göttingen, H 91, 1955/6.

[14] P. Szondi, a. a. O., S. 67.

[15] H. Möller, a. a. O., S. 137.

[16] Vgl. Helmut Martin: „Besitzdenken“ im dramatischen Werk Friedrich Hebbels. Nürnberg 1976, S. 102 f.

[17] Vgl. dazu vor allem Martin Stern: Das zentrale Symbol in Hebbels „Maria Magdalene“. In: Helmut Kreuzer (Hrsg.): Hebbel in neuer Sicht. Stuttgart ²1969, S. 228—246.

[18] Vgl. T. 3027: „Menschen, die statt eines Gehirns eine zusamammengeballte Faust im Hirnschädel zu haben scheinen; so eigensinnig sind sie in ihrer Dummheit“.

[19] Vgl. Hartmut Reinhardt: Friedrich Hebbel: Maria Magdalena. In: Harro Müller-Michaels (Hrsg.): Deutsche Dramen. Interpretationen zu Werken von der Aufklärung bis zur Gegenwart. Bd. 1, Königstein/Ts. 1981, S. 179.

[20] Vgl. P. Szondi, a. a. O., S. 90, über das Zerreißen des „Tränenvorhangs“ der bürgerlichen Familie bei Hebbel. — Über Nicht-weinen-können als Ausdruck „*okulärer*“ Panzerung vgl. Wilhelm Reich: Charakteranalyse. Köln ³1971, S. 423.

[21] Vgl. P. Schütze, a. a. O., S. 172.

[22] David Cooper: Der Tod der Familie. Reinbek 1974, S. 23.

[23] Vgl. Fromm, GA I, S. 175, über diesen Zug des autoritär-masochistischen Charakters.

[24] Dazu W. Reich, a. a. O., S. 227 ff., 253 ff. und 391 ff. Die Begriffe Reichs werden hier ohne den Rekurs auf seine genetischen Hypothesen verwendet. Da die Literaturwissenschaft literarische Figuren nun einmal nicht auf die Couch legen kann und sich freie Assoziationen und Projektionen allenfalls bei *ihr* einstellen, kann sie die Analyse nicht über das vorliegende „Material“ hinaus treiben.

[25] Vgl. Ronald D. Laing: Das geteilte Selbst. Reinbek 1980, S. 39 ff. Laing versteht die Selbstpetrifikation allerdings als präventives Mittel, nicht „von jemandem anderen in Stein verwandelt zu werden“ (a. a. O., S. 44). Bei Meister Anton rührt sie aus der Furcht vor dem gefährdenden inneren und äußeren *Leben*.

[26] Die dem „Charakter“ als habitualisiertem Verhaltensschema schon als solchem inhärente Fixiertheit (vgl. Fromm, a. a. O., S. 383, und Reich, a. a. O., S. 174 ff.) wird in diesem Charakterpanzer zur absoluten Starre verhärtet.

[27] Dazu Mary Garland: Hebbel's prose tragedies. Cambridge 1973, S. 213 f.

[28] In Lenz' „Hofmeister“ (V, 12) reicht das Philosoph-Sein noch zum Vergessen — in „Maria Magdalene“ nur zum Sich-Fassen.

[29] Vgl. W. Reichs instruktive Ausführungen über die „segmentäre Panzerung“ und ihre Anordnung *quer* zu den körperlich-emotionalen Strömungen (a. a. O., S. 424 ff.) werden durch Meister Antons Mühlsteinbild und die Halskrausen-Reminiszenz höchst sinnfällig illustriert.

[30] Über diese Extroversion der Aggression Helmut Kreuzer: Die

Tragödien Friedrich Hebbels. Versuch ihrer Deutung in Einzelanalysen. Diss. Tübingen 1956, S. 110 f., über ihren sozialpsychologischen Hintergrund ebd. S. 277, und Siegfried Streller: „Maria Magdalene". Die Wandlung des bürgerlichen Trauerspiels bei Friedrich Hebbel ... In: Studien zur Literaturgeschichte und Literaturtheorie (Hrsg. Hans-Günther Thalheim und Ursula Wertheim). Berlin/DDR 1970, S. 106 f. — W. Reich (a. a. O., S. 193 f.) spricht in bezug auf den „querulatorisch — aggressiven Charakter" von einem „stacheligen „Panzer. — Br. III, 206 hat Hebbel den Zusammenhang zwischen Armut und Versteinerung autobiographisch deutlich gemacht: „(...) das Elend hat an meiner Wiege gestanden, es hat mir (...) meine Seele versteinert."

[31] Büchners „Danton" spricht entschiedener vom „Leben" als „Mord durch Arbeit" (1. Akt, „Eine Gasse").

[32] Vgl. E. Fromm, GA I, 181, über den „autoritär-masochistischen Charakter": „Er bedarf grundsätzlich der ‚Rechtfertigung' für sein Leben."

[33] Der Masochismus ist hier deutlich „sekundärer" Natur! Anders Oskar Walzel (Fr. Hebbel und seine Dramen. Leipzig, Berlin 1913, S. 77), der im übrigen aber auch Meister Anton als „Atlas" versteht (a. a. O., S. 81).

[34] Zum „Oralen Sadismus" vgl. W. Reich, a. a. O., S. 245.

[35] Meister Antons Vorstellungen berühren sich hier überraschenderweise mit denen Proudhons, der das (gerechtfertigte) Eigentum als „Panzer (!) der Persönlichkeit" verstanden hatte (zitiert nach: Hist. Wörterbuch der Philosophie, Hrsg. J. Ritter, Bd. 2. Darmstadt 1972, Sp. 341). Über das Umschlagen des Versuches, durch Eigentum unabhängig zu werden, in Abhängigkeit vgl. Helmut Martin, a. a. O., S. 104 f.

[36] Vgl. Jan Berg, a. a. O., S. 51. Indes darf dieser Bezug nicht überstrapaziert werden: Meister Anton ist trotz der Verzinsung seiner 1000 Taler kein Finanzkapitalist en miniature und schon gar kein Vertreter ökonomischer Gnadenwahl.

[37] Vgl. u. a. Klaus Ziegler: Mensch und Welt in der Tragödie Friedrich Hebbels. Darmstadt ^{2}1966, S. 105; M. Garland, a. a. O., S. 155 ff., über „the balance-sheet". Das bilanzierende Denken wie die kommerzielle, rechenhafte Vorstellungswelt des Stückes insgesamt wird von Garland allerdings als Mittel verstanden, die „spirituellen" und „materiellen" Elemente zusammenzuhalten, nicht als symptomatische Projektion handels- und finanzkapitalistischer Basisverhältnisse.

[38] Vgl. Hartmut Reinhardt (ZfdPh, 97 (1978), S. 299 ff.), der der „sozialpsychologischen Charakterskizze" Meister Antons in meiner Hebbel-Monographie fälschlich vorwirft, der Opfergeist des Tischlermeisters werde nicht angemessen berücksichtigt (zur Entgegnung Verf.: ZfdPh, 98 (1979), S. 316 ff.).

Bei allem Vergnügen an der Polemik, das ich durchaus teile, wäre es zu begrüßen, wenn Reinhardt die Rezeption seiner Beiträge zur Hebbel-Forschung nicht durch einen Umgangston erschwerte, der selbst in unserer polarisierten Zunft unüblich ist. In seiner kürzlich vorgelegten „Maria-Magdalene"-Deutung (a. a. O., S. 178) ist von „marxistisch gelenkten Interpreten" die Rede. Ob es wirklich nötig ist, daß die literaturwissenschaftliche Diskussion sich von „Pullach intern" inspirieren läßt?

[39] Vgl. A. Leppert-Fögen, a. a. O., S. 121.

[40] So auch Br. VI, 101.

[41] Vgl. H. Möller a. a. O., S. 102 ff. und 116; Erich Edler: Die Anfänge des sozialen Romans und der sozialen Novelle in Deutschland. Frankfurt/Main 1977, S. 30 ff. und 162 ff. Ferdinand Raimunds „Tischlerlied" („Der Verschwender") geht 1834 für das Tischlerhandwerk noch von glücklichen Marktbeziehungen aus! Das „Schicksal", das gemäß dem berühmten Hobellied alle „gleich" hobelt, hat hier noch nicht angesetzt.

[42] Vgl. J. Berg, a. a. O., S. 49.

[43] Dazu auch P. Schütze, a. a. O., S. 161 f.

[44] Der Reichsschluß von 1731 und das „Allgemeine Landrecht für die preußischen Staaten" von 1794 kennen keine „unehrlichen" Gewerbe mehr (vgl. Karl Brinkmann: Erläuterungen zu Hebbels „Maria Magdalena". Hollfeld o. J., S. 20).

[45] Dazu H. Möller, a. a. O., S. 207 ff., und J. Berg, a. a. O., S. 51.

[46] P. Michelsen, a. a. O.

[47] Vgl. M. Garland, a. a. O., S. 193, und H. Reinhardt, a. a. O., S. 179 f.

[48] Vgl. H. Kreuzer, a. a. O., S. 113.

[49] G. Kleinschmidt, a. a. O., S. 68.

[50] Hebbel findet später, glücklicher als sein Tischlermeister, daß man als Vater seiner Kinder doch immer „erntet, was man sä't" (Br. VII, 370).

[51] Kritisch zu dem von Meister Anton geäußerten Selbstverständnis schon Helga Frisch: Symbolik und Tragik in Hebbels Dramen. Bonn 1961, S. 61 ff.; J. Müller, a. a. O., S. 66 f.; P. Schütze, a. a. O., S. 169 ff.; M. Garland, a. a. O., S. 184.

[52] Vgl. Verf.: „Übertragung" in Hebbels „Barbier Zitterlein" und „Julia". In: HJb 1971/2, S. 131—138.

[53] G. Kleinschmidt (a. a. O., S. 84) bemerkt mit Recht, daß nur der Mann in der Welt dieses bürgerlichen Trauerspiels die Möglichkeit hat, seine stachelige Haut aggressiv nach außen zu kehren.

[54] Vgl. Georges Favier: Lecture de Hebbel. Remarques sur le personnage de la Mère dans „Maria Magdalene". In: EG 1965, S. 18—33; H. Reinhardt, a. a. O., S. 173.

[55] Vgl. H. Reinhardt, a. a. O., S. 194.

[56] Anders M. Garland, a. a. O., S. 148.

[57] Vgl. Lyman C. Wynne, Irving M. Ryckhoff, Juliana Day, Stanley J. Hirsch: Pseudo-Gemeinschaft in den Familienbeziehungen von Schizophrenen. In: Schizophrenie und Familie. Frankfurt/Main 1978, S. 44 ff. Ronald D. Laing: Das Selbst und die Anderen. Reinbek 1980, S. 78 ff. und 122 ff.

[58] Vgl. H. Möller, a. a. O., S. 299 ff.

[59] Vgl. Mechthild Keller: Studien zu Hebbels dramatischer Technik. Diss. Köln 1975, S. 142.

[60] Vgl. P. Schütze, a. a. O., S. 165.

[61] Vgl. G. Favier, a. a. O., S. 29.

[62] Vgl. Richard M. Werner: Hebbel. Ein Lebensbild. Berlin ²1913, S. 218; Kurt May: „Maria Magdalene" im Zusammenhang der jüngsten Hebbel-Forschung. In DuV 1943, S. 37 ff.; danach auch in: Form und Bedeutung. Stuttgart 1957, S. 273—298. Es darf hier, ohne unfair zu werden, nach dem Text in DuV zitiert werden, da May die deutschnationalen Aspekte seiner Interpretation beim Neudruck nicht revidiert hat. Allerdings ist festzuhalten, daß May sich auch in DuV von den weitergehenden nordischen Aspirationen Franz Bielfeldts kritisch distanziert. — Eine Zusammenstellung der kontroversen Positionen in der Auffassung Klaras u. a. bei Rolf Högel: Der Held im Drama Georg Büchners, der Jungdeutschen und Friedrich Hebbels. Diss. Bonn 1969, S. 166 ff.; Herbert Kraft: Poesie der Idee. Die tragische Dichtung Friedrich Hebbels. Tübingen 1971, S. 116 ff.; Eward McInnes: German Social Drama 1840 bis 1900: From Hebbel to Hauptmann. Stuttgart 1976, S. 28 ff.; vgl. im übrigen die Forschungsskizze im Kap VI dieses Buches.

[63] Zu den Vordeutungen insgesamt und zu den biblischen Assoziationen: J. Müller, a. a. O., S. 45 ff. und M. Garland, a. a. O., S. 146 f.

[64] Vgl. G. Kleinschmidt, a. a. O., S. 85.

[65] In Hebbels spätem „Christus"-Fragment taucht ein ähnliches Motiv bei dem Sündenfall Maria Magdalenas, die Christus eifersüchtig machen will, auf (W. V, 317 f.).

[66] Vgl. dazu R. Högel, a. a. O., S. 167 und 229 f.; H. Kraft, a. a. O., S. 116 f.; Jerry H. Glenn: The title of Hebbel's Maria Magdalena. In: PLL 1967, S. 122—133; H. Reinhardt, a. a. O., S. 188.

[67] Vgl. J. Müller, a. a. O., S. 52; M. Garland, a. a. O., S. 207; McInnes, a. a. O., S. 31.

[68] Vgl. H. Kreuzer, a. a. O., S. 119.

[69] Vgl. Elise Dosenheimer: Das deutsche soziale Drama von Lessing bis Sternheim. Konstanz 1949, S. 98.

[70] Getreu seiner „Idee des Weibes" hat Hebbel die „Spitze" seines „Mädchen-Charakters" in dieser Kapitulationsszene entdeckt.

[71] Dazu J. D. Wright: Hebbel's Klara. The victim of a division in allegiance and purpose. In: Monatshefte 1946, S. 304—316.

[72] Vgl. M. Garland, a. a. O., S. 141 und 204 ff.

[73] Die „weißen Haare" sind von Lenz' „Hofmeister" (IV, 2) über Klingers „Leidendes Weib" (V, 1) bis zu Hebbel (II, 5) die obligatorische mitleid- und gehorsamheischende Mitgift des Vaters.

[74] Vgl. D. Cooper, a. a. O., S. 22 und 75; R. Laing: Das Selbst ..., a. a. O., S. 72, verwendet genau diese Satzstruktur, um die „komplementäre Identität" zu kennzeichnen. H. Reinhardt (Hebbels Dramatik. In: Handbuch des deutschen Dramas. Hrsg. W. Hinck. Düsseldorf 1980,

S. 245) sieht Klaras relationale Selbstdefinitionen im *Gegensatz* zu einem „gesellschaftlichen Diktat"!

[75] Vgl. T. 2971.

[76] Vgl. Paul Watzlawick, Janet H. Beavin, Don D. Jackson: Menschliche Kommunikation. Formen, Störungen, Paradoxien. Bern [5]1980, S. 57 ff. Allerdings tendiert dieses Standardwerk dazu, alle Interpunktionsversuche für arbiträr zu erklären und damit auch alle Herrschaftsverhältnisse zu neutralisieren.

[77] Vgl. R. Laing, a. a. O., S. 126: „Wenn der Andere sagt: ‚Du brichst mir das Herz', bin ich dann in irgendeinem Sinne derjenige, der ihm das ‚antut'?" Für Sara Sampson, die „Muttermörderin ohne Verschulden" wird der mögliche Tod des Vaters zwar auch schon zum „vorsätzlichen" Vatermord (IV, 1), sein für möglich gehaltener Haß *gegen* sie auch schon zu *ihrer* Sünde (V, 8), aber noch nicht wie für Klara sein Selbstmord zu ihrer Tat!

[78] Im Gegensatz zu der Überzeugung des Mannes Hebbel, daß das Weib nur „im Moment" wohne (T. 3022), scheint es hier jedenfalls vor allem in der Antizipation zu leben.

[79] E. Fromm, GA I, S. 175.

[80] Dazu auch H. Kreuzer, a. a. O., S. 124 f.; Benno von Wiese: Die deutsche Tragödie von Lessing bis Hebbel. Hamburg 1964, S. 592.

[81] Fr. Sengle (a. a. O., Bd. III, S. 385 f.) hat den Widerspruch des Selbstmordentschlusses zum Geist der Biedermeierzeit und die sich auch von hierher ergebende Problematik des biblischen Titels mit Recht betont; gleichwohl zeigt die (auch von Sengle zitierte) Antizipation der Fragen des Richters am jüngsten Tag, daß Klara (nach Maßgabe der patriarchalischen Hierarchien) die geringere Sünde zu wählen glaubt.

[82] Vgl. H. Kreuzer, a. a. O., S. 127; J. Müller, a. a. O., S. 53. Zur Kritik von Wolfgang Wittkowski (Klara und Mariamne. Kleinstädterin und Königin. In: Fr. Hebbel. Neue Studien zu Werk und Wirkung. Hrsg. Hilmar Grundmann. Heide 1982, S. 156 f.) an dieser These meiner Hebbel-Monographie: Diese Logik ist „willkürlich", insofern sie nur unter der Voraussetzung patriarchalischer Werthierarchien Plausibilität hat; als Symptom dieser Hierarchien ist sie natürlich höchst „logisch". Im übrigen impliziert die Tatsache, daß Klara die „Logik der Selbstlosigkeit" bewußt ist und sie das „in ihrer Sicht unvermeidbar gewordene Leiden" selbst übernimmt, durchaus *nicht,* daß es sich um eine freie Wahl handle. Alle Interpreten, die in diesem Sinne argumentieren und mit May den Liebesopfergeist der Titelheldin loben, fallen generell hinter die Unterscheidung Schopenhauers zwischen Handlungs- und Willensfreiheit zurück. Sozialpsychologisch gesehen, wird übersprungen, daß es zwischen gesellschaftlichen Diktaten, das heißt: *direkter* sozialer Determination, und der „freien", „individuellen" Wahl so etwas wie (natürlich „liebevolle"!) Identifikationen und Verinnerlichungsprozesse gibt. Daß Klara „unabhängig" von den religiösen und sozial-historischen Traditionen ihre Entscheidung treffe, gibt der Text beim besten Willen nicht her.

[83] Vgl. v. Wiese, a. a. O., S. 595; G. Kleinschmidt, a. a. O., S. 183; H. Reinhardt: Maria Magdalena ..., a. a. O., S. 183. M. Garland (a. a. O., S. 151 ff. u. ö.) sieht in Klaras Zurückfinden zum authentischen Text auch die Wendung zur authentisch christlichen Ethik, berücksichtigt aber nicht, daß mit Klaras Abgang und der einseitigen Bitte um Vergebung der Text erneut abbricht, von der Analogie zu Christus, dem vergebenden Gottessohn, ganz zu schweigen.

[84] Vgl. Karl S. Guthke: Das deutsche bürgerliche Trauerspiel. Stuttgart 1980, S. 53 f.; W. Wittkowski, a. a. O., S. 157. Zur Klinger-Parallele P. Zincke, a. a. O., S. 41 f.

[85] Vgl. J. H. Glenn, a. a. O., S. 128.

[86] E. Dosenheimer, a. a. O., S. 85.

[87] Benjamin Korn in: Fr. Hebbel und das heutige Theater. HJb 1982, S. 48; ebenso P. Schütze, a. a. O., S. 159.

[88] So fälschlich M. Garland, a. a. .O, S. 170 u. ö. (neuerdings auch wieder W. Wittkowski, a. a. O., S. 156 f.).

[89] H. Reinhardt, a. a. O., S. 183.

[90] Vgl. Fr. Sengle, a. a. O., S. 385.

[91] Über die verschiedenen Positionen der Forschung vgl. die Übersicht bei H. Kraft, a. a. O., S. 115 ff.

[92] Vgl. R. D. Laing: Das Selbst ..., a. a. O., S. 122 ff.; ders., H. Phillipson, A. R. Lee: Interpersonelle Wahrnehmung. Frankfurt/M. [3]1976 S. 16.

[93] Vgl. H. Kreuzer, a. a. O., S. 278.

[94] Werner Sombart: Der Bourgeois. Zur Geistesgeschichte des modernen Wirtschaftsmenschen. München und Leipzig 1913, S. 24.

[95] P. Schütze, a. a. O., S. 184.

[96] Gegen M. Sterns pantragische Hypothese läßt der Text das Ende Karls (a. a. O., S. 242) durchaus offen.

[97] In diesem Sinn auch H. Martin, a. a. O., S. 107.

[98] Dazu G. Kleinschmidt, a. a. O., S. 75; J. Müller, a. a. O., S. 70 ff.; Hermann F. Weiss: Animal and nature references in F. Hebbel's Maria Magdalena. In: Seminar 1971, S. 191—200.

[99] Das ist die Formel, die Hebbel in seiner „Emilia"-Kritik auf den Prinzen anwendet (T. 1496).

[100] Vgl. W. Sombart, a. a. O., S. 24.

[101] M. Sterns wichtige Untersuchung des „zentralen Symbols" in „Maria Magdalene" tendiert dazu, die ökonomischen und sozialpsychologischen Gehalte dieser Welt *„der Behälter"* zugunsten der Betonung eines ontologisierten „Archetyps der Enge" zu vernachlässigen (a. a. O., S. 232 ff.).

[102] Vgl. M. Keller, a. a. O., S. 154.

[103] M. Stirner: Der Einzige und sein Eigentum und andere Schriften. Hrsg. H. G. Helms. München 1968, S. 152.

[104] J. Müller, a. a. O., S. 76.

[105] Vgl. Jürgen Habermas: Strukturwandel der Öffentlichkeit. Neuwied und Berlin [5]1971, S. 65 ff.

[106] H. Kreuzer (a. a. O., S. 119 f.) hat auf das schneidende Faktum hingewiesen, daß in dieser Welt eine „widersittliche Ehe" die Ehre erhalten kann! Allerdings braucht Klara, anders als Sara Sampson, die Ehe nicht als Institution, sondern nur noch des Vaters wegen.

[107] Vgl. J. Müller, a. a. O., S. 59; M. Garland, a. a. O., S. 179.

[108] Vgl. R. D. Laing et al.: Interpersonelle Wahrnehmung, a. a. O., S. 37 ff. über die „Spirale reziproker Perspektiven".

[109] So Streller, a. a. O., S. 105 ff.

[110] Vgl. Fr. Sengle, a. a. O., Bd. III, S. 383.

[111] Karl Kraus: Sprüche und Widersprüche. München 1955, S. 39.

[112] Vgl. Fr. Sengle, a. a. O., S. 383. Für Lenz' Helden, der bezeichnenderweise in der „zärtlichen Gruppe" aufgeht, die für den Geist der aufgeklärten Empfindsamkeit steht, wird die gefallene Tugend gerade durch ihren „Fehltritt nur noch teurer" (V, 11 f.)!

[113] Vgl. J. Müller, a. a. O., S. 54.

[114] Friedrich Luft über Fritz Kortners „Maria-Magdalene"-Inszenierung im März 1966 in Berlin (abgedruckt bei Pörnbacher, a. a. O., S. 79). Die von dieser „Backstein-Dramatik" drohende Beklemmung wurde schon bei der Königsberger Uraufführung als so groß empfunden, daß die Programmplaner das Stück mit einem Lustspiel in zwei Akten, betitelt die „Drei Feen von Paris", kombinierten (vgl. H. Sievers, a. a. O., S. 19 f.)!

[115] Zur Bedeutung der analytischen Technik in „Maria Magdalene" vgl. T. M. Campbell: Hebbel, Ibsen and the analytic exposition. Heidelberg 1922; Edna Purdie: Fr. Hebbel. Oxford [2]1969, S. 119 f.; H. Kraft, a. a. O., S. 104 und besonders E. McInnes, a. a. O., passim.

[116] Die Versuche der Forschung, *eine* Hauptperson auszumachen (vgl. u. a. R. Högel, a. a. O., S. 119 ff.), gehen an der zentralen Bedeutung dieser *Dyade* vorbei.

[117] Hier tauchen in sarkastischer Verzerrung pantragische Vorstellungen Hebbels auf.

[118] Symptomatisch für die Bereitschaft, auch in der Interpretation diesen elterlichen Schuldzuschreibungen zu folgen, ist die Deutung von Helga Frisch (a. a. O., S. 64 ff.). Kritisch dazu schon Kleinschmidt, a. a. O., S. 149.

[119] Dazu besonders M. Garland, a. a. O., passim; Jacques Grange: Les réminiscences bibliques dans „Maria Magdalene" de Fr. Hebbel. In: EG 1974, S. 353—359.

[120] Dazu J. Müller, a. a. O., S. 60 ff.; P. Schütze, a. a. O., S. 162 ff.

[121] Zum rhetorischen „Unterlaufen" der Sätze des Anderen vgl. G. Kleinschmidt, a. a. O., S. 67.

[122] Zur „Gestik des Schwörens" vgl. J. Müller, a. a. O., S. 55 ff.

[123] Vgl. J. Müller, a. a. O., S. 59 f., und H. Reinhardt, a. a. O., S. 174 ff.

[124] Vgl. G. Bateson et. al: Schizophrenie und Familie, a. a. O., pas-

sim; P. Watzlawick et al.: Menschliche Kommunikation, a. a. O., S. 178 ff. und 194 ff.; weitere Literaturangaben bei Winfried Kudszus (Hrsg.): Literatur und Schizophrenie. Tübingen 1977.

[125] J. Müller, a. a. O., S. 56.

[126] Vgl. H. Kraft, a. a. O., S. 108.

[127] Dazu Ilja Motylew: „Verdeckte Handlung" in Hebbels Dramen. Berlin 1927.

[128] Die Versuche von Wieses und Garlands etwa, die Dialektik in der „Idee" wieder als Theodizeeproblem zu verstehen, stellen Rückübersetzungen in die der theologischen Tradition gemäße Gedanken- und Ausdruckswelt dar. Fr. Sengle (a. a. O., Bd. III, S. 386) hat, obwohl er seinerseits wieder auf die *„religionsgeschichtliche Krise"* abhebt, demgegenüber darauf verwiesen, daß die überaus zahlreichen Gott- und Teufelsnennungen in „Maria Magdalene" die obligatorische Mitgift eines Dramatikers sind, der „aufs Theater des Vormärz" kommen wollte.

[129] So Siegmund Engländer an Hebbel am 3. I. 1863 (Briefe an Fr. Hebbel, Hrsg. M. Enzinger, Bd. II, Wien 1975, S. 122).

[130] P. Schütze, a. a. O., S. 173, hat den „Sargtischler Anton" mit Grund in die Nähe einer Allegorie des Gevatters Tod und eines vernichtenden Gottes gerückt.

[131] Anders M. Garland, a. a. O., S. 182.

[132] Zur Wassermetaphorik vgl. John Fetzer: Water Imagery in Maria Magdalena. In: GQ 1970, S. 715—719.

[133] Kurt May (a. a. O., S. 39 f.) hat in seinem Bemühen, den „Liebesopfergeist" der Titelheldin zu retten, das aktive Moment in diesem von Hebbel gesperrten „Hinein*springen*" betont. Und natürlich handelt es sich bei diesem Selbstmord um eine Aktion. Doch die hat eben, wie gezeigt, ihre heteronome Motivation. Und die dissonante Zuspitzung dieses Endes liegt darin, daß sich gerade an die Beobachtung des *„Hineinspringens"* die Verurteilung Klaras durch die Pharisäer-Gesellschaft knüpft.

[134] Der Versuch von P. Schütze (a. a. O., S. 166 f.) und des Regisseurs Benjamin Korn, in ihrer sonst scharfsichtigen Auffassung des Stücks ausgerechnet dieser Magd, daneben auch noch der, die Leonhards Brief bestellt, und dem Knaben, der die Blumen der Bürgermeisters-Nichte überbringt, einen positiven Sinn abzugewinnen, ist eher als Symptom des Bemühens um das „Prinzip Hoffnung" zu verstehen denn als adäquate Interpretation. Diese Figuren, zumal die zuletzt auftretende Magd mit ihrem „bösen Blick", aber auch der Knabe als Übermittler konventionalisierter Blumendraperien, stehen durchaus für die „alte" Welt und ihre menschenfeindliche Enge. (Fr. Hebbel und das heutige Theater. Heide 1982, S. 51 ff.; zur Skepsis des Literaturhistorikers gegenüber den Thesen von Schütze und Korn schon H. Kreuzer, ebd., S. 59).

[135] Vgl. H. Kreuzer, a. a. O., S. 126.

[136] H. Kraft, a. a. O., S. 121.

[137] Über den quasi juristischen Charakter des dramatischen Prozesses H. Kraft, a. a. O., S. 105.

[138] Über die sprachlichen Strukturen, besonders die Antithetik von „ich" und „man" vgl. Kurt Bräutigam: Die Sprache der handelnden Personen als Schlüssel zur Deutung von Dramen. In: DU 1964, H. 3, S. 68 bis 77.

[139] J. H. Glenn legt in seiner originellen Deutung des Titels von „Maria Magdalene" den Akzent auf die kritischen Bezüge der biblischen Sünderin-Geschichte zu den selbstgerechten Pharisäern (a. a. O., S. 128).

[140] Vgl. von Wiese, a. a. O., S. 591; H. Kreuzer, a. a. O., S. 127. Eine kritische Revision der Versuche, der Schlußszene eine positive Bedeutung abzugewinnen, bei R. Högel, a. a. O., S. 168 ff.

[141] Vgl. J. H. Glenn, a. a. O., S. 131.

[142] Vgl. M. Garland, a. a. O., S. 169.

[143] So Kreuzer, a. a. O., S. 128.

[144] Vgl. P. Michelsen, a. a. O.

[145] Hebbel hat in seinem Brief an Auguste Stich-Crelinger vom 23. I. 1844 (T. 3003) Gretchen und das — namensverwandte — Klärchen als Legitimation für die Darstellung „unsittlicher" Heldinnen in Anspruch genommen. Die Analogie der Schlüsse hat er nicht thematisiert.

[146] Anders J. Müller, a. a. O., S. 51 ff. Zur Kritik schon M. Keller, a. a. O., S. 141.

[147] Vgl. M. Garland, a. a. O., S. 145.

[148] Ebd. S. 192 f.

[149] So H. Kraft, a. a. O., S. 112. B. Fenner (a. a. O., S. 20) sieht in dem Schlußsatz zwar keine Zukunftsperspektive; indem aber gezeigt werde, wie zerstörerisch es in dieser Welt sei, erweise sich die kritische Bedeutung der ästhetischen Konstruktion. H. Reinhardt spricht von einer „Schwebestruktur" des Schlusses (a. a. O., S. 187 ff.), sieht aber am Ende das Prinzip der patria potestas „eher wieder befestigt".

[150] Fr. Hebbel: Briefe. Hrsg. U. Henry Gerlach, a. a. O., S. 77.

[151] Vgl. B. Fenner, a. a. O., S. 72.

[152] Vgl. den Materialienanhang (5). Dazu auch H. Kraft, a. a. O., S. 122.

[153] Vgl. Heinz Schlaffer: Der Bürger als Held. Frankfurt/M. 1973, S. 116.

[154] Vgl. S. Streller, a. a. O., S. 104; Walter Jacobi: Die Entwicklung der bürgerlichen Gesellschaft im Spiegel ausgewählter Dramenliteratur. In: DD 1975, S. 31 ff.

[155] Zu den Konvergenzen der Hebbelschen mit der Schopenhauerschen Tragödientheorie vgl. Heinz Stolte: Fr. Hebbels Besuch bei A. Schopenhauer. In: HJb 1967, S. 9—31.

[156] Kein größerer Widerspruch, als wenn Hebbel in der späten Auseinandersetzung mit Siegmund Engländer über die Möglichkeit einer sozialen Tragödie (T 6287) die Tragödie an das schuldhaft Bedingte und der Versöhnung Fähige bindet. Vgl. dazu Verf.: Dualismus und Dialektik, a. a. O., S. 163 f.

[157] Br. IV, 106. Die formale Nähe dieses Versöhnungsbegriffs zu der

Freiheitsdefinition von Engels erklärt sich natürlich aus der gemeinsamen hegelianischen Tradition.

158 Zur Übereinstimmung des Hebbelschen Schuldbegriffs mit dem der Hegelschen Rechtsphilosophie (§ 140) vgl. T. 3088.

159 Dazu H. Kraft, a. a. O., S. 118.

160 Peter Michelsen (a. a. O.) dreht den Spieß um: Alle Personen haben unrecht!

161 Symptomatisch etwa der Brief an Georg Cotta vom 10. 11. 1857 (Br. VI, 72), der die peinliche Nähe zu den Jungdeutschen dementiert und die „Wiederbringung des Teufels", d. h. die Darstellung der politischen und sozialen Fieberkrankheiten, affirmativ deutet. — Zum Umschlag des Pantragismus in Panlogismus vgl. Verf.: Hebbel, a. a. O., S. 232 ff. und 266 ff.

162 Arthur Eloesser: Das bürgerliche Drama. Berlin 1898, S. 216; Karl S. Guthke, a. a. O., S. 98 ff.

163 Über Hebbels „Tragismus" besonders H. Schlaffer, a. a. O., S. 121 ff.; Hans-Joachim Anders: Zum tragischen Idealismus bei Fr. Hebbel. In: Deutsche Dramentheorien, Hrsg. R. Grimm. Bd. 2. Frankfurt/M. [3]1981, S. 25—42; Fr. Sengle, a. a. O., Bd. III, S. 336 ff.; H. Reinhardt, a. a. O., S. 172 ff.; Verf.: Dualismus und Dialektik, a. a. O., S. 159 ff.; Horst A. Glaser: Hebbels Dramen und Dramentheorien, In: Deutsche Literatur. Eine Sozialgeschichte. Hrsg. H. A. Glaser, Bd. 7. Reinbek 1982, S. 326 ff.

164 Dazu auch Marlen Ginolas: Hebbels Beschäftigung mit Lessings bürgerlichem Trauerspiel. In: Beiträge zur Lessing-Konferenz 1979. Hrsg. Günter Hartung, S. 61—78.

165 Vgl. J. Berg, a. a. O., S. 55; H. Reinhardt, a. a. O., S. 186.

166 Vgl. T. 4875, 5055, 5996; Br. VII, 303 und 312; IX, 389 und 396; XII, 234.

167 Vgl. Oskar Walzel: Das bürgerliche Drama. In: Vom Geistesleben alter und neuer Zeit. Leipzig 1922, S. 213.

168 Vgl. den Materialienanhang (1). Zu Robert F. Sengle, a. a. O., Bd. II, S. 371 f.

169 Vgl. Heinz Schlaffer: Der Bürger . . ., a. a. O., S. 115 ff.

170 Eine generelle Diskreditierung jeglicher Form von Pantragismus ist mit dieser These nicht intendiert. Wer als Nachfahre des 19. Jahrhunderts und seiner Widersprüche durch die „Schule" von Hegel bzw. Marx und Schopenhauer gegangen ist, kann ungeachtet der unumgänglichen Ideologiekritik an jeglicher Form von sozialem und politischem Tragismus nicht behaupten, daß mit der *notwendigen* Aufhebung bürgerlicher Trauerspiele auch schon die *hinreichende* Bedingung der Aufhebung *aller* Trauerspiele gegeben wäre (vgl. Verf.: Schopenhauer. Bonn 1980; Schopenhauer und Marx. Hrsg. Hans Ebeling und L. L. Kronberg/Ts. 1980).

171 S. Anm. 163.

172 Vgl. dazu die Forschungsskizze im Kap. VI dieses Bandes.

173 So etwa H. Kraft, a. a. O., S. 105 ff.

[174] W. H. Riehl, a. a. O., S. 145 ff.

[175] So Stern, a. a. O., S. 228.

[176] Ebd., passim. M. Garland, a. a. O., S. 155 ff.; J. Berg, a. a. O., S. 55; Verf.: Hebbel ..., a. a. O., S. 92 ff.; H. Martin, a. a. O., S. 102 ff. Zur kommerziellen Strukturierung des bürgerlichen Dramas insgesamt die sozialhistorisch nicht genügend differenzierte, aber sehr anregende Arbeit von Marianne Thalmann: Die Anarchie im Bürgertum. München 1932.

[177] Bemerkenswerterweise richtet sich der scheinbar völlig irrationale und nicht mehr interpretierbare Wahnsinn seiner Frau nicht zuletzt gegen die Insignien der handelskapitalistischen Welt (Handlungsbuch, Goldrolle, Papiere) und ihre Vermögenswerte.

[178] Abgedr. bei Wütschke, a. a. O., S. 128.

[179] So u. a. das Sendschreiben zum „Trauerspiel in Sicilien".

[180] E. A. Georgy: Die Tragödie Fr. Hebbels nach ihrem Ideengehalt. Leipzig [2]1911, S. 121 und 130 f. Vgl. auch Emil Kuhs aufschlußreiche lyrische Vollendung von Karls Karriere (abgedr. bei Paul Bornstein: Fr. Hebbels Persönlichkeit. Bd. 1. Berlin 1924, S. 333).

[181] H. Mann: Der Untertan. Leipzig, Wien 1918, S. 100 ff., 221, 268 ff., 367 ff.

[182] Franz Mehring: Gesammelte Schriften. Hrsg. Thomas Höhle et al. Bd. 11, Berlin 1961, S. 41.

[183] Vgl. die Dokumentation bei Pörnbacher, a. a. O., S. 78 ff.

[184] Zu Sues Bedeutung für die deutsche Literatur vgl. Erich Edler, a. a. O., S. 92 ff.

[185] Vgl. T. 3165, 3172 u. ö. Dazu auch, ohne daß Bezüge zwischen „Maria Magdalene" und den „Geheimnissen" diskutiert würden, das Nachwort von N. Miller und Karl Riha in der Bearbeitung von Bernhard Jolles, München 1974, S. 682. Bemerkenswerterweise war im Gegensatz zu dem späteren Verriß das anfängliche Urteil von Engels über die „Geheimnisse" positiv (ebd. S. 666).

[186] Vgl. den Materialienanhang (3).

[187] Vgl. H. Reinhardt, a. a. O., S. 173.

[188] Die Behauptung, daß Hebbel „den Vater-Sohn-Konflikt als Novum in die Gattungsgeschichte" einbringe (so H. Reinhardt, a. a. O., S. 191), ist nicht zutreffend.

[189] Vgl. R. D. Laing: Das Selbst ..., a. a. O., S. 84, der „Kollusion" als nicht notwendigerweise bewußtes Zusammenspiel zweier Personen versteht.

Das Faktum, daß die dichtenden Söhne, die das bürgerliche Trauerspiel schaffen, sich vorwiegend auf Vater-Tochter-Beziehungen konzentrieren, ist literaturpsychologisch erstaunlich genug, auch wenn hier spiegelbildliche Verkehrungen und andere Verschiebungen zu vermuten sind.

[190] Vgl. David Cooper: Der Tod der Familie. Reinbek 1972, S. 7 (s. auch den Materialienteil, 8).

[191] Vgl. D. Cooper, a. a. O., S. 75. Im Sinne der von Laing, Phillipson, Lee beschriebenen „Spirale reziproker Perspektiven" (a. a. O.,

S. 37 ff.) ließen sich diese Sätze auch so formulieren: „Ich sehe, daß/wie man mich sieht", „Sieh, daß/wie ich dich sehe!" usf.; doch herrschen in diesem bürgerlichen Trauerspiel in keinem Fall gleichgewichtige „reziproke" Wahrnehmungen, sondern nur einseitige Perspektiven-Diktate, und zwar gerade in der Antizipierung der „Wahrnehmungen" des Anderen.

[192] Schizophrenie und Familie, a. a. O., S. 315.

[193] Vgl. D. Cooper, a. a. O., S. 49.

[194] Ebd., S. 17 und 26.

[195] Ebd., S. 11 ff.

[196] Vgl. P. Michelsen, Blätter des Deutschen Theaters in Göttingen, H. 57 (1953/54), zu „Gyges und sein Ring". — Wie es die Anti-Psychiatrie nachdrücklich beschrieben hat, ist der bei Hebbel nur angedeutete Weg in den Wahnsinn die zweite — und üblichere — Reaktionsform der erpreßten Liebe des dividierten „Individuums".

[197] Vgl. H. A. Glaser, a. a. O., S. 332.

[198] Vgl. H. Kraft, a. a. O., S. 121 f.

[199] Vgl. H. A. Glaser, a. a. O., S. 332.

[200] So H. Hettners Diktum, zitiert Br. VII, 303; anders Streller, a. a. O., S. 113, der die affirmativen Tendenzen unzulässig verallgemeinert. Im übrigen wird auch in den *politisch* progressiven bürgerlichen Trauerspielen Lessings und Schillers der Emanzipationsimpuls innerfamiliär erheblich eingeschränkt.

[201] Vgl. S. Streller, a. a. O., S. 115.

[202] Vgl. Horst Denkler: Restauration und Revolution. München 1973, S. 325 f.

[203] So H. Reinhardt, a. a. O., S. 108.

[204] Franz Mehring (Aufsätze zur deutschen Literaturgeschichte. Frankfurt 1972, S. 150) begründet die schwächlichen Züge der Heldinnen des deutschen bürgerlichen Trauerspiels mit der Gewöhnung des deutschen Bürgertums ans Leiden und der mangelnden Übung im Handeln, setzt dabei allerdings allzu unvermittelt das familiäre mit dem gesamtgesellschaftlichen Trauerspiel gleich. Wie gezeigt, bestehen beträchliche Differenzen zwischen diesen Heldinnen und jenen braven Hunden an der Kette, die im Bereich der Kette sehr wohl auf ihre Weise „handeln"!

1. *Ludwig Robert: Die Macht der Verhältnisse. Ein Trauerspiel in fünf Aufzügen und zwei Briefe über das antike und moderne und über das sogenannte bürgerliche Trauerspiel. Stuttgart und Tübingen 1819, S. 4 und 137—143.*

Der von Hebbel nicht erwähnte Ludwig Robert (mit dem Br. II, 355 genannten Ludwig Robert ist der Maler Louis Léopold Robert gemeint), der Bruder Rahel Levins, hat seinem bürgerlichen Trauerspiel „Die Macht der Verhältnisse" zwei poetologische Briefe an eine Freundin beigefügt, die sich passagenweise und bis ins Detail hinein wie eine Antizipation des Vorworts zu „Maria Magdalene" und wie ein Kommentar des Stückes selbst lesen lassen. Robert polemisiert wie Hebbel unter anderem gegen das „ideale" und „allegorische Zwitterwesen",bei dem die „Fähigkeit zu wahrhafter Karakterzeichnung" verlorengehe (S. 6); gegen das „weinerliche Schauspiel mit seiner (...) miserablen Geldnoth" (S. 5); gegen die Anschauung, daß einer Welt, in der „vielleicht kein Königssohn" zu finden sei (S. 11), nichts „Großes begegnen" könne (S. 4 — das in diesem Zusammenhang zitierte „furchtbare Machtwort" entstammt Goethes Xenien). Und Robert plädiert für ein gesellschaftlich authentisches Drama, das die herrschenden Verhältnisse, und da vor allem die sozial wirksamen Vorurteile, darstelle. Der Verzicht auf die Versöhnung der Dissonanzen, die Erzeugung „beklemmender Stimmungen" im Zuschauer wird mit den faktisch fortdauernden Dissonanzen legitimiert.

(S. 4:) „Sie", schreiben Sie, Sie, ein *„bürgerliches* Trauerspiel"!! — Und in diesem doppelten Ausrufungszeichen, in diesem unterstrichenen *„bürgerliches"* sehe ich Alles, was Sie dabey dachten und empfanden. Was wir von den Brüdern Schlegel und von Tiek je über Antike und romantische Kunst gelesen, bis zur Kotzebueschen Ehrenpforte hinab, samt Shakesspears Schatten von Schiller, Alles das schwebt geisterhaft und drohend zwischen Ihren Zeilen, besonders schauerlich aber leuchtet mir das furchtbare Machtwort entgegen:

Was kann denn dieser Misere Großes begegnen.

Gestehen Sie, daß Sie an das alles klarer oder dunkler dachten, indem Sie jene Worte *schrieben;* daß Sie also schon von Haus' aus gegen das sogenannte bürgerliche Trauerspiel eingenommen sind, und daher vielleicht schon auf einen unrichtigen und gewiß auf einen nicht ganz unpartheiischen Standpunkt solchem Stücke gegenüber stehen. Auch ich dachte an das, was jene Meister der Kritik, in den letzten zwanzig Jahren nicht nur geschrieben, sondern auch wie sie auf unsre Litteratur eingewirkt haben, aber ich glaube sie darum eben recht *lebendig* zu verstehen, weil sie mich zu einem aus der Gegenwart gegriffnen, sogenannten bürgerlichen Trauerspiele befeuerten. (...) (S. 137:) Ich erkläre zum Voraus, daß ich die mir vorgesetzte Aufgabe nicht gelöst habe, und daß ich, was ich auch sagen möge, nicht mein Trauerspiel, sondern nur die Gattung vertheidigen will. Also:

Der Einwand unsrer lebhaften Julie mag der erste seyn, dem ich begegne. *Die Macht des Vorurtheils,* rief sie, *sollte das Stück heißen.* Mich freut diese schöne Aufwallung; aber sie bedenke folgendes: Ein individuelles Vorurtheil kann man und wird man ablegen, hat es schon abgelegt, so bald man es als vernunftwidrig erkennt. Aber es giebt allgemeine, durch Herkommen breit- und tiefgewurzelte Vernunftwidrigkeiten, sanktionirte Vorurtheile, die (wie hier die konvenzionellen Begriffe über Duell und Bastarde) zu festen gesellschaftlichen Formen sich gesteigert haben. Diese werden stets, selbst bei der klarsten Einsicht ihres Unwerths, sich als eine äußere Macht darthun, gegen die der einzeln Auftretende einen ungleichen und zweifelhaften Kampf zu bestehen hat. Das Vorurtheil kann längst bekämpft seyn, während Formen, die es ehemals hervorbrachte, noch gebiethend fest stehen. Das mögte hier der Fall seyn, und darum das Stück: *die Macht der Verhältnisse* heißen.

Ich setze folgendes hinzu, um dem Tadel des Herrn Hofmeisters zu begegnen, *der sich von dem gigantischen zwingenden Geschicke in der Tragödie nicht trennen kann,* wie er sagt, *und es für unzuläßlich hält, an dessen Stelle, ein paar beengende Vorurtheile* (S. 138:) zu stellen. Ein *individuelles* Vorurtheil, wie es in der vorletzten Zeit z. B. die Gespensterfurcht war, kann nur komisch behandelt werden, kann nur zum Stoff eines Lustspiels dienen. *Allgemeine* und *sanktionirte* Vorurtheile aber, welche unvollkommne, und dennoch mächtig gebietende Einrichtungen und Gesetze der Gesellschaft veranlaßt haben, diese sind denn ihrer Allgemeinheit, ihrer Wirkung wegen unendlich tragisch. Unendlich sage ich, weil immer und immer menschliche Einrichtungen den Stempel der Unvollkommenheit tragen werden; tragisch aber ist es doch wohl, wenn Unvollkommenheit als gebiethende Macht auftritt. Der unnatürliche Unterschied, den man sich berechtigt glaubt, zwischen natürlichen und unnatürlichen Kindern zu machen, ist so alt wie das Familienleben selbst; ständische Geburtsvorrechte kamen später auf, als man es versuchte, Staaten einzurichten; die in eine sichtbare und konventionelle Form getretene äußere Ehre: das *point d'honneur* ist eine mehr moderne Erzeugung, und ward mit den Anführerstellen im Kriege dem Geburtsadel als Monopol überlassen. Das sind die drei Gewalten, welche dieses Stück in Bewegung setzen, und diese gesellschaftlichen Verhältnisse, die so gewaltig in das ganze Leben eingreifen, die durch die Weltgeschichte mit Riesenschritten den Fluß in Blut, die Mordfackel in Händen, dahinschreiten, wären ein oder ein paar bewegende Vorurtheile?

Nun zu dem Einwande ihres Bruders, der mich (was ich eigentlich beabsichtige) auf die Vertheidigung der Gattung führt. Seiner Meinung nach *sollte der Stoff einer Tragödie nie aus unsrer nächsten Umgebung, und noch vielweniger ein Vorfall dazu gewählt werden, wie er sich alljährlich in jeder Stadt zu dutzenden zuträgt.*

Verräth es denn ein so sehr undichterisches Gemüth, frage (S. 139:) ich, wenn man das Bedürfniß fühlt, *Momente seiner Zeit* dramatisch und tragisch darzustellen? haben nicht unsre größten Dichter bewiesen, daß man es vermag? Die Begebenheiten der Zeitgeschichte hat Keiner von ihnen zu seinem Stoffe gewählt, erstlich, weil wir kein vollendetes historisches Urtheil über unsre eigene Zeit haben können; dann weil wir Zeugen der Begebenheiten waren, weil wir die Helden mit Augen gesehen und mit Ohren gehört, und indem uns so die Wirklichkeit zu nahe stehet, aller Zauber poetischer Formen aufgehoben und jede schöne Täuschung unmöglich wird. Sie stiegen daher von diesem höchsten geschichtlichen Standpunkt nieder in den beschränkteren Kreis der Familie, und fanden, daß nicht selten daselbst das Leben des Staates im Reflex und im verjüngten Maaßstabe und entfaltet wieder erschien, und das sich also auch hier an Hohes und Erhabenes mit Erfolg anknüpfen ließ. Dabei hatten sie hier die lockende Freiheit, daß ihnen das weite Gebieth reicher Erfindung offen stand, so wohl in der Wahl der herrschenden Grundidee, als in Ersinnung der Fabel und Zeichnung der Karaktere.

Und so entstand das bürgerliche- oder vielmehr das Familientrauerspiel; eine Gattung, die wohl auch ein Zweig der romantischen Dichtung seyn dürfte, wenn man nehmlich das Wesen des Romantischen nicht in die Fülle des schimmernden Beiwerks, oder wohl gar in eine dämmernde Unklarheit setzt — Die Grundverschiedenheit des Familien*schauspiels* aber vom Familien*trauerspiel* scheint mir der zu seyn, daß das letztre gern an das anknüpft, was in der Familie als aus dem Staatleben hervorgegangen erscheint, damit ihm die der Tragödie zukommende Erhabenheit nicht mangle, und tragische Nothwendigkeit entstehe. Tragische Nothwendigkeit ist übrigens die einzige unbedingte Fordrung, die eine vernünftige, das heißt: eine (S. 140:) sich selbst Gränzen setzende Kritik an einem Drama machen darf; selbst die Einheit der Handlung kann nicht so absolut verlangt werden, ja nicht einmal die Erhabenheit des Stoffes, indem dieser Begriff das Mehr oder Minder nicht ausschließt — Auch war es einzig und allein der Mangel tragischer Nothwendigkeit, der so viele Familienstücke der früheren Periode untergehen ließ, indem das Surrogat weichlicher Sentimentalität die Gewalt der Unumgänglichkeit nicht ersetzen konnte. Schauspiele, die sich fünf Aufzüge lang um elendigliche Geldnoth langsam drehen, aber schon im Anfang am Ende waren, wenn eine volle Börse vom Paradiese auf das Theater fiele, wurden mit Recht verworfen und verdammt; eben so andere, wo der Intrigant, der das Unglück anzettelt, nur durch die Beschränktheit der leidenden Personen unentlarvt bleibt; oder wo ein zu früh, ein zu spät, oder sonst ein unglückliches, für den Dichter glückliches, Ungefähr statt findet, wodurch die Komödie eigentlich erst zum Trauerspiel wird. Dergleichen Stücke wurden mit Recht getadelt; aber da sich derselbe Mangel tragischer Nothwendigkeit auch in manchem hohen und niedern Schicksalsstücke nachweisen läßt, so war wohl dieser Tadel nicht unbedingt gegen das Familientrauerspiel, gegen die Gattung gerichtet. Und gesetzt, es wäre dennoch der Fall gewesen, so haben ja viele Stücke dieser angefeindeten Gattung, sobald sie nur auf tragische Nothwendigkeit gegründet waren, manche polemische Kritik derselben überlebt. Ja, ich getraue mir zu behaupten, daß *Kabale und Liebe* länger und lebendiger wirken wird, als der Spott, den der große Dichter gegen sein eignes Werk bekannt machte. Tragische Nothwendigkeit (ich kann es nicht oft genug wiederhohlen) ist und bleibt das A und das O eines dramatischen Kunstwerks; alles andre ist der Wahl und der Neigung des Dichters anheimzustellen; (S. 141:) die Möglichkeit aber, daß auch unsre nächste Umgebung nicht nur ergreifend, sondern auch poetisch dargestellt werden kann, haben die Meister der Kunst dargethan. Doch ihr Bruder meint, man *solle zum Stoffe einer Tragödie nicht einen Vorfall wählen, wie er sich alljährlich in jeder Stadt zu dutzenden zuträgt.* Wenn ein solcher Vorfall nicht trivial, wenn er wirklich tragisch ist, warum nicht? Ich glaube im Gegentheil, daß ein Vorfall, der sich so oft wiederholt, aufhört, ein Vorfall zu seyn, daß die vielen Vorfälle eine Begebenheit der Zeit werden, ein Ereigniß, das eine historische Wurzel hat, und sich eben deßhalb zum Stoff eines Trauerspiels recht sehr eignet. Ihr Bruder giebt hier eine Regel an, nach welcher der Dichter bei der Wahl seiner

Fabel zu verfahren hat, wenn er das früher auseinandergesetzte Familientrauerspiel behandeln will. Nicht das Seltne und Seltsame, nicht das Erstaunliche und Wunderbare darf er aus der Ferne herholen; das gehört einer andern phantastischen glanz- und farbenreicheren Gattung, und würde dem Wesen der seinen durchaus widersprechen. Nein, das häufig Wiederkehrende soll er wählen, das aus dem Geiste der Zeit hervorgehende, Normalbegebenheiten; und sollten es auch solche seyn, die von dem ironischen Standpunkte betrachtet, sich zum Stoffe eines Lustspiels eignen.

Der Einwand, den mir ihr Schwager, der General, macht, ist mir lieb und werth, und ich wünsche nichts mehr, als daß er eben so wahr wäre, als er aus einer edlen Seele kommt. *Das Stück* meint er, *könne nicht wirken, weil es nicht mehr an der Zeit sey. Kein rechtlicher Mensch könne heut zu Tage einem andern rechtlichen Menschen ein Duell versagen.* (S. 142:) O, daß dem so wäre! Aber angenommen, es sey; ist damit das Duell aufgehoben und bleibt nicht das Duell an sich ein Schandfleck unserer gesellschaftlichen Verhältnisse? Und ist denn in diesem Stücke nur von diesem Duell die Rede? Tritt nicht darin ein von seinem Vater verläugneter Bastard auf? Und giebt es etwa heut zu Tage auch keine für rechtlich gehalten, sich selbst rechtlich glaubende Menschen mehr, die ihre unehlichen Kinder verläugnen? — Wenn aber das Duell zu hell als Wendungspunkt des Stückes hervortritt und das Bastard-Verhältniß verdunkelt, so gestehe ich, daß dieses ein Fehler in Behandlung des Stoffes ist.

Das Stück läßt eine beklemmende Stimmung zurück, ich hätte ein mehr beruhigendes Ende gewünscht, sagte Ihre würdige Schwester, und *Ja,* setzte der Herr Hofmeister hinzu, *es ist durchaus keine Religion in dem Stücke zu finden.* Eine Frau, die mit so klarer Ruhe Alles um sich her zu bewältigen und zu einen vermag, wie unsre Freundin einfach und fast bewußtlos es thut, eine solche Frau wird, muß den Ausgang dieses Stückes in eine beklemmende Stimmung versetzen. Ich kann nichts darauf erwiedern, als: Ja! Dieses Trauerspiel schließt mit einer schneidenden Dissonanz. Sie möge nachklingen in dem Gemüthe des Zuschauers, und dieser möge sie nach seinen Kräften auflösen. Der Dichter aber konnte dieses (faktisch) nicht, weil ja auch die Zeit, die ihm den Stoff gab, diese Dissonanz nicht (faktisch) aufgelößt hat. Auf welche Weise sie aber der Zuschauer auflösen soll, dafür giebt es der Fingerzeige manche in dem Stücke, als z. B. die Ansicht der Ehre vom Standpunkt der Religion, die der Prediger ausspricht; die Worte des unglücklichen, zur Besinnung gekommenen Vaters über natürliche

Kinder; und andre Stellen mehr, die nur weniger in die Augen springend sind. (S. 143:) Hier ist die Beruhigung zu suchen, die in der Fabel des Stücks nicht zu finden ist und nicht zu finden seyn soll; weil ich es mir zum Ziel setzte, daß man nicht mit angenehm-weichlichen Mitleidsempfindungen, sondern erschüttert und nachdenklich von diesem Schauspiel scheiden sollte. (...)

2. *Arthur Schopenhauer: Die Welt als Wille und Vorstellung. Zweiter Band. Leipzig 1844, Kap. 37 „Zur Aesthetik der Dichtkunst" (zitiert nach der historisch-kritischen Ausgabe, Hrsg. Arthur Hübscher, Wiesbaden [3]1972, S. 499 f.).*

1844, gleichzeitig mit dem Vorwort zu „Maria Magdalene", hat Schopenhauer noch einmal für die „Fallhöhe" als konstitutives Moment des Trauerspiels plädiert. Indes ist seine (rezeptionsästhetisch begründete) Ablehnung des bürgerlichen Trauerspiels nicht kategorisch. Im übrigen treffen Schopenhauer und Hebbel sich in der Überzeugung, daß „tragische" Erschütterung an das „mit Notwendigkeit Bedingte" gebunden sei. Sozial relative Nöte fallen bei beiden unters Verdikt der Geringfügigkeit bzw. Kümmerlichkeit.

(...) Die Griechen nahmen zu Helden des Trauerspiels durchgängig königliche Personen; die Neuern meistentheils auch. Gewiß nicht, weil der Rang dem Handelnden oder Leidenden mehr Würde gibt: und da es bloß darauf ankommt, menschliche Leidenschaften ins Spiel zu setzen; so ist der relative Werth der Objekte, wodurch dies geschieht, gleichgültig, und Bauerhöfe leisten so viel, wie Königreiche. Auch ist das bürgerliche Trauerspiel keineswegs unbedingt zu verwerfen. Personen von großer Macht und Ansehn sind jedoch deswegen zum Trauerspiel die geeignetesten, weil das Unglück, an welchem wir das Schicksal des Menschenlebens erkennen sollen, eine hinreichende Größe haben muß, um dem Zuschauer, wer er auch sei, als furchtbar zu erscheinen. (...) Nun aber sind die Umstände, welche eine Bürgerfamilie in Noth und Verzweiflung versetzen, in den Augen der Großen oder Reichen meistens sehr geringfügig und durch menschliche Hülfe, ja bisweilen durch eine Kleinigkeit, zu beseitigen: solche Zuschauer können daher von ihnen nicht tragisch erschüttert werden. Hingegen sind die Unglücksfälle der Großen und Mächtigen unbedingt furchtbar, auch keiner Abhülfe von außen zugänglich; da Könige durch ihre eigene Macht sich helfen müssen, oder untergehn. Dazu kommt, daß von der Höhe der Fall am tiefsten ist. Den bürgerlichen Personen fehlt es demnach an Fallhöhe. — (...)

3. Eugène Sue: Les Mystères de Paris. Paris 1842/3. Deutsch von A. Diezmann: Die Geheimnisse von Paris. Achter Band. Leipzig 1843, S. 31 ff.

(...) Der Commissar (...) sagte streng und ernst zu Louisen:

„Sie heißen Louise Morel?“

„Ja, Herr,“ antwortete das Mädchen zitternd.

Rudolph hatte unterdeß das Zimmer seiner Nachbarin geöffnet.

„Sie sind Hieronymus Morel, ihr Vater?“ fuhr der Commissar zu dem Steinschneider gewendet fort.

„Ja, Herr, aber ...“

„Treten Sie mit Ihrer Tochter hier herein.“

Der Commissar zeigte auf das Zimmer, in dem Rudolph sich bereits befand.

Durch die Anwesenheit Rudolph's ein wenig beruhigt, gehorchten Morel und Louise, wenn auch in großer Verlegenheit und Unruhe, dem Commissar, der sodann die Thüre zumachte und bewegt zu Morel sagte:

„Ich weiß, wie rechtschaffen und unglücklich Sie sind, theile Ihnen deshalb mit großem Bedauern mit, daß ich im Namen des Gesetzes — Ihre Tochter verhaften muß.“

„Alles ist entdeckt —, ich bin verloren!“ rief Louise erschüttert aus und sank in die Arme ihres Vaters.

„Was sagst Du? — Was sagst Du?“ entgegnete Morel. „Du bist nicht bei Sinnen, — warum verloren? — Dich verhaften! — warum Dich verhaften? Wer sollte Dich verhaften?“

„Ich verhafte sie im Namen des Gesetzes,“ sagte der Kommissar, indem er auf seine Schärpe zeigte.

„Ich Unglückliche!“ rief Louise aus, indem sie auf die Knie sank.

„Im Namen des Gesetzes?“ fragte Morel, dessen Verstand zu wanken begann, da ihn dieser neue Schlag gewaltig erschüttert hatte; „warum wollen Sie meine Tochter im Namen des Gesetzes verhaften? Ich, ich bürge für Louise; sie ist meine Tochter, meine brave Tochter, nicht wahr, Louise? Man will Dich verhaften, da unser guter Engel Dich uns wiedergegeben hat zum Troste für den Tod meiner kleinen Adele? Das kann nicht sein. Und dann, Herr Commissar, alle Achtung für Sie! nur schlechte Menschen werden verhaftet; verstehen Sie? Louise, meine Tochter, ist nicht schlecht. — Der Herr irrt sich gewiß, meine gute Louise. Ich heiße wohl Morel; aber es giebt mehr als einen Morel; Du heißt Louise, aber es giebt mehr als eine Louise. — Herr Commissar, es muß hier ein Irrthum sein, gewiß, es ist hier ein Irrthum.“

„Leider ist es kein Irrthum. — Louise Morel, nehmen Sie Abschied von Ihrem Vater."

„Sie wollen mir also meine Tochter entreißen?" rief Morel, außer sich vor Schmerz, aus und trat drohend auf den Commissar zu.

Rudolph nahm ihn am Arme und sagte zu ihm:

„Beruhigen Sie sich und geben Sie nach; Sie werden Ihre Tochter wieder erhalten; ihre Unschuld wird an den Tag kommen, denn sie ist ganz gewiß unschuldig."

„Sie kann nichts verbrochen haben; ich will meine Hand in das Feuer legen, wenn —" Dann gedachte er aber plötzlich des Goldes, das Louise gebracht hatte, um den Wechsel zu bezahlen und Morel rief aus: „Aber das Gold! das Gold von heute früh, Louise?"

Und er warf seiner Tochter einen fürchterlichen Blick zu.

Louise errieth, was er meinte.

„Ich stehlen!" entgegnete sie, und die Röthe eines edeln Unwillens auf ihren Wangen, der Ton ihrer Stimme und ihre Geberde beruhigten ihren Vater wieder.

„Ich wußte es wohl," sprach er. „Sie sehen, Herr Commissar, — sie läugnet es und sie hat in ihrem Leben nie gelogen, ich schwöre es Ihnen zu. Fragen Sie alle, die sie kennen und sie werden es bestätigen wie ich. Sie lügen! — Dazu ist sie viel zu stolz, und übrigens hat den Wechsel unser Wohlthäter bezahlt ... Das Gold will sie nicht behalten; sie wollte es eben der Person zurückbringen, die es ihr geliehen hat, die aber nicht genannt sein will, nicht wahr, Louise?"

„Man beschuldiget Ihre Tochter nicht des Diebstahls," sprach der Commissar.

„Aber mein Gott! wessen beschuldiget man sie denn? Ich, ihr Vater, schwöre es Ihnen zu, daß sie unschuldig ist, was man auch von ihr sagen mag, und ich habe auch in meinem Leben nie gelogen."

„Was nützt es Ihnen, wenn Sie die Beschuldigung kennen," sagte Rudolph theilnehmend zu ihm; „die Unschuld Louisens wird an den Tag kommen, die Person, die so lebhaften Antheil an Ihnen nimmt, wird auch Ihre Tochter beschützen. — Fassen Sie Muth; auch diesmal wird die Vorsehung Sie nicht verlassen. Umarmen Sie Ihre Tochter; Sie werden dieselbe bald wiedersehen."

„Herr Commissar," sagte Morel, ohne auf Rudolph zu hören, „man nimmt einem Vater die Tochter nicht, ohne ihm wenigstens zu sagen, wessen man sie anklagt. Ich will alles wissen. Louise, wirst Du reden?"

Die von Marx übersetzten und kommentierten Auszüge aus den Memoiren des Pariser Polizeiarchivars J. Peuchet belegen den Zusammenhang zwischen scheinbarer Individual- und wirklicher Sozialpathologie mit einer Reihe von symptomatischen Selbstmordfällen. Neben dem Selbstmord einer Schneiderstochter, der für Peuchet auf die kompensatorische Funktion der anachronistischen familiären Tyrannei verweist, wird unter anderem von einem Fall berichtet, der auf einer ähnlich ausweglosen Situation wie der von Klara in Hebbels „Maria Magdalene" basiert und auch ähnlich endet. Die Gesellschaft betreibt auf ihre Weise Sexualhygiene, indem sie die gefallene Tugend ins Wasser als symbolische Realität eines mörderischen wiedertäuferischen Purgatoriums hineintreibt.

(. . .) Hören wir unsern Archivbewahrer der Polizeipräfektur zu Paris über den *Selbstmord!*

Die jährliche Zahl der Selbstmorde, die gewissermaßen normal und periodisch unter uns ist, muß betrachtet werden als ein Symptom der mangelhaften Organisation unserer Gesellschaft (. . .).

Es ist vor allem abgeschmackt, zu behaupten, daß eine Handlung, die sich so oft vollzieht, eine widernatürliche Handlung sei; der Selbstmord ist in keiner Weise widernatürlich, weil wir täglich seine Zeugen sind. Was gegen die Natur ist, ereignet sich nicht. Es liegt im Gegenteil *in der Natur unsrer Gesellschaft,* viele Selbstmorde zu gebären, während die Tartaren sich nicht selbst morden. *Alle Gesellschaften haben also nicht dieselben Produkte,* das ist's, was man sich sagen muß, um an der Reform der unsrigen zu arbeiten und sie eine höhere Stufe erklimmen zu lassen. (. . .)

Unter den Ursachen der Verzweiflung, welche sehr nervösreizbare Personen den Tod suchen lassen, leidenschaftliche und tieffühlende Wesen, habe ich als vorherrschende Tatsache die schlechte Behandlung entdeckt, die Ungerechtigkeiten, die geheimen Strafen, welche harte Eltern und Vorgesetzte die Personen, welche in ihrer Abhängigkeit sind, erdulden lassen. *Die Revolution hat nicht alle Tyranneien gestürzt; die Übel, die man den willkürlichen Gewalten vorgeworfen hat, bestehen in den Familien; sie verursachen hier Krisen, analog denen der Revolutionen.*

Die Verhältnisse zwischen den Interessen und den Gemütern, die wahren Beziehungen unter den Individuen sind *von Grund und Boden aus* erst unter uns zu schaffen und der *Selbstmord ist nur eins der tausend und ein Symptome des allgemeinen, immer auf frischer Tat begriffenen sozialen Kampfes,* wovon so viele Kämpfende sich zurückziehen, weil sie müde sind, unter den Opfern zu zählen, oder weil sie sich empören gegen den Gedanken, unter den

Henkern eine Ehrenstufe einzunehmen. Will man einige Beispiele, ich will sie aus authentischen Protokollen ausziehen.

Im Monat Juli 1816 verlobte sich die Tochter eines Schneiders mit einem Schlächter, einem jungen Menschen von guten Sitten, ökonomisch und arbeitsam, sehr eingenommen von seiner schönen Braut, die ihrerseits wieder ihm sehr zugetan war. Das junge Mädchen war Nähterin; sie besaß die Achtung aller derer, die sie kannten, und die Eltern ihres Bräutigams liebten sie zärtlich. Diese braven Leute versäumten keine Gelegenheit, den Besitz ihrer Schwiegertochter zu antizipieren; man ersann Vergnügungspartien, deren Königin und Idol sie war.

Die Epoche der Heirat kam heran; alle Anordnungen unter den beiden Familien waren getroffen und die Verträge abgeschlossen. Den Abend des Tages, der festgesetzt war, um sich auf die Munizipalität zu begeben, sollten die junge Tochter und ihre Eltern bei der Familie des Bräutigams zu Abend essen; ein unbedeutender Vorfall kam unvermutet dazwischen. Aufträge, die für ein reiches Haus ihrer Kundschaft zu besorgen waren, hielten den Schneider und seine Frau in ihren Wohnungen zurück. Sie entschuldigten sich; aber die Mutter des Schlächters kam selbst, ihre Schwiegertochter abzuholen, welche die Erlaubnis erhielt, ihr zu folgen.

Trotz der Abwesenheit von zwei der Hauptgäste war das Mahl eins der heitersten. Viele der Familienscherze, welche die Aussicht auf eine Hochzeit autorisiert, wurden zum Besten gegeben. Man trank, man sang. Die Zukunft wurde auf das Tapet gebracht. Die Freuden einer guten Ehe wurden sehr lebhaft analysiert. Sehr spät in der Nacht fand man sich noch an der Tafel. Aus einer leicht erklärbaren Nachsicht schlossen die Eltern des jungen Menschen die Augen über das stillschweigende Einverständnis der beiden Verlobten. Die Hände suchten sich, die Liebe und die Vertraulichkeit stiegen ihnen in den Kopf. Überdem betrachtete man die Ehe als vollzogen, und diese jungen Leute hatten sich seit sehr langer Zeit besucht, ohne daß man den leisesten Vorwurf an sie richten konnte. Die Rührung der Eltern des Verlobten, die vorgerückte Stunde, die wechselseitigen, sehnsüchtigen Wünsche, entfesselt durch die Nachsicht ihrer Mentoren, die ungenierte Heiterkeit, die immer bei solchen Mahlen herrscht, alles dies vereinigt, und die Gelegenheit, die sich lächelnd anbot, und der Wein, der in den Köpfen sprudelte, alles begünstigte einen Ausgang, der sich ahnen läßt. Die Liebenden fanden sich wieder im Dunkel, nachdem die Lichter verglommen waren. Man stellte sich nichts zu merken, nichts zu ahnen. Ihr Glück hatte hier nur Freunde und keine Neider.

Die junge Tochter kehrte erst den andern Morgen zu ihren Eltern zurück. Ein Beweis, wie wenig schuldig sie sich zu sein glaubte, liegt schon darin, daß sie allein zurückkehrte. Sie schlich in ihre Kammer und machte ihre Toilette zurecht; aber kaum hatten ihre Eltern sie wahrgenommen, als sie ihre Tochter mit Wut mit den schändlichsten Namen und Schimpfreden überschütteten. Die Nachbarschaft war Zeuge davon, der Skandal hatte keine Grenzen. Urteilt von der Erschütterung dieses Kindes, durch ihre Scham und durch das Mysterium, das man schimpflich verletzte. Vergebens stellt das bestürzte Mädchen ihren Eltern vor, daß sie selbst sie in Verruf brächten, daß sie ihr Unrecht, ihre Torheit, ihren Ungehorsam eingestände, aber daß alles wieder gut gemacht werden würde. Ihre Gründe und ihr Schmerz entwaffneten nicht das Schneiderpaar. Die feigsten, widerstandsunfähigsten Menschen werden unerbittlich, sobald sie die *absolute elterliche Autorität geltend machen können. Der Mißbrauch derselben* ist gleichsam ein *roher Ersatz* für die viele Unterwürfigkeit und Abhängigkeit, denen sie sich in der bürgerlichen Gesellschaft mit oder wider Willen unterwerfen. Gevatter und Gevatterinnen kamen zu dem Lärm hinzugelaufen und machten Chorus. Das Gefühl der Scham, welches diese abscheuliche Szene hervorrief, brachte das Kind zu dem Entschluß, sich das Leben zu rauben; raschen Schrittes stieg sie herab, mitten durch die schimpfenden und fluchenden Gevattersleute, mit geistesirren Blicken, stürzte zur Seine und warf sich in den Fluß; — die Schiffsleute zogen sie tot aus dem Wasser, geziert mit ihrem Hochzeitsschmuck. (...)

Ein Arzt konsultierte mich eines Tages über einen Tod, dessen Veranlassung gewesen zu sein er sich selbst anklagte.

Eines Abends, bei seiner Rückkehr nach Belleville, wo er wohnte, wurde er in einer kleinen Straße, in deren Hintergrund seine Türe war, im Dunkel von einem verschleierten Weibe angehalten. Sie bat ihn mit zitternder Stimme, sie zu hören. In einiger Entfernung ging eine Person, deren Gesichtszüge er nicht unterscheiden konnte, auf und ab spazieren. Sie wurde überwacht von einem Mann. „Mein Herr," sagte sie ihm, „ich bin schwanger, und wenn dies entdeckt wird, bin ich entehrt. Meine Familie, die Meinung der Welt, die Leute von Ehre werden mir nicht verzeihen. Die Frau, deren Vertrauen ich getäuscht habe, würde verrückt und würde sich unfehlbar von ihrem Manne scheiden lassen. Ich verteidige nicht meine Sache. Ich stehe mitten in einem Skandal, dessen Ausbruch mein Tod allein verhindern könnte. Ich wollte mich töten, man will, daß ich lebe. Man hat mir gesagt, daß Ihr mitleidig seid, und dies gab mir die Überzeugung, daß Ihr nicht der Mitschuldige am Mord eines Kindes sein werdet, wenn auch dies Kind noch nicht in der Welt ist. Ihr seht, es handelt sich um ein Abtreiben der Frucht. Ich werde mich nicht zur Bitte erniedrigen, zur Beschönigung dessen, was mir das verwerflichste Verbrechen scheint. Ich habe nur fremden Bitten nachgegeben, indem ich mich Euch präsentiere; denn ich werde zu sterben wissen. Ich rufe den Tod herbei, und dafür habe ich niemand nötig. Man gibt sich den Anschein, Vergnügen am Begießen des Gartens zu finden: man zieht sich dazu Holzschuhe an: man wählt eine schlüpfrige Stelle, wo man alle Tage Wasser schöpfen geht, man richtet es so ein, im Behälter der Quelle zu verschwinden; und die Leute sagen, daß das ein „Unglück" war. Ich habe alles vorhergesehen, mein Herr. Ich wollte, daß es den andern Morgen wäre, ich würde von ganzem Herzen gehn. Alles ist vorbereitet, damit es so sei. Man hat mir gesagt, es Euch zu sagen, ich sage es Euch. Ihr habt zu entscheiden, ob ein Mord oder ob ihrer zwei stattfinden werden. Weil man von meiner Feigheit den Eidschwur erhalten hat, daß ich mich ohne Rücksicht Eurer Entscheidung überlassen werde. — Entscheidet!"

„(...) Ich (Der Arzt, L. L.) gab eine *abschlägige* Antwort; die Dame entfernte sich schnell; das Geräusch eines Kabriolets überzeugte mich, daß ich nicht wieder gut machen konnte, was ich getan hatte."

„Fünfzehn Tage nachher brachten mir die Zeitungen die Lösung des Geheimnisses. Die junge Nichte eines Pariser *Bankiers,* höchstens 18 Jahre alt, geliebte Mündel ihrer Tante, die sie nicht mehr aus den Augen gelassen hatte seit dem Tode ihrer Mutter, war ausgeglitscht in einen Bach auf dem Gut ihrer Vormünder, zu Villemomble, und ertrunken. Ihr Vormund war untröstlich; in seiner Eigenschaft als Onkel durfte er, der feige Verführer, sich seinem Schmerz vor der Welt überlassen."

Man sieht, in Ermangelung eines Besseren ist der Selbstmord die äußerste Zuflucht gegen die Übel des Privatlebens.

5. Siegmund Engländer: Die Aufführung der Maria Magdalena von Hebbel auf dem Hofburgtheater zu Wien im Mai 1848. In: Jahrbuch für dramatische Kunst und Literatur. Jg. 1848, S. 195 ff. (abgedruckt bei H. Wütschke: Hebbel in der zeitgenössischen Kritik. Berlin 1910, S. 204 ff.).

Der bis zur Märzrevolution und dann wieder in seinem Londoner Exil Hebbel freundschaftlich verbundene Siegmund Engländer hat die Wiener

Erstaufführung von „Maria Magdalene" als revolutionäres politisches Ereignis gewertet. Seine Einschätzung wird zunächst rezeptionsästhetisch, in der Wendung gegen die vormaligen Aristokraten-Divertissements, begründet. Darüber hinaus schreibt Engländer, indem er Hebbels Einseitigkeitstragödie auf den „schrecklichen Conservativismus" des Familienlebens bezieht, dem Stück einen bürgerkritischen Impuls zu.

Der abstracte Gedanke, daß auch wir Österreicher die Freiheit erobert haben, wird durch jede concrete Thatsache, die als eine Äußerung der Freiheit zu betrachten ist, in uns zum lebendigen Jubelgefühl. Wie seltsam wird Jemanden, der in die Hauptstadt des Landes der Phäaken zu kommen wähnt, zu Muthe, wenn er den schrillenden Ton der Freiheit durch die kühnsten Plakate von allen Mauern herabschreien hört! Man braucht eine Scene, wie daß ein entdeckter Polizeispion vom Volke an den Pranger ausgestellt und in einem Hundewagen unter entsetzlichem Pfeifen und Miauen durch ganz Wien herumgeführt wird, man bedarf des Anblicks einer Hökerin, welche die bittersten Satyren gegen das Ministerium und die Geistlichkeit mit derselben monotonen Gelassenheit ausruft, wie früher ihre Äpfel, man braucht solche Scenen als Bestätigung, daß man wirklich nicht träume und der Strahl der Freiheit in der That auch bei uns das Leben wach geküßt habe. Eine solche Thatsache zur Bestätigung, das wir wirklich frei geworden, war auch die *Aufführung der Maria Magdalena im Burgtheater.* Man muß nur wissen, was das Burgtheater früher war, um eine solche Aufführung würdigen zu können. Das Burgtheater war der große Kochtopf, in welchem die Poesie zu Muß weichgekocht wurde, es war die Privatunterhaltungsanstalt einer satten Aristokratie, die in den Schlafsesseln ihrer Logen dem tändelnden Spiele der Nebelbilder auf der Bühne zusah. Die Hochadeligen, die nach dem französischen Modenjournal frisirt waren, sahen mit Vergnügen in den Übersetzungen auch im Theater einen französischen Modeartikel vor sich. Das Volk wurde nicht anders vertreten, als durch Iffland'sche Jammerstücke, wobei dem Logenpublikum so zu Muthe war, wie den alten Römern, wenn sie ihre Sklaven einkauften und sie früher ganz nackt betrachteten; die Aristokratie sah mit Wollust die Anatomie eines hungernden Magens und das schwere, niederdrückende Gewicht eines leeren Beutels, und lorgnettirte höhnisch die Zuschauer auf den Gallerien, die vor Scham weinten, daß das Geheimniß ihrer Stube verrathen sei. Jetzt hat das Volk wahrhaft von dieser Bühne Besitz genommen; es ist nicht mehr Iffland und seine Consorten, welche einem neugierigen, aristokratischen Publikum das Auskehricht der Familienstuben analysirt, sondern ein wirkliches Volksstück, vor welchem ein gewisser Theil des Publikums erschrecken muß, wurde unter übergroßem Andrang der Zuschauer aufgeführt. Die Aufführung der *Maria Magdalena* im Burgtheater, ohne daß eine Stelle dabei gestrichen oder verändert wurde, ist ein *politisches Ereigniß,* eine Manifestation des frei gewordenen Volkes und wird hier allgemein als Epoche machend in der Geschichte des Burgtheaters bezeichnet. Hebbel feierte dabei einen Triumph, wie er bei den schreckenden Elementen seiner Dichtung und der Gewöhnung des hiesigen Publikums an Halm'sche Syruppoesie gar nicht zu erwarten war. Er wurde nach jedem Akt stürmisch gerufen, und da stets ein Regisseur in seinem Namen dankte, so ruhte das Publikum am Schlusse mit seinen Beifallsbezeugungen nicht, bis Hebbel selbst auf der Bühne erschien und er nun dreimal unter ungewöhnlichem Applaus hervorgerufen wurde. Auch in den beiden folgenden Aufführungen wurde er jeden Abend gerufen. Gewiß wurde dieses Drama in keiner Stadt Deutschlands so ohne alle Prüderie von den Zuschauerinnen aufgenommen wie hier, und man erkannte bei dieser Gelegenheit ein gesundes, sittlich beruhigtes Publikum. Die Darstellung war meisterhaft. Schon im Allgemeinen wurde durch den gemeinsamen, verhaltenen Ton der Darstellung das Gefühl der Öde des Familienlebens in der Brust des Zuschauers geweckt. Man sah durch die lebendige Aufführung noch mehr, wie jede einzelne Person im Stücke ihre besondere Linie verfolge und davon nicht abweichen könne. Wenn die Mutter dem Meister Anton, der sie um einen Kuß bittet, erwiedert: „Das fiel dir lange nicht mehr ein!", wenn der alte Tischler bei der Leiche seines Weibes sich von Klara blos beschwören läßt, daß sie ihm die Linie seiner starren, bürgerlichen Ehre nicht verwischen werde, wenn Klara geht, sich in den Brunnen zu werfen, und Karl dabei ein Lied singt, welches ihm eine neue Lebensbahn in die Seele zaubert, fühlt man erschreckend klar, wie jede einzelne Person einseitig ihren Weg verfolgt, und daß ein solches Familienleben, auch wenn kein specielles tragisches Ereigniß eintritt, an und für sich schon tragisch sei; man spürt gleich beim Beginn den heißen, tragischen Boden unter sich. Noch schrecklicher wird diese Empfindung dadurch, daß man jeden Augenblick in die früheren Generationen zurückblicken kann und stets dieselbe Einseitigkeit und Beschränktheit der Lebensinteressen wahrnimmt. Die Mutter sagt, wie sie Klara segnet, daß sie denselben Segen einst von ihrer alten Mutter empfangen habe, und erzählt ihr von der alten Zeit Züge derselben Beengtheit. Meister Anton lebt nur in der alten Zeit, ironisirt bitter die Gewohnheiten der jungen Welt, und wie er seine Jugendgeschichte erzählt, sieht man, daß dieser Familienzustand im engsten Zusammenhang mit der Vergangenheit stehe; und in der eisernen Gewalt, welche er auf seine ganze Umgebung ausübt, sieht man seine Absicht, diese Einrichtung der Familie auch fortzusetzen. Der Sekretair sieht bei seiner Zurückkunft die Möbel noch auf dem Platz stehen, wo er sie als Kind gesehen, und wenn allerlei Namen von Nachbarn genannt werden, so erinnert uns dies nur, daß derselbe schreckliche Conservativismus des Lebens auch bei diesen herrsche. So wie die einzige Schuld Klara's darin besteht, daß sie sich nicht als selbstständiger Mensch fühlt, weil ihre Eltern ihr Leonhard als künftigen Bräutigam hinstellen, sich an ihn gebunden glaubt, in seinem Begehren nur „ein Einfordern einer Schuld" erblickt und ihm, gerade weil ihre Jugendliebe wieder erwacht, nachgeben zu müssen glaubt, ebenso sind auch alle übrigen Personen, der Meister Anton mit seinem Begriff von Moral und Ehre, sogar der Sekretair mit seinem „Darüber kann kein Mann hinweg" nur wegen der anderen Bürger in ihren Lebensgrundsätzen bestimmt, und in Keinem kommt das freie Menschheitsgefühl zum Ausdruck. (...)

6. *Hermann Hettner: Das moderne Drama. Ästhetische Untersuchungen. Braunschweig 1852. In: H. H.: Schriften zur Literatur. Berlin 1959, S. 206—209.*

Hermann Hettner, seit Hebbels italienischer Reise mit ihm bekannt, hat in seinen „Ästhetischen Untersuchungen" über das „moderne Drama" engagiert für das bürgerliche Trauerspiel vor allem im Sinn einer sozialen Ideen-Tragödie und, trotz einiger Vorbehalte, auch für „Maria Magdalene" plädiert. Hettners „Untersuchungen", die eingestandenermaßen von Hebbels „Vorwort" inspiriert sind, nehmen wie Roberts Briefe auf Goethes „furchtbares Machtwort" über die Unvereinbarkeit von „Misère" und Größe" Bezug. „Geldsachen" werden wie bei Robert und Hebbel ausgeschlossen: Die Insistenz der Abwehr bekräftigt die Permanenz des Motivs.

Bei Lessing erschüttert uns nirgends die tiefe Tragik tiefer Naturen; immer und überall läuft auch bei ihm noch alles auf die hausbackenste Moral hinaus! *Miß Sara Sampson* und *Emilia Galotti* drehen sich einzig um die alleräußerste Spitze des äußeren Moralgebots, um die jungfräuliche Keuschheit, *Minna von Barnhelm* sogar um peinliche Delikatesse in Geldsachen (...).

Und nun gar die vielberufenen Familienstücke der Schröder,

Iffland und Kotzebue! Es ist wahr, diese Stücke alle haben den großen Vorzug, daß sie unserem eigensten Leben entnommen sind. Sie sind national; deshalb packen und zünden sie die Massen. Aber was sie darstellen, das ist nicht verklärende Poesie, sondern eben nur die splitternackte Wirklichkeit selber. Das Schicksal in diesen Stücken ist ein Bankerott, die Lösung ein reicher Vetter aus Lissabon oder Mexiko, der die Schulden bezahlt und die reumütige Familie in ihre alte Herrlichkeit wieder einsetzt. Es soll, wie der Dichter sagt, das Christlich-Moralische rühren und was recht populär, häuslich und bürgerlich ist.

„‚Was? Es dürfte kein Cäsar auf euren Bühnen sich zeigen,
Kein Achill, kein Orest, keine Andromache mehr?'
‚Nichts! Man siehet bei uns nur Pfarrer, Kommerzienräte,
Fähndriche, Sekretärs oder Husarenmajors.'
‚Aber ich bitte Dich, Freund, was kann denn dieser Misère
Großes begegnen, was kann Großes denn durch sie geschehn?'
‚Was? Sie machen Kabale, sie leihen auf Pfänder, sie stecken
Silberne Löffel ein, wagen den Pranger und mehr.'
‚Woher nehmt Ihr denn aber das große gigantische Schicksal,
Welches den Menschen erhebt, wenn es den Menschen zermalmt?'
‚Das sind Grillen! Uns selbst und unsre guten Bekannten,
Unsern Jammer und Not suchen und finden wir hier.' "

Freilich, wenn diese Armseligkeiten das eigentlichste Wesen des bürgerlichen Dramas sein sollen, wer dürfte da zaudern, es für immer aus dem Reich der Poesie zu verweisen?

Aber diese trocken moralisierenden Trauerspiele und dieser dürre Familienjammer, sind sie denn wirklich das eigenste Wesen des bürgerlichen Dramas?

Nimmer!

Es ist durchaus ohne Grund, daß man bei dem Namen des bürgerlichen Trauerspiels immer nur an Spielschulden und verkannte Unschuld und ähnliche spießbürgerliche Jämmerlichkeiten zu denken pflegt. Soll dieser Name überhaupt einen Sinn haben, so ist er nur als Gegensatz gegen die historische oder mythische Tragödie zu fassen, und er kommt dann ohne Unterschied allen solchen Stücken zu, die sich im Kreise der Familie und der Gesellschaft bewegen. (...)

Nur Könige oder bedeutende geschichtliche Helden sollten ein bedeutendes, weltbewegendes Schicksal haben? Und in der Enge häuslicher Kreise sollte kein großes, gigantisches Schicksal sein, sondern nur niedriger Jammer und prosaisches Elend? Unbegreifliche Kurzsichtigkeit! Durchzuckt ein großer Schmerz nicht alle Teile des Körpers gleichmäßig und oft den unscheinbarsten Nerv am allermächtigsten? Wo ist derjenige, der sich heut vor uns hinstellen könnte, ohne daß er stolz oder beschämt gestehen müßte, auch in seinem Inneren suche ich die furchtbare Tragödie der Gesellschaft ihr Opfer?

Ich behaupte gerade umgekehrt, eben weil uns jetzt und in der nächsten Zukunft fast mehr noch als die politischen Kämpfe die sozialen Fragen beschäftigen werden, darum wird auch die kommende Dramatik uns weit mehr soziale als politische Kämpfe darstellen. Das bürgerlich soziale Drama ist jetzt in diesem Sinne weit historischer als das historische Drama selbst. (...)

In dieser Beziehung aber ist es von der höchsten Wichtigkeit, sich vor allem dasjenige Gesetz klar vor Augen zu stellen, das das Grundgesetz der gesamten Dramatik ist und das namentlich im bürgerlichen Drama heutzutage von den meisten Dramatikern fast gänzlich außer acht gelassen wird.

Dies Grundgesetz lautet: Das bürgerliche Drama ist wesentlich immer bürgerliches Trauerspiel. (...)

7. *Wilhelm Heinrich Riehl: Die Naturgeschichte des Volkes als Grundlage einer deutschen Social-Politik. Dritter Band: Die Familie. Stuttgart 1854, S. 150—163.*

Der konservative Kulturhistoriker und Novellist W. H. Riehl propagiert in seiner „Naturgeschichte des Volkes“ in praktisch-politischer Absicht die Idee des „ganzen Hauses“ als Grundlage gesellschaftlicher und staatlicher Autorität. Mit einer schon in der Romantik üblichen „Motivverschlingung“ tauchen allerdings in dem restaurativen Programm immer wieder diagnostisch scharfe Einsichten in die „Unnatur“ des sich etablierenden Bourgeois-Liberalismus auf.

(S. 150:) Die moderne Zeit kennt leider fast nur noch die „Familie,“ nicht mehr das „Haus,“ den freundlichen, gemüthlichen Begriff des ganzen Hauses, welches nicht blos die natürlichen Familienglieder, sondern auch alle jene freiwilligen Genossen und Mitarbeiter der Familie in sich schließt, die man vor Alters mit dem Worte „Ingesinde“ umfaßte. In dem „ganzen Hause“ wird der Segen der Familie auch auf ganze Gruppen sonst familienloser Leute erstreckt, sie werden hineingezogen, wie durch Adoption, in das sittliche Verhältniß der Autorität und Pietät. Das ist für die sociale Festigung eines ganzen Volkes von der tiefsten Bedeutung. (...)

Das Haus als Inbegriff einer socialen Gesammtpersönlichkeit, das „ganze Haus," hat der Vereinzelung der Familie weichen müssen. Hierin liegt eigentlich eine weit bedenklichere social-politische Thatsache als in der zunehmenden Lockerung der Familienbande. Das Familienbewußtsein stellt sich schon von selber wieder her; das Bewußtsein des Hauses aber wird, einmal erloschen, kaum wieder zu entzünden sein. Durch das Absterben des Hauses, als der halb naturnothwendigen, halb freiwilligen Genossenschaft, ist ein Mitglied zwischen der Familie und der Gesellschaftsgruppe verloren gegangen (S. 151:) und die günstigste Gelegenheit zur socialen Wirksamkeit und Machtentfaltung des Hausregiments vernichtet. (...)

(S. 153:) Früher hielt das Band, welches den Lehrling an den Meister fesselte, oft für das ganze Leben fest. Der Meister (S. 154:) stand auch dann noch als Patriarch dem Lehrling gegenüber, wenn dieser längst selber Meister geworden war. (...) Nicht aus Kriecherei und Bedientensinn entsprang dieses Herkommen, sondern aus der Pietät des deutschen Familiengeistes. Je mehr die freiwillige Anerkennung einer natürlichen Autorität in allen Bezügen unsers bürgerlichen Lebens altfränkisch ward, um so sicherer mußten die späteren Geschlechter politisch haltlos und social meisterlos werden. Wie will man jetzt neue künstliche Autoritäten im Gesellschaftsleben schaffen, bevor man den alten natürlichen einen neuen Widerhalt gegeben hat!

(S. 157:) Wenn der Familienvater, auch der vornehme und reiche, nicht mit dem Kaffeetisch das Tagewerk einleitet, sondern mit einem gemeinsamen Gebet, zu welchem sich Weib und Kinder und Gesinde — das „ganze Haus" — um ihn versammeln müssen, dann meint man wohl, das sei Zopf und Muckerei. Ein solcher gemeinsamer Antritt des Tagewerks ist aber ein Wahrzeichen des Zusammenhaltens und Zusammenhängens des „Hauses." Darum ist er ganz abgesehen von seiner sittlich-religiösen Bedeutung auch (S. 158:) in socialem Betrachte Gold werth. Wenn man nicht in die Kirche gehen konnte, dann las nach alter Sitte der Hausvater dem ganzen Hause am Sonntag Morgen aus der Postille vor. Um Weihnachts- und Neujahrsabend versammelte er das Haus um sich und las ein Kapitel aus der Bibel; das Gleiche geschah wohl auch an jedem Sonntag Abend. Ging die Familie zum Abendmahl, dann sprach der Hausvater als Eröffnung des Ganges zur Kirche ein

Gebet in der Familienhalle. Bei vereinzelten Bauerschaften geschieht das Alles noch. Merken die städtischen Väter denn nicht, daß sie mit dem Aufgeben dieser Sitten freiwillig eines der stolzesten Attribute ihrer Stellung im Hause aus der Hand gegeben haben? Wahrlich, der Hausvater sollte den letzten Rest, der ihm von der *hauspriesterlichen Würde* seiner Urahnen verblieben, nämlich das Amt, dem „ganzen Hause“ vorzubeten, nicht so leichtsinnig wegwerfen. Es steckt mehr Ehre, Rang und Herrscherrecht darin für einen stolzen Geist, als in einer ganzen Collection von Titeln und Orden. Gar viele arme Schächer von Familienvätern sehen das recht gut ein, fürchten aber doch, der „feingebildete“ Nachbar möge sich auslachen. Sie schämen sich nicht, wenig und nichts zu sein in ihrem Hause, aber viel zu sein, Priester und Herr des Hauses zu sein, deß schämen sie sich! „Die Feigheit ist's, die uns verdirbt,“ wie's in dem alten Burschenliede heißt. Denn es gehört mehr Muth und begeisterte Ueberzeugung dazu, in der Sitte, im socialen Leben, im Hause mit der Revolution zu brechen als im politischen. Der politisch-conservative Mann kann sich in bewegter Zeit höchstens verhaßt machen, der social-conservative aber wird dem ganzen vornehmen und geringen Pöbel lächerlich erscheinen, und das fürchtet der Philister weit mehr als jenes. Der nivellirende Radicalismus hat sich jetzt in die feste Citadelle der häuslichen und bürgerlichen Lebenspraxis zurückgezogen, und wir dürfen uns nicht verhehlen, daß der social Conservative heute noch ganz in derselben ungedeckten Position ficht, wie der politisch Conservative Anno achtundvierzig, und er hat nicht darauf zu hoffen, daß (S. 159:) ihm jemals Polizeidiener, Gendarmen und mobile Colonnen secundiren werden. Viel Feind, viel Ehr! (...)

(S. 161:) Auch das Verhältniß der Gesellen zum Meister, des Gehülfen zum Geschäftsherrn, welches im „feudalen alten Europa“ vordem eine Art Adoption war, ist in der neuen Welt zum bloßen Miethvertrag veräußerlicht worden. In den deutschen Großstädten ist man theilweise auch schon zu diesem Fortschritte gekommen. Gesellen werden nach der Stückzahl ihrer Arbeiten bezahlt oder vermiethen sich auf kurze Dauer, für bestimmte einzelne Arbeiten. Fragen die ökonomischen Vertheidiger der Gewerbefreiheit auch nach den ungeheuern *sittlichen* und *socialen* Nachtheilen, die aus diesen Verhältnissen erwachsen? Und wenn auch aus keinem andern Grund, so wäre schon allein um deßwillen das Innungswesen einer verjüngten Wiederherstellung würdig, weil nur durch Innungen das familienhafte Verhältniß zwischen Meister und Gesell dauernd wieder befestigt werden kann. (...)

(S. 162:) Hier kann uns Deutschen recht klar werden, wie viele Nachklänge des alten Zunft- und Gewerbewesens in den häuslichen Sitten unsers kleinen Gewerbestandes noch festsitzen. Die Sitte des Hauses und die Satzung der Gilde bedingen sich gegenseitig. Was für die Festigung dieser Sitte des Hauses bei der Aristokratie Hausgesetze und Familienverträge gewirkt haben, das wirkte im Bürgerstand das Gesetz der Gewerbgenossenschaft. In Amerika kann es vorkommen, daß sich ein Geselle auf Monatsgage arglos ohne weitere Klausel vermiethet, und wenn der Zahltag kommt, zahlt ihm der Meister etwa nur Dreiviertheile des Bedungenen unter dem Vorgeben, der Rest gleiche den Schaden aus, den ihm der Geselle durch Abnützung der Werkzeuge, mißlungene Versuche u. dgl. gemacht! Eine solche Ueberlistung würde bei unsern Handwerksmeistern auch der ärmste Teufel, der zäheste Geizhals für schimpflich halten, und zwar lediglich deßhalb, weil in ihm noch immer der Gedanke dämmert, daß ein Gesell als Genosse des Hauses nach nobleren Grundsätzen behandelt werden müsse als ein fremder Dritter, mit dem man bloß einen Miethvertrag abgeschlossen hat. Dahinter spuken alte, scheinbar längst begrabene Zunftideen.

Wenn der Geselle nicht einmal einen Wochen- oder Monatslohn erhält, sondern nach der Zahl der gearbeiteten Stücke bezahlt wird, dann ist die vollständigste Ablösung vom Hause des Meisters damit attestirt und besiegelt. Solange bei uns der Geselle noch einen wesentlichen Theil seines Lohnes in Naturalleistungen, in Kost und Wohnung, bezieht, dürfen wir die Hoffnung nicht aufgeben, daß für den gewerbtreibenden Mittelstand der Begriff des „ganzen Hauses“ gar verloren sei.

Als das Verhaltniß des Gesellen zum Meister noch ein durchaus familienhaftes war, erhielt er gar keinen Lohn, sondern nur die häusliche Verpflegung, dazu höchstens ein geschenktes Geld. In dem Maße als der Geselle mehr in klingender Münze bezahlt wird, löst sich dieses Verhältniß. Ebenso geht es beim Gesinde. In einem alten Handwerksburschenlied zeigt sich jener innige (S. 163:) Zusammenhang der häuslichen Verpflegung mit der Hausangehörigkeit recht klar empfunden. Der Geselle zählt je in einem Verse auf, was er an jedem Wochentage arbeitet und was ihm dafür zu Theil wird; zuletzt am Samstag zahlt ihm der Meister den Lohn, aber zu allerletzt in der Sonntagsfrühe geht er noch zur Frau Meisterin „und kriegt ein reines Hemde“. Solange die Handwerksburschen diesen Vers vom „reinen Hemde“ noch singen können, brauchen wir uns noch nicht vor nordamerikanischen Zuständen zu fürchten.

Das seit der französischen Revolution immer ungestümer andrängende Begehren, alle öffentlichen und privaten Naturalleistungen in Geld zu verwandeln, hat seine tiefe sociale Schattenseite. Bisher hat man nur die (oft gleichfalls problematischen) wirthschaftlichen Lichtseiten ins Auge gefaßt. Wie das Ingesinde durch die ausschließliche Geldlöhnung frei gemacht von den Banden des Hauses und also auch dem Hause entfremdet wird, so treibt die Kapitalisirung der Naturalabgaben den Bauer aus seiner ländlichen Abgeschlossenheit in die Stadt, und wo er sonst dem Grundherrn patriarchalisch verhaftet war, wird er es jetzt dem Geldjuden — aber jedenfalls nicht patriarchalisch.

8. David Cooper: Der Tod der Familie. Deutsch von Edwin Ortmann. Reinbek: Rowohlt Taschenbuch Verlag 1972, S. 21—24.

David Cooper, radikaler Anti-Psychiater, ehemaliger Mitarbeiter Ronald D. Laings, analysiert in seinem anti-familialen Manifest „die" Familie als „Form der Nicht-Begegnung" und „heimlichen Selbstmordpakt". Eine differenzierte historische Konturierung wird dabei nicht versucht. Indes werden einige der Grundverhältnisse sichtbar, die auch Hebbels obsolet erscheinendem kleinbürgerlichen Familien-Trauerspiel weiterhin eine fatale Aktualität verbürgen.

Fassen wir einige der Faktoren zusammen, die in der Familie — häufig mit tödlichen, immer aber mit verdummenden Folgen — wirksam sind. Später werden wir die Möglichkeiten ihrer Umkehrung ins Gegenteil untersuchen.

Erstens kleben die Leute aneinander, weil sie das Gefühl haben, allein unvollständig zu sein. Ein Musterbeispiel hierfür ist die Mutter, die sich als Einzelperson für unvollkommen hält (Ursache ist eine komplexe Reihe von Gründen, deren wichtigster gewöhnlich die Beziehung der Mutter zu *ihrer* Mutter ist sowie die generelle Unterdrückung der extrafamiliären sozialen Betätigung der Frau). In diesem ganzen kolloiden Familiensystem fesselt sie zum Beispiel ihren Sohn an sich, damit er zu jenem Teil wird, von dem sie glaubt, daß er ihr fehle (d. h. jener Teil, dessen Fehlen ihre Mutter sie „gelehrt" hatte) und zu jenem Teil, der ihr tatsächlich fehlt (auf Grund ihrer objektiven sozialen Unterdrückung). Auch wenn es ihm „gelingen" sollte, sein Elternhaus zu verlassen und zu heiraten, kann es sein, daß der Sohn sich als Person auch nicht weiter entwickelt als die Mutter, weil er sich während der kritischsten Jahre seiner „Formung" als Fortsatz ihres Körpers (er: ihr Penis) und ihres Geistes (er: ihr Geist-Penis oder Ersatz für die ihr sozial vorgeschriebene Unwirksamkeit) begriff. In der extremsten Form dieser Symbiose kann sein einzig möglicher Ausweg in einer Reihe von Handlungen bestehen, die dazu führen, daß man ihn als schizophren kennzeichnet, in eine Kopie der Familie, in die Nervenklinik, einweist (ein Prozent der Bevölkerung macht zu irgendeinem Zeitpunkt im Leben diese Erfahrung). Wahrscheinlich die einzige Möglichkeit, sich von der an einer (sic!) klebenden Familie und von deren Kopien, den sozialen Institutionen, zu befreien, ist die Liebe. Ironischerweise wird jedoch das zu einer solchen Loslösung nötige Maß an Liebe nur erreicht, wenn diese ein gewisses — gewöhnlich als ihr nicht wesenseigen empfundenes — Stadium durchschreitet — das Stadium völliger Achtung vor der eigenen Autonomie und vor der Autonomie aller anderen.

Zweitens spezialisiert sich die Familie auf die Schaffung von Rollen für ihre Mitglieder, anstatt Vorbedingungen zu schaffen für die freie Annahme der Identität jedes ihrer Angehörigen. Ich meine hier nicht Identität in einem starren, essentialistischen Sinne, sondern ein unabhängiges, verwundertes und höchst aktives Bewußtsein dafür, wer man ist. Bezeichnenderweise wird das Kind in der Familie gewöhnlich mit dem Wunsch indoktriniert, es möge ein bestimmter Sohn oder eine bestimmte Tochter (und später ein bestimmter Ehemann und Vater oder eine bestimmte Ehefrau und Mutter) aus ihm werden, ausgestattet mit einer genau vorgeschriebenen Bewegungs-„Freiheit“ im engen Rahmen eines starren Bezugssystems. Anstatt die — gefürchtete — Möglichkeit zu haben, aus einer gewählten und selbst gefundenen Ichmitte heraus zu handeln, also im guten Sinne auf sich *selbst zentriert* zu sein, wird man zur Unterwerfung oder zur Exzentrizität erzogen. „Exzentrisch“ in diesem Kontext bedeutet normal oder bedeutet, auf die übliche Weise von der eigenen Ichmitte entfernt zu leben, so daß diese Mitte zu einem vergessenen Bereich wird, aus dem sich nurmehr unsere Traumstimmen an uns wenden, aber in einer Sprache, die wir ebenfalls vergessen haben. (...)

Ein wohlerzogener, exzentrischer, normaler Mensch sein heißt, die ganze Zeit relativ zu anderen leben — so aber entsteht aus der Indoktrination durch die Familie jenes destruktive Spaltungssystem, das bewirkt, daß man im späteren Leben in sozialen Gruppen immer als der eine oder andere Teil einer Dualität funktioniert. Im Grunde haben wir es hier mit einem heimlichen Einverständnis auf dem Parameter Ablehnung/Anerkennung der eigenen Freiheit zu tun. Man lehnt gewisse eigene Möglichkeiten ab, und diese abgelehnten Möglichkeiten deponiert man dann im anderen, während dieser seinerseits Möglichkeiten entgegengesetzter Art in einem selbst deponiert. In der Familie stoßen wir auf die eingebaute Antithese vom Erzieher (Eltern) und vom Erzogenen (Kinder). Jede Möglichkeit der Kinder, ihre Eltern zu „erziehen", wird abgelehnt. Die sozial auferlegte „Pflicht" der Eltern erstickt schließlich jede Freude, die diese Rollenverteilung zerschlagen könnte. Diese Zwangsstruktur wird später auf jedes andere institutionelle System, an dem die in der Familie erzogene Person teilhat, übertragen. (...)

Drittens errichtet die Familie in ihrer Funktion als Sozialisator im Kind soziale Kontrollen, bekanntlich mehr, als das Kind benötigt, damit es seinen Weg durch dieses Hindernisrennen findet, vorgezeichnet von den extra-familiären Vermittlern des bourgeoisen Staates, nämlich von der Polizei, den Verwaltungsbeamten der Universität, den Psychiatern, Sozialarbeitern oder der späteren „eigenen" Familie, die das Modell der Familie des Kindes passiv kopieren — obgleich die Fernsehprogramme heutzutage natürlich etwas anders geartet sind. Dem Kind wird in der Tat primär beigebracht, nicht in der Gesellschaft zu überleben, sondern sich ihr zu unterwerfen. Oberflächenrituale wie zum Beispiel gute Umgangsformen, organisierte Spiele, mechanische Lernvorrichtungen in der Schule ersetzen die tiefgreifenden Erfahrungen spontaner Kreativität, erfinderischen Spiels, frei sich entfaltender Phantasien und Träume. Diese Lebensformen müssen systematisch unterdrückt, vergessen und durch Oberflächenrituale ersetzt werden. (...)

Viertens (...) gibt es ein ausgeklügeltes Tabusystem, das jedem Kind von seiner Familie eingeprägt wird. Erreicht wird dies, wie die Anerziehung sozialer Kontrollen überhaupt, durch die Einpflanzung von Schuldgefühlen — das Schwert des Damokles, das auf jeden herabstürzen wird, der seine eigene Wahl und seine eigenen Erfahrungen jenen vorzieht, die einem von der Familie und der weiteren Gesellschaft auferlegt werden. Wenn man hinreichend kopflos handelt und diese Pflichtsysteme offen mißachtet, wird man, sinnbildlich gesprochen, sofort um einen Kopf kürzer gemacht! Der „Kastrationskomplex", weit davon entfernt, eine krankhafte Erscheinung zu sein, ist für die bourgeoise Gesellschaft eine soziale Notwendigkeit, und erst wenn Leute befürchten müssen, ihn zu *verlieren,* begeben sich viele unter ihnen bestürzt in therapeutische Behandlung — oder sie erfinden eine neue Form von Revolution.

Das Tabusystem, das die Familie lehrt, reicht weit über die offenkundigen Inzesttabus hinaus. So gibt es zum Beispiel eine Beschränkung der sensorischen, zwischenmenschlichen Kommunikationsweisen aufs Audio-Visuelle, und ausgeprägte Tabus richten sich gegen das Berühren, Beriechen oder Beschmecken der Familienmitglieder untereinander. Kinder mögen mit ihren Eltern noch so herumtoben, aber die erogenen Zonen beider Teile werden dabei immer tabu sein. Was für einen linkischen, gespreizten und schiefen Eindruck es doch macht, wenn zum Beispiel heranwachsende Söhne ihre Mütter küssen! Jeder in der Familie hat das Gefühl, daß transsexuelles Umarmen und Drücken nur allzu rasch in eine Zone „gefährlicher" Sexualität abtreiben kann. Dieses Tabusystem wendet sich vor allem gegen Zärtlichkeiten, ein Komplex, den Ian Suttie (in *Origins of Love and Hate*) ausgezeichnet beschrieben hat. Zärtlichkeit darf in der Familie empfunden werden, gewiß, aber ausgedrückt werden darf sie erst, wenn sie zu einem Fast-Nichts formalisiert worden ist. (...)

Wir brauchen keine Mütter und Väter mehr. Wir brauchen nur noch bemuttert und bevatert zu werden.

V. ZEITTAFEL

(Nach: Helmut KREUZER (Hrsg.): Hebbel in neuer Sicht. Stuttgart [2]1969, S. 334 ff., leicht veränderte und ergänzte Fassung).

1813 8. März: Christian Friedrich Hebbel geb. in Wesselburen/Holstein (damals dänisch); Vater: Maurer Claus Friedrich; Mutter: Antje Margaretha, geb. Schubart.

1815 Bruder Johann geb.

1817 Klippschule.

1819 Volksschule. Der Vater muß das von seinem Schwiegervater geerbte Haus verkaufen.

1827 Tod des Vaters. Dienst als Schreiber beim Kirchspielvogt Mohr in Wesselburen.

1835 Übersiedlung nach Hamburg, ermöglicht durch Amalie Schoppe. Liebesverbindung mit Elise Lensing. Beginn der Tagebücher. Anfänge des „Schnock".

1836 Von Hamburg nach Heidelberg, Freundschaft mit Emil Rousseau. „Anna"; Gedichte.
Im Herbst Abbruch des Jurastudiums, über Straßburg, Stuttgart (Cottas „Morgenblatt"), Tübingen (Uhland) nach München („Beppi" Schwarz). Vorlesungen von Görres und Schelling.

1838 Tod der Mutter.
Tod des Freundes Emil Rousseau.

1839 Fußreise von München nach Hamburg. Mitarbeit am „Telegraph" (Hrsg. Karl Gutzkow).

1840 „Judith"; Urauff. 1840 in Berlin, Druck 1841 bei Campe in Hamburg. Sohn Max geboren.

1841 Novelle „Matteo". „Genoveva". Lustspiel „Der Diamant".

1842 Die „Gedichte" erscheinen. Reise nach Kopenhagen. Großer Brand von Hamburg.

1843 „Mein Wort über das Drama!" Zweijähriges Reisestipendium von König Christian von Dänemark. Paris (Ruge, Heine); Freundschaft mit Bamberg. Sohn Max gestorben.
„Maria Magdalene".

1844 Sohn Ernst geb. (gest. 1847). Dissertation für Erlangen. Von Paris nach Rom.

1845 Reise nach Neapel. „Moloch" begonnen.
Im Herbst nach Wien. Bruch mit Elise; Verlobung mit der Burgschauspielerin Christine Enghaus.

1846 Heirat mit Christine.
„Ein Trauerspiel in Sicilien".
Emil Hebbel geb. (gest. 1847).

1847 Elise kommt auf Wunsch Christines nach Wien.
„Julia“; die Sammlung „Neue Gedichte“ erscheint
Tochter Christine Hebbel geb.

1848 Wandel durch die Revolution begünstigt Hebbels Werke auf der Bühne. Korrespondent der „Augsburger Allgemeinen Zeitung“. Deputation an Kaiser Ferdinand. Kandidatur für die Frankfurter Nationalversammlung, Rückkehr Elise Lensings mit Hebbels Stiefsohn Karl nach Hamburg.
„Herodes und Mariamne“.

1849 „Der Rubin“.
Freundschaft mit Emil Kuh.

1850 „Michel Angelo“.

1851 „Abfertigung eines ästhetischen Kannegießers“ (gegen Julian Schmidt).
„Nachspiel zu ‚Genoveva‘ “. „Agnes Bernauer“.

1852 „Agnes Bernauer“ in München uraufgeführt.

1854 Tod Elise Lensings in Hamburg.
„Gyges und sein Ring“.

1855 Die Sammlung „Erzählungen und Novellen“ erscheint.
„Die Nibelungen“ begonnen.
Hauskauf in Gmunden.

1857 Tiedgepreis für das Versepos „Mutter und Kind“.
„Demetrius“ begonnen.

1858 Reise nach Weimar.

1860 Bruch mit Emil Kuh.
Abschluß der „Nibelungen“.

1861 Uraufführung der „Nibelungen“ in Weimar.

1862 Reise nach London.

1863 Wiederaufnahme der Arbeit am „Demetrius“.
Schweres Leiden an der Todeskrankheit (Knochenerweichung).
13. Dezember: Hebbels Tod.

VI. LITERATURHINWEISE

1. *Zur „Maria-Magdalene"-Forschung*

Im Rahmen der Hebbel-Literatur nimmt die „Maria-Magdalene"-Forschung nicht nur quantitativ eine Sonderstellung ein. Innerhalb der Entwicklung Hebbels vor dem erneuten Rückgriff auf die Geschichte das bedeutendste seiner Gegenwartsdramen, in der Gattungstheorie und -geschichte des „bürgerlichen Trauerspiels" bzw. des sozialen Dramas ebenfalls eine Gelenkstelle, literaturgeschichtlich eine folgenreiche Antizipation Ibsens und des Naturalismus, theatergeschichtlich das meistgespielte und jüngst wieder meisterörterte Werk Hebbels, ist „Maria Magdalene" seit jeher besonders intensiv diskutiert worden. Geistesgeschichtliche bzw. ideologiekritische Fragestellungen haben dabei dominiert; indes ist die sonst so oft beklagte Vernachlässigung struktureller und formaler Aspekte hier nicht in dem üblichen Maße zu beobachten. Wenn ein Faktum der Rezeptionsgeschichte Erstaunen erregen kann, dann dies, daß dezidiert sozialpsychologische Ansätze bis vor kurzem weitgehend ausgeklammert worden sind — und das bei einem Werk, das dafür eigentlich genügend Stoff geboten hätte. Aus der Psychopathologie des Germanistenlebens? Jedenfalls ist dieses Familientrauerspiel den Interpreten weit näher gewesen, als die historistische Distanzierung glauben machen wollte.

Der Spielraum der Deutungen läßt sich mit den widersprüchlichen Tendenzen der Hebbelschen Selbstinterpretation umreißen: Unhistorisch-metaphysische Ansätze stehen durchweg gegen sozial- und ideologiekritische. Dazwischen ist ein weites Spektrum geschichtsphilosophisch und vor allem ethisch akzentuierter Ansätze anzusiedeln, die indes in der Regel wieder mit unhistorischen Thesen verknüpft sind. Die Wahl des „Helden" (Meister Anton wird bei den Pantragikern, Klara bei den Ethikern, Karl bzw. der Sekretär bei den auf eine positive Zukunftsperspektive erpichten Ideologiekritikern favorisiert) ist in allen Fällen signifikant. Doch mag das Faktum, daß die Forschung mit Ausnahme Leonhards und der Nebenfiguren alle Protagonisten erfolglos als Leitfiguren durchprobiert hat, zu bedenken geben, daß hier womöglich nur „problematische Naturen" zur Diskussion stehen.

Die folgende Skizze geht von den „Pantragikern" aus und endet nach der Andeutung verschiedener Mischpositionen entsprechend dem derzeit vorherrschenden Forschungsakzent bei den ideologiekritischen und sozialhistorischen Interpretationen. Zahlenangaben beziehen sich auf die in der Bibliographie genannten Titel.

Der Rückgriff auf Hebbels Theorie der „Gebundenheit des Lebens in der Einseitigkeit" bestimmt mehr oder minder deutlich die metaphysische Interpretation. Vier Beispiele: Das aufschlußreichste bietet die interpretatorische Parforcetour *A. Scheunerts,* der mit seinem „Pantragismus"-Begriff epochemachend für die Hebbel-Forschung geworden ist. Scheunert spricht zwar wiederholt von sozial relativer „Notwendigkeit" (107 ff. und 138 ff.) und sieht auch die Spannung, die zwischen konkretem Drama und prätendierter absoluter Tragödie herrscht, hält aber gleichwohl an der von Hebbel geforderten und vermeintlich praktizierten Betrachtungsweise fest, die im dramatischen „Symbol" die Pantragödie erblickt. *E. A. Georgy* entdeckt bei seiner Untersuchung des „Ideengehaltes" in „Maria Magdalene" eine allgemeinmenschliche, zeit- und geschichtslose Maßlosigkeitstragödie. — *G. Fricke* sieht in Meister Anton, der zum Menschen des „Alles oder Nichts!" avanciert, die „unauflösliche Dialektik" zwischen dem „Bedürfnis nach einer metaphysischen Sinngebung und der Erfahrung des Scheiterns jeder Realisierung", zwischen dem „Sittlich-Unbedingten" und dem „Vergänglichen und Relativen" (300 f.). *M. Sterns* Interpretation des „zentralen Symbols" in Hebbels „Maria Magdalene", die zu bemerkenswerten Einzelbeobachtungen gelangt und die bisher stringenteste formale Analyse bietet, hofft zu zeigen, daß „eine Urerfahrung des Dichters mit dem Raum" innerster Anlaß für Hebbel gewesen sei (28 f.). Der „Archetyp der Enge", die auch *G. Kleinschmidt* „als Grundmöglichkeit des Menschen" versteht (124), sei die „Seele" des Dramas. Näherhin soll das trotz des Hinweises auf Karl Ph. Moritz, der doch immerhin von einer „durch bürgerliche Verhältnisse unterdrückten Menschheit" spricht, nicht so verstanden werden, daß dem „absoluten Negativ" von „Enge und Gefangenheit" das von Karl antizipierte „Positiv der Weite" gegenüberstehe; vielmehr gelte es, die antithetische Erlebnisform und Wesensstruktur Hebbels mit ihren gleichgewichtigen und gleichnotwendigen Gegensätzen zu erkennen. Von hierher denkt Stern das ungewisse Schicksal Karls pantragisch zu Ende: „Der junge Tischler würde auf der See zugrunde gehn" (242).

Kritisch wird der vermutete Pantragismus von *H. Schlaffer* gegen Hebbel gewendet: Die „soziale Exotik" des Stücks, die

„Archaik der Gegenwart“ (122) resultiere aus dem Willen des Autors zur Tragödie. Ähnlich, wenngleich ohne negativen Akzent, motiviert *H. Reinhardt* den „tragischen Heroismus“ des archaischen „Hauptcharakters“ (186 ff.).

Die geschichtsphilosophische Interpretation zumeist hegelscher Provenienz sieht den Kern des Dramas in dem Kampf zwischen einer alten, dogmatisch-rigoristischen und einer neuen, vorurteilsfreieren und natürlicheren Moral (Bamberg, Rötscher, Walzel). Das solcherart auf die Entwicklungsgeschichte des „Geistes“ bezogene Weltentwicklungsdrama wird bei Bamberg und Rötscher aber dadurch sublimiert, daß die konkreten Antagonismen des bürgerlichen Trauerspiels als Abspiegelung eines allgemeinen „Weltgesetzes“ oder „Weltgegensatzes“ verstanden werden und trotz des vorausgesetzten Progressionsschemas auf die sittliche Berechtigung und Notwendigkeit *aller* gestalteten sittlichen Faktoren und die „Indifferenz“ des dramatischen Dichters abgehoben wird.

In den (wirkungsgeschichtlich folgenreichsten) Untersuchungen von *K. Ziegler, B. v. Wiese* und *K. May* verbinden sich existenzphilosophische, säkularisierte theologische und ethische Motive mit abstrakt gesellschaftskritischen. *K. Ziegler,* der „Maria Magdalene“ als ersten Schritt Hebbels von der unauflöslichen „Antinomie von Wirklichkeit und Wesen“ zum „Reich der Freiheit in Gesellschaft und Geschichte“ beschreibt, sieht zwar die „Nothaftigkeit des menschlichen Daseins“ zur „sozial bedingten“ und geschichtlich aufhebbaren Not konkretisiert (103 ff.), aber die als „Verhängnis, als Neiderin und Feindin menschlicher Innerlichkeit, Freiheit, Wesenhaftigkeit, als unbarmherzige Jägerin der menschlichen Kreatur“ charakterisierte Gesellschaft bleibt als das „Äußere, Äußerliche katexochen“ unspezifisch und — gerade im allgemeinen Begriff von „Geschichtlichkeit“ und „Gesellschaftlichkeit“ — unhistorisch. Außerdem wird ihr mit der „Gemeinschaft“, dem verständnis- und hilfevollen Miteinander, dessen positive Moral der Sekretär am Schluß vertrete, ein nicht minder abstrakter und unhistorischer Antipode entgegengesetzt. — *B. v. Wieses* düsterer gestimmte Interpretation, die „Maria Magdalene“ in die Nähe zum totalen Nihilismus rückt — von Klaras „Adel reiner Menschlichkeit“ gehe trotz ihrer Abhängigkeit von der väterlichen „Denkform“ der „einzige, wenn auch unendlich schwache, tröstende Schimmer“ aus —, betont zwar wiederholt den Zusammenbruch der bürgerlichen Normen und Werte, genauer: der geschichtlich entstandenen, patriarchalisch und pietistisch geprägten kleinbürgerlichen Moralität“ (592 ff.). Von einer „tendenziösen Anklage gegen die bürgerliche Gesellschaft" könne aber keine Rede sein. Es gehe vielmehr um die „Tragödie des Sozialen und seines mörderischen Zwanges", die Allmacht des „Hintergrundes". „Die Starrheit der bürgerlichen Gesellschaftsordnung" gerät von Wiese zum Ausdruck für einen Geschichtsaugenblick, in welchem die „Inkongruenz" Gottes zur Welt in ihrer ganzen Unaufhebbarkeit vom Menschen aufs schmerzhafteste erlitten werde. Diese Geistesgeschichtstheologie läuft in die pantragische Frage aus, „ob nicht Gott in dieser immer wieder notwendigen Gebundenheit und Enge *alles* Geschichtlichen (...) so sehr von sich abfällt, (...) daß nur noch die Zerstörung jeder begrenzten sozialen Welt übrigbleibt, das heißt, nur noch das hoffnungslose Scheitern des Menschen in der Unzulänglichkeit seiner irdischen Ordnungen" (596). Kein Wunder, daß sich der Interpret da vom Erschrecken über die „moderne Situation des Nihilismus" und theodizeefernen Relativismus getrieben zeigt. — *K. May* wiederum versucht, das Bild des Trauerspiels (wie Ziegler, gegen Wiese) aufzuhellen. Allerdings sieht er den Stern in der „nachtschwarzen Finsternis" (wie Wiese, gegen Ziegler) in der Gestalt Klaras leuchten, die seitdem zur Zentralfigur der Interpretation avanciert ist. (*H. Reinhardt* hat jüngst die „innere Leuchtkraft des tragischen Opfers" erneut zu erhellen versucht [183]). Für May überwindet Klara in „Eigentlichkeit (Selbständigkeit, Freiheit)" die lebensvernichtende und existenzverzehrende „tyrannische Herrschaft des Man", welcher Meister Anton in Uneigentlichkeit zeitnotbedingt verfallen sei. Diese in fundamentalontologischen Kategorien gefaßte Konstellation wird von May in einem zweiten, „Verständnis" genannten Schritt dahingehend konkretisiert, daß Klara die „schuldhafte, leidvolle und leidenschaffende Gebundenheit deutsch-bürgerlichen Lebens in einer Epoche der Lähmung der Glieder, der Stockung der Säfte, der Beschwerden des Atmens für den deutschen Menschen" zerreiße (54). Im Sinne des deutschen Volksgeistes habe Hebbel sein Bürgermädchen gegen den volksfremden jungdeutschen Zeitgeist durch ein duldendes Tun emanzipiert, durch das Klara zum „Mitsubjekt des Verhängnisses" werde. Das Telos dieses in „Maria Magdalene" noch eng familiären „Liebesopfergeistes" scheint May in „Agnes Bernauer" erreicht (ungeachtet dessen, daß es auch hier schwerfällt, ein Wesen zu entdecken, das sich „darbrächte" und nicht höchst handgreiflich „herausgedrängt" würde aus der Welt). *M. Garland,* die eine eindringliche Interpretation der Bibel-Zitate und -Assonanzen, daneben auch der kommerziellen Metaphorik bietet, hat (wie jüngst wieder *W. Wittkowski*) die These vom „Liebesopfergeist" der Titelheldin im christlichen Sinn erneuert: In der Analogie zur Passion Jesu werde der Geist christlicher Liebesethik wiederbelebt. *E. McInnes* wiederum, der die Frage nach dem Verhältnis der positivistisch-deterministischen Tendenzen, repräsentiert durch die „analytischen" Strukturelemente, zu den „moralischen" Motiven des Stücks systematisch zum Ausgangspunkt seiner Studie macht, sieht Klaras Opfer teils abhängig, teils frei von ihrer Welt.

Am Beginn der historisch-soziologisch und ideologiekritisch akzentuierten Interpretation feiert *S. Engländer* die Wiener Erstaufführung der „Maria Magdalene" als revolutionäres „politisches Ereigniß". Am entscheidenden Punkt der Wirkungsgeschichte wird so wie wenig später von *H. Hettner* bejaht, was später die Hauptfrage der historisch-soziologischen Analyse bildet: ob Hebbels Tischlertragödie ein sozialgeschichtlich repräsentatives Stück sei. *F. Mehrings* kritisches Urteil sieht das Stück auf dem Hintergrund eines gesamtgesellschaftlich irrelevanten und historisch obsoleten Kleinbürgertums: Die Tragödie, die sich in den vier Pfählen des Tischlermeisters Anton abspiele, sei in äußerst beschränktem Maße ein „Spiegel der Zeit" gewesen. H. Kreuzer, der in seiner Dissertation formuliert hatte, daß die den Rahmen des Dramas allein und uneingeschränkt ausfüllende kleinbürgerliche Welt als Sinnbild der unmenschlichen Welt des leidenden Menschen, der „Sozietät überhaupt" erscheine (280), hat in seinem wichtigen Hinweis auf die Peuchet-Memoiren und Marx' Übertragung gegen diese Relativierung des Bezugsrahmens und für ein sozialgeschichtlich adäquateres Verständnis plädiert. —

Für *S. Melchinger* erübrigen sich alle Differenzierungen: „ ‚Maria Magdalene' spielt in einer Gegenwart, die nirgends real da ist" (264). Nicht weniger pauschal, aber unter umgekehrtem Vorzeichen, bescheinigt *P. Michelsen* Hebbel, er habe in dem „gelungensten aller seiner Stücke" die sich „christlich tarnende Gesellschaft in seiner, in unserer Zeit" mit ihrer „unbarmherzigen Kollektivmoral" vor Gericht gestellt. Dem Bürgertum werde ein unbestechlicher Spiegel entgegengehalten.

Zwischen diesen Extremen liegt ein breites Spektrum unterschiedlich akzentuierter Analysen. *A. Tibal* schränkt den Horizont des Stücks zwar auf die Handwerker- und Kleinbürgerwelt ein, formuliert aber im Anschluß an *A. Eloessers* Darstellung der Geschichte des bürgerlichen Trauerspiels entschieden: „Hebbel (. . .) en voulant régénérer la tragédie bourgeoise, écrit la tragédie de la bourgeoisie." (546 ff.) Die Tragödie der Bourgeoisie wird von Tibal, der die aufschlußreichen „Memorabilien" Immermanns für die historisch-soziologische Analyse nutzt, mit der Krise des restaurativen Patriarchalsystems verknüpft. — *E. Dosenheimer*, die eine synkretistische Gesamtinterpretation vertritt, spricht trotzdem von einem „*absolut* sozialen Drama“, das soll heißen: „‚Maria Magdalene‘ ist ein soziales, aber kein sozialistisches Drama im ökonomischen Sinn. Die ‚Probleme der Besitzfrage‘ kommen hier noch nicht in Betracht. (...) Das Wirtschaftliche spielt wohl ein Rolle, aber nicht im Rahmen der Arbeitgeber-Arbeitnehmer-Frage, sondern in der dem Kleinbürgertum entsprechenden Form der Privatwirtschaft, als kleiner Verdienst und dessen Komplementierung durch Fleiß, Sparsamkeit, Genügsamkeit usw.“ (Das deutsche soziale Drama, (92). — *S. Strellers* Analyse differenziert genauer als bisher üblich zwischen den verschiedenen Repräsentanten der bürgerlichen Welt: „Die von Meister Anton repräsentierte Welt des Zunfthandwerks zerfällt. In ihr herrschte ein streng patriarchalisches Regiment. (...) In dem einsetzenden Sittenverfall, den Hebbel als Selbstzersetzung der kleinbürgerlichen Moral sehen möchte, (...) wird der Einbruch der kapitalistischen Welt, der freien Konkurrenz, sichtbar“. (105 ff.) Allerdings richte sich Hebbels Kritik „nicht gegen jene Kreise, in denen sich der Verfall der bürgerlichen Moral repräsentativ vollzieht, die Händler, Bankiers und Fabrikanten, sondern gegen jene Schichten, die für ihn die Tiefen der Gesellschaft, das heranwachsende Proletariat, vertreten“. (115) Nichtsdestoweniger lobt Streller die „humanistische Gesinnung“ des Dichters, der „schon hier den Prozeß der Verdinglichung (...) im konkreten Zusammenhang mit der gesellschaftlichen Entwicklung der Zeit, im Zusammenhang mit der bürgerlichen Gesellschaft“ wahrnehme und gestalte. — *H. Kraft* betont in der Wendung gegen die „Maria-Magdalene“-Kritik die welthistorisch repräsentativen und prospektiven Bezüge des „Kammerspiels“: Während überall noch „um die politische Freiheit des Bürgertums gekämpft wurde“, habe Hebbel schon den „gesellschaftlichen Zusammenbruch dieses Standes“ gezeigt. „‚Maria Magdalene‘ ist die dichterische Darstellung und Überwindung der bürgerlichen Gesellschaft des 19. Jahrhunderts“, deren „Pathographie“ Hebbel auch *B. Fenner* zufolge (239) schreibt.

Die Studie von *J. Berg* präzisiert demgegenüber die sozialgeschichtlichen Konturen der von Hebbel anvisierten „Bürgerlichkeit“, vor allem die pietistisch-zunfthandwerklichen Bezüge. *Fr. Sengles* epochengeschichtlich fundierte Darstellung wiederum beschreibt den ideologiekritischen Gehalt dahingehend, daß „am Symbol des Kleinbürgertums, das im Vormärz noch tief mit der überlieferten kirchlich-religiösen Ordnung verbunden war", die „Brüchigkeit der gesamten überlieferten Denkstruktur" gezeigt werde (Bd. III, 386). *P. Schütze* schließlich sieht „Maria Magdalene" als Bild einer Menschengeschichte, die in der von Hebbel dargestellten kleinbürgerlichen „deutschen Misere" tödlich erstarrt sei.

Die vorliegende Analyse versucht, im Anschluß an die Ergebnisse meiner Hebbel-Monographie ideologiekritische, sozialgeschichtliche und sozial-psychologische Ansätze miteinander zu verbinden. In der Anwendung der Thesen der Anti-Psychiatrie auf die „Maria-Magdalene"-Interpretation greift sie dankbar einige Ergebnisse der Freiburger Staatsarbeit von *D. Segler* (Der Tod der Familie im bürgerlichen Trauerspiel — Fr. Hebbels „Maria Magdalena", 1978) auf, die leider noch ungedruckt ist.

2. *Bibliographische Auswahl*

(Weitere Literaturangaben in den Anmerkungen)

a) Ausgaben

Friedrich Hebbel's sämmtliche Werke (hrsg. von Emil Kuh), Hamburg 1865—1867.

Friedrich Hebbels Briefwechsel mit Freunden und berühmten Zeitgenossen (hrsg. von Felix Bamberg), Berlin 1890—1892.

Friedrich Hebbel, Sämtliche Werke. Historisch-Kritische Ausgabe, besorgt von Richard Maria Werner.

1. Abt.: Werke, 2. Aufl., Berlin 1904 (= Neue Subskriptions-Ausgabe).

2. Abt.: Tagebücher, 3. Aufl., Berlin 1905.

3. Abt.: Briefe, Berlin 1904—1907.

Friedrich Hebbel, Sämtliche Werke nebst den Tagebüchern und einer Auswahl der Briefe (hrsg. von Paul Bornstein), Bd. 1—6, München 1911—1926.

Aus Friedrich Hebbels Korrespondenz, Ungedruckte Briefe von und an den Dichter nebst Beiträgen zur Textkritik einzelner Werke (hrsg. und erläutert von Friedrich Hirth). 2. Aufl., München und Leipzig 1913.

Neue Hebbel-Dokumente (hrsg. von Dietrich Kralik und Fritz Lemmermayer), Berlin und Leipzig 1913.

Friedrich Hebbels Persönlichkeit. Gespräche, Urteile, Erinnerungen (gesammelt und erläutert von Paul Bornstein), Berlin 1924.

Der junge Hebbel. Wesselburen. Lebenszeugnisse und dichterische Anfänge (hrsg. von Paul Bornstein), Berlin 1925.
Hebbel-Dokumente. Unveröffentlichtes aus dem Nachlaß (hrsg. von Rudolf Kardel), Heide 1931.
Friedrich Hebbel, Werke (hrsg. von Gerhard Fricke). Mit einem Lebensbild und einer Einleitung von Siegfried Streller, 7 Bde, Leipzig 1957.
Friedrich Hebbel. Der Mensch und der Dichter in Selbstzeugnissen (hrsg. von Gerhard Helbig), Leipzig 1958.
Neue Hebbel-Briefe (hrsg. von Anni Meetz), Neumünster 1963 (= Kieler Studien zur deutschen Literaturgeschichte 1).
Friedrich Hebbel, Werke (hrsg. von Gerhard Fricke, Werner Keller und Karl Pörnbacher), Darmstadt 1963—1967.
Der einsame Weg. Fr. Hebbels Tagebücher (hrsg. von Klaus Geißler), Berlin o. J.
Briefe an Fr. Hebbel (hrsg. von Moriz Enzinger in Zusammenarbeit mit Elisabeth Bruck), 1. Teil: 1840—1860, Wien 1973; 2. Teil: 1861—1863, Wien 1975.
Friedrich Hebbel: Briefe. Ursprünglich in Zeitungen und Periodika veröffentlichte Schriftstücke (nebst einigen bisher unbekannten), gesammelt und erläutert von U. Henry Gerlach, Heidelberg 1975.
Friedrich Hebbel: Maria Magdalena (= Reclams Universal-Bibliothek Nr. 3173), Stuttgart 1975.
Briefe von und an Friedrich Hebbel. Bisher unbekannte Schriftstücke, gesammelt und erläutert von U. Henry Gerlach. Heidelberg 1978.

b) Bibliographien und Forschungsberichte

H. Wütschke, Hebbel-Bibliographie, Berlin 1910 (= Veröffentlichungen der Deutschen Bibliographischen Gesellschaft 6, 1907).
Helmut Kreuzer: Zum Stand der Hebbel-Forschung. In: DU 1964, Beilage zu H. 4/1964.
Edna Purdie: Hebbel. Some aspects of research and criticism in the decade 1953 till 1963/4. In: Euphorion 60 (1966), S. 110—124.
U. Henry Gerlach: Hebbel-Bibliographie 1910—1970, Heidelberg 1973.
Bernd Kahrmann et al.: Bürgerlicher Realismus. III. Stifter, Hebbel, Otto Ludwig. In: WW 1976, H. 5, S. 356—381.
Ludger Lütkehaus: Hebbel in historischer Sicht. Zum gegenwärtigen Stand der Hebbel-Forschung. In: Friedrich Hebbel. Neue Studien zu Werk und Wirkung (hrsg. von Hilmar Grundmann), Heide 1982 (= Steinburger Studien, hrsg. von Alexander Ritter. Bd. 3), S. 13—29.
Vgl. auch die fortlaufenden Literaturberichte im Hebbel-Jb.

c) Allgemeine Untersuchungen zum Werk Hebbels

Hans-Joachim Anders: Zum tragischen Idealismus bei Friedrich Hebbel. In: Deutsche Dramentheorien, hrsg. von Reinhold Grimm. Bd. 2. Frankfurt/M. ³1981, S. 25—42.

Autorenkollektiv: Geschichte der deutschen Literatur. Von 1830 bis zum Ausgang des 19. Jahrhunderts. Erster Halbband. Berlin/DDR 1975.

Felix Bamberg: Über den Einfluß der Weltzustände auf die Richtungen der Kunst, und über die Werke Friedrich Hebbels. Hamburg 1846.

Gisela Bischke: Die Problematik des Rachemotivs im Drama Friedrich Hebbels. Diss. Hamburg 1960.

Karl Böhrig: Die Probleme der Hebbelschen Tragödien. Diss. Leipzig 1899.

Paul Bornstein: Fr. Hebbel. Ein Bild seines Lebens, aufgrund der Zeugnisse entworfen. Berlin 1930.

Ilse Brugger: Die „Mensch-Ding"-Problematik bei Hebbel. In: HJb 1963, S. 66—94.

Louis Brun: Hebbel mit besonderer Berücksichtigung seiner Persönlichkeit und seiner Lyrik. Leipzig 1922.

Marga Bührig: Hebbels dramatischer Stil. Frauenfeld/Leipzig 1940 (= Wege zur Dichtung, Bd. 35).

Heinrich Bulthaupt: Dramaturgie des Schauspiels, Bd. 3, Oldenburg, Leipzig ⁴1894.

Thomas M. Campbell: The Life and Works of Fr. Hebbel. Boston 1919.

Ders.: Hebbel, Ibsen, and the Analytic Exposition. Heidelberg 1922.

Ders.: History as Costume in Hebbel's Dramas. In: MLN 41 (1926), S. 489 bis 495.

Horst Denkler: Restauration und Revolution. Politische Tendenzen im deutschen Drama zwischen Wiener Kongreß und Märzrevolution. München 1973.

Edmund Diebold: Fr. Hebbel und die zeitgenössische Beurteilung seines Schaffens. Berlin, Leipzig 1928 (= Hebbel-Forschungen, Bd. 17).

Elise Dosenheimer: Das zentrale Problem in der Tragödie Fr. Hebbels. Halle/S. 1925.

Dies.: Das deutsche soziale Drama von Lessing bis Sternheim. Konstanz 1949.

Otfrid Ehrismann et al.: Fr. Hebbel und das heutige Theater. Diskussion. In: HJb 1982, S. 43—70; ungekürzte Fassung als Sonderdruck zum HJb 1982, Heide 1982.

Wilhelm Emrich: Fr. Hebbels Vorwegnahme und Überwindung des Nihilismus. In: Akzente 11 (1964), S. 221—237.

Etta Federn: Fr. Hebbel. München 1920.

Birgit Fenner: Fr. Hebbel zwischen Hegel und Freud. Stuttgart 1979.

Sten G. Flygt: Fr. Hebbel. New York 1968.

Gerhard Fricke: Studien und Interpretationen. Ausgewählte Schriften zur deutschen Dichtung. Frankfurt/M. 1956.

Helga Frisch: Symbolik und Tragik in Hebbels Dramen. Bonn ²1963 (= Abhandlungen zur Kunst-, Musik- und Literaturwissenschaft, Bd. 16).

Marie Luise Gansberg: Zur Sprache in Hebbels Dramen. In: Hebbel in neuer Sicht, hrsg. von Helmut Kreuzer. Stuttgart ²1969, S. 59—79.

Mary Garland: Hebbel's Prose Tragedies. An Investigation of the Aesthetic Aspect of Hebbel's Dramatic Language. Cambridge 1973.

Ernst August Georgy: Die Tragödie Fr. Hebbels nach ihrem Ideengehalt Leipzig ²1911.

Dieter Gerth: Die Struktur der reduzierten Individuation bei Fr. Hebbel. Diss. Freiburg/Br. 1967.

Horst Albert Glaser: Deutsche Literatur. Eine Sozialgeschichte. Bd. 6, hrsg. von Bernd Witte, Reinbek 1980. Bd. 7, hrsg. von Horst A. Glaser, Reinbek 1982.

Paul G. Graham: The Relation of History to Drama in the Works of Fr. Hebbel. In: Smith College Studies in Modern Language 15 (1933/4), Nr. 1—2.

Hilmar Grundmann: (Hrsg.): Fr. Hebbel. Neue Studien zu Werk und Wirkung. Heide 1982 (= Steinburger Studien, hrsg. von Alexander Ritter, Bd. 3).

Rolf Högel: Der Held im Drama Georg Büchners, der Jungdeutschen und Fr. Hebbels. Diss. Bonn 1969.

Rudolf Kassner: Hebbel. In: R. K.: Motive. Essays. Berlin o. J.

Mechthild Keller: Studien zu Hebbels dramatischer Technik. Diss. Köln 1975.

Gert Kleinschmidt: Die Person im frühen Drama Hebbels. Lahr 1965.

Herbert Kraft: Poesie der Idee. Die tragische Dichtung Fr. Hebbels. Tübingen 1971.

Helmut Kreuzer: Die Tragödien Fr. Hebbels. Versuch ihrer Deutung in Einzelanalysen. Diss. Tübingen 1956.

Ders. (Hrsg.): Hebbel in neuer Sicht. Stuttgart ²1969.

Ders.: Zu Peuchets Memoiren. — Ein Hinweis auf Hebbel-Parallelen. In: HJb 1964, S. 129—131.

Ders.: Fr. Hebbel. In: Deutsche Dichter des 19. Jahrhunderts. Ihr Leben und Werk, Hrsg. von Benno von Wiese. Berlin ²1979, S. 452 bis 479.

Johannes Krumm: Die Tragödie Hebbels. Ihre Stellung und Bedeutung in der Entwicklung des Dramas. Berlin 1908 (= Hebbel-Forschungen, Bd. 3).

Emil Kuh: Fr. Hebbel. Eine Charakteristik. Wien 1854.

Ders.: Biographie Fr. Hebbel's. Wien 1877.

Arthur Kutscher: Hebbel und Grabbe. München, Berlin 1913.

Ernst Lahnstein: Hebbels Jugenddramen und ihre Probleme. Berlin 1911.

Ders.: Ethik und Mystik in Hebbels Weltanschauung. Diss. Erlangen 1912.

Willy Leisegang: Das Drama Fr. Hebbels in der Auffassung der Nachwelt. Diss. Kiel 1928.

Ludwig Lewin: Fr. Hebbel. Beitrag zu einem Psychogramm. Berlin 1913 (= Hebbel-Forschungen, Bd. 6).

Wolfgang Liepe: Beiträge zur Literatur- und Geistesgeschichte, hrsg. von Eberhard Schulz, Neumünster 1963 (= Kieler Studien zur deutschen Literaturgeschichte, Bd. 2).

Heinrich-Friedrich Lohrmann: Die Entwicklung zur realistischen Seelenhaltung im Zeitdrama von 1840—1850. Berlin 1931 (= Literatur und Seele. Beiträge zur psychogenetischen Literaturwissenschaft, Bd. 1).

Ludger Lütkehaus: „Übertragung" in Hebbels „Barbier Zitterlein" und „Julia". In: HJb 1971/2, S. 131—138.

Ders.: Pantragische Liquidation oder soziale Katastrophe? Hebbels Erzählung „Die Kuh". In: HJb 1975, S. 182—196.

Ders. Hebbel. Gegenwartsdarstellung — Verdinglichungsproblematik — Gesellschaftskritik. Heidelberg 1976 (= Beiträge zur neueren Literaturgeschichte, 3. F., Bd. 29).

Ders.: Timon oder die verkehrte Welt. Über einen Shakespearischen Motivkomplex bei Marx und Hebbel. In: HJb 1979, S. 39—64.

Ders.: Antikommunistisches Manifest oder karitative Utopie? Hebbels „Mutter und Kind" und Verwandtes. In: HJb 1982, S. 117—148.

Ders.: Dualismus und Dialektik. Hebbels „Epoche machendes Drama" zwischen „tragédie humaine" und „tragédie historique". In: Fr. Hebbel. Neue Studien zu Werk und Wirkung, hrsg. von Hilmar Grundmann. Heide 1982 (= Steinburger Studien, Bd. 3), S. 159—165.

Georg Lukács: Skizze einer Geschichte der neueren deutschen Literatur. Berlin 1953.

Ders.: Probleme des Realismus. Berlin 1955.

Ders.: Die Grablegung des alten Deutschland. Essays zur deutschen Literatur des 19. Jahrhunderts. Reinbek 1967.

Ders.: Schriften zur Literatursoziologie. Neuwied, Darmstadt, Berlin ^{5}1972 (= Soziologische Texte, Bd. 9).

Otto Mann: Poetik der Tragödie. Bern 1958.

Helmut Martin: „Besitzdenken" im dramatischen Werk Fr. Hebbels. Studien zu einem historischen Verständnis des Dichters. Nürnberg 1976 (= Erlanger Beiträge zur Sprach- und Kunstwissenschaft, Bd. 57).

Fritz Martini: Deutsche Literatur im bürgerlichen Realismus 1848—1898. Stuttgart ^{4}1981.

Hayo Matthiesen: Untersuchungen über die Quellen zu Fr. Hebbels historischen Dramen. Ein Beitrag zur Stoffgeschichte und zur Deutung des Dichters. Diss. Kiel 1965.

Ders.: Fr. Hebbel. In Selbstzeugnissen und Bilddokumenten dargestellt. Reinbek ^{2}1979.

Hans Mayer: Außenseiter. Frankfurt/M. 1975.

Anni Meetz: Fr. Hebbel. Stuttgart ^{3}1973 (= Sammlung Metzler, D 18).

Franz Mehring: Gesammelte Schriften, hrsg. von Thomas Höhle et al., Bd. 11, Berlin 1961.

Ders.: Aufsätze zur deutschen Literaturgeschichte. Frankfurt/M. 1972.

Siegfried Melchinger: Geschichte des politischen Theaters. Velber 1971.
Peter Michelsen: Fr. Hebbels Tagebücher. Eine Analyse. Göttingen 1966.
Ilia Motylew: „Verdeckte Handlung" in Hebbels Dramen. Berlin 1927 (= Hebbel-Forschungen, Bd. 16).
Joachim Müller: Das Weltbild Fr. Hebbels. Halle/S. 1955.
Ders.: Stilkritische Beobachtungen an Hebbels Geschlechter-Dialogen. In: Fr. Hebbel. Neue Studien zu Werk und Wirkung, hrsg. von Hilmar Grundmann, Heide 1982 (= Steinburger Studien, Bd. 3), S. 131—146.
Ronald Peacock: The Poet in the Theatre. London 1946.
Gustav Pfannmüller: Die Religion Fr. Hebbels aufgrund der Werke, Tagebücher und Briefe dargestellt. Göttingen 1922 (= Die Religion der Klassiker, Bd. 8).
Carl Pfeffer: Die Psychologie der Charaktere in Hebbels Tragödie. Diss. Leipzig 1907.
Theodor Poppe: Fr. Hebbel und sein Drama. Beiträge zur Poetik. Berlin 1900 (= Palaestra, Bd. 8).
Edna Purdie: Fr. Hebbel. A Study of His Life and Work. London 1932.
Hartmut Reinhardt: Hebbels Dramatik. In: Handbuch des deutschen Dramas, hrsg. von Walter Hinck. Düsseldorf 1980, S. 244—251.
Wolfgang Ritter: Hebbels Psychologie und dramatische Charaktergestaltung. Marburg 1973 (= Marburger Beiträge zur Germanistik, Bd. 43).
J. Sadger: Fr. Hebbel. Ein psychoanalytischer Versuch. Wien 1920 (= Schriften zur angewandten Seelenkunde, Bd. 18).
Helmut Schanze: Drama im bürgerlichen Realismus (1850—1890). Frankfurt/M. 1973 (= Studien zur Philosophie und Literatur des 19. Jahrhunderts, Bd. 21).
Anna Schapire-Neurath: Fr. Hebbel. Leipzig 1909 (= Aus Natur und Geisteswelt, Bd. 238).
Martin Schaub: Fr. Hebbel. Velber 1967 (= Friedrichs Dramatiker des Welttheaters, Bd. 34).
Arno Scheunert: Der Pantragismus als System der Weltanschauung und Ästhetik Fr. Hebbels. Hamburg, Leipzig 1903 (= Beiträge zur Ästhetik, Bd. 8).
Heinz Schlaffer: Fr. Hebbels tragischer Historismus. In: Hannelore und Heinz Schlaffer: Studien zum ästhetischen Historismus. Frankfurt/M. 1975.
Saladin Schmitt: Hebbels Dramatechnik. Dortmund 1907 (= Schriften der literarhistorischen Gesellschaft Bonn, Bd. 1).
Walter Schnyder: Hebbel und Rötscher unter besonderer Berücksichtigung der beiderseitigen Beziehungen zu Hegel. Berlin, Leipzig 1923 (= Hebbel-Forschungen, Bd. 10).
Karl-Heinz Schulz-Streeck: Hebbels tragische Sicht als Überwindung des Nihilismus. In: HJb 1959, S. 103—133.
Hans-Günther Schwarz: Das stumme Zeichen. Der symbolische Gebrauch von Requisiten. Bonn 1974 (= Studien zur Germanistik, Anglistik und Komparatistik, Bd. 24).

Friedrich Sengle: Das historische Drama in Deutschland. Geschichte eines literarischen Mythos. Stuttgart ³1974.

Ders.: Biedermeierzeit. Deutsche Literatur im Spannungsfeld zwischen Restauration und Revolution 1815—1848. Bd. I: Allgemeine Voraussetzungen, Richtungen, Darstellungsmittel. Stuttgart 1971; Bd. II: Die Formenwelt. Stuttgart 1972. Bd. III: Die Dichter. Stuttgart 1980.

Ders.: Der Anti-Idylliker von Paris bis München. Hebbels Methapysik und geschichtliche Erfahrung im bewegtesten Jahrzehnt seines Lebens 1843—1852. In: Jb. der Grillparzer-Gesellschaft, 3. F., Bd. 12 (1976).

Paul Sickel: Fr. Hebbels Welt- und Lebensanschauung. Nach den Tagebüchern, Briefen und Werken des Dichters dargestellt. Leipzig, Hamburg 1912 (= Beiträge zur Ästhetik, Bd. 14).

Horst Siebert: Die dualistischen Weltdeutungen Hebbels und Solgers im Gegensatz zu Hegels dialektischer Philosophie. In: HJb 1965, S. 156 bis 163.

Ders.: Fr. Hebbels Auseinandersetzung mit Hegel und Solger. Diss. Kiel 1965.

Ders.: Fr. Hebbel — Anpassung und Widerstand. In: HJb 1970, S. 43 bis 56.

Martin Sommerfeld: Hebbel und Goethe. Studien zur Geschichte des deutschen Klassizismus im 19. Jahrhundert. Bonn 1923.

Heinrich Steves: Fr. Hebbels Verhältnis zu den politischen und sozialen Fragen. Diss. Greifswald 1909.

Heinz Stolte: Fr. Hebbel. Welt und Werk. Vier Essays. Hamburg 1965.

Peter Szondi: Theorie des modernen Dramas. Frankfurt/M. 1963.

Ders.: Versuch über das Tragische. Frankfurt/M. ²1964.

Marianne Thalmann: Die Anarchie im Bürgertum. Ein Beitrag zur Entwicklungsgeschichte des liberalen Dramas. München 1932.

André Tibal: Hebbel. Sa Vie et ses Oeuvres de 1813 à 1845. Diss. Paris 1911.

Friedrich Theodor Vischer: Kritische Gänge, hrsg. von Robert Vischer, Bd. 6, München ²1922.

Johannes Volkelt: Ästhetik des Tragischen. München 1897.

Wilhelm Waetzoldt: Hebbel und die Philosophie seiner Zeit. Diss. Berlin 1903.

Albert Malte Wagner: Das Drama Fr. Hebbels. Eine Stilbetrachtung zur Kenntnis des Dichters und seiner Kunst. Hamburg, Leipzig 1911 (= Beiträge zur Ästhetik, Bd. 13).

Kurt K. T. Wais: Das Vater-Sohn-Motiv in der Dichtung bis 1880. Berlin, Leipzig 1931 (= Stoff- und Motivgeschichte der deutschen Literatur, Bd. 10).

Oskar F. Walzel: Hebbel-Probleme. Studien. Leipzig 1909 (= Untersuchungen zur neueren Sprach- und Literaturgeschichte, N. F., Bd. 1).

Ders.: Fr. Hebbel und seine Dramen. Ein Versuch, Leipzig, Berlin ³1927 (= Aus Natur und Geisteswelt, Bd. 408).

Betty Nance Weber: Bertolt Brecht and Fr. Hebbel. A Study in Literary Influence and Vandalism. Diss. Wisconsin 1973.

Richard M. Werner: Hebbel. Ein Lebensbild. Berlin ²1913.

Benno von Wiese: Die deutsche Tragödie von Lessing bis Hebbel. Hamburg ⁸1973.

Wolfgang Wittkowski: Der junge Hebbel. Zur Entstehung und zum Wesen der Tragödie Fr. Hebbels. Berlin 1969 (= Quellen und Forschungen zur Sprach- und Kulturgeschichte der germanischen Völker, Bd. 29).

H. Wütschke (Hrsg.): Hebbel in der zeitgenössischen Kritik. Berlin 1910 (= Deutsche Literaturdenkmale des 18. und 19. Jahrhunderts, Bd. 143).

Klaus Ziegler: Mensch und Welt in der Tragödie Fr. Hebbels. Darmstadt ²1966.

A. J. Zieglschmid: Beiträge zu Fr. Hebbels Charakterkunde. Ein psychologischer Deutungsversuch. Berlin 1932 (= Hebbel-Forschungen, Bd. 22).

Franz Zinkernagel: Die Grundlagen der Hebbelschen Tragödie. Berlin 1904.

Viktor Zmegač (Hrsg.): Geschichte der deutschen Literatur vom 18. Jahrhundert bis zur Gegenwart, Bd. II. Königstein/Ts. 1980.

d) Untersuchungen zu „Maria Magdalene"

Felix Bamberg: „Maria Magdalena", ein bürgerliches Trauerspiel von Fr. Hebbel. Eine Würdigung der Tragödie. In: Jahrbücher für dramatische Kunst u. Literatur, hrsg. von H. Th. Rötscher. Berlin, Bd. I, 1848, S. 135— 150 (abgedr. bei H. Wütschke: Hebbel in der zeitgenössischen Kritik. Berlin 1910, S. 156—180).

Oskar Beer: Hebbels Judith und Maria Magdalena im Urteil seiner Zeitgenossen. Diss. Freiburg 1909.

Jan Berg: Fr. Hebbel: „Maria Magdalena" und die Bearbeitung von Franz Xaver Kroetz. In: Jan Berg et al.: Von Lessing bis Kroetz. Einführung in die Dramenanalyse. Kursmodelle und sozialgeschichtliche Materialien für den Unterricht. Kronberg/Ts. 1975, S. 43—59.

A. von Berger: Hebbels Maria Magdalena. Dramaturgische Vorträge. Wien 1890.

Ernst Beutler: „Beppi". In: Essays um Goethe. Leipzig ²1946, S. 438 bis 452.

Kurt Bräutigam: Die Sprache der handelnden Personen als Schlüssel zur Deutung von Dramen. In: DU 1964, H. 3, S. 68—77.

Karl Brinkmann: Erläuterungen zu Hebbels Maria Magdalena. Hollfeld o. J. (= Dr. Wilhelm Königs Erläuterungen zu den Klassikern, Bd. 176).

Kuno Brombacher: Der deutsche Bürger im Literaturspiegel von Lessing bis Sternheim. München 1920.
Arthur Eloesser: Das bürgerliche Drama. Seine Geschichte im 18. und 19. Jahrhundert. Berlin 1898.
Siegmund Engländer: Die Aufführung der Maria Magdalena von Hebbel auf dem Hofburgtheater zu Wien im Mai 1848. In: Jahrbücher für dramat. Kunst und Literatur. Jg. 1848 (2. Bd.), S. 195—199 (abgedr. bei H. Wütschke: Hebbel in der zeitgenössischen Kritik. Berlin 1910, S. 204 bis 210).
Alfred Estermann: Die Verfilmung literarischer Werke. Bonn 1965 (= Abhandlungen zur Kunst-, Musik- und Literaturwissenschaft, Bd. 33).
Georges Favier: Lecture de Hebbel. Remarques sur le personnage de la Mère dans Maria Magdalene. In: EG 1965, S. 18—33.
John Fetzer: Water Imagery in Maria Magdalena. In: GQ 1970, S. 715 bis 719.
Richard Findeis: Maria Magdalena oder Magdalene? In: ZDU 28 (1914), S. 798—799.
Walter Fischer: Hebbel. Maria Magdalena. Frankfurt/M., Berlin, Bonn, München ³1967 (= Grundlagen und Gedanken zum Verständnis klassischer Dramen, Bd. 8).
Kurt Franz (Hrsg.): Fr. Hebbel: „Maria Magdalene". Mit Materialien. Ausgewählt und eingeleitet von K. F. Stuttgart 1980.
Marlen Ginolas: Hebbels Beschäftigung mit Lessings bürgerlichem Trauerspiel. In: Beiträge zur Lessing-Konferenz, hrsg. von Günter Hartung. Halle/S. 1979, S. 61—78.
Jerry H. Glenn: The Title of Hebbel's Maria Magdalena". In: PLL 3 (1967), S. 122—133.
Jacques Grange: Les Réminiscences Bibliques dans „Maria Magdalene" de Fr. Hebbel. In: EG 1974, S. 353—359.
Alfred Carl Groeger (Hrsg.): Maria Magdalena. Husum o. J. (= Hamburger Lesehefte, H. 110).
Hilmar Grundmann: Klassische Literatur im Deutschunterricht — kritische Anmerkungen und ein praktisches Beispiel. Oder: Worin Schüler den Nutzen sehen, sich mit „Maria Magdalena" zu beschäftigen. In: HJb 1978, S. 181—212.
Karl S. Guthke: Das deutsche bürgerliche Trauerspiel. Stuttgart ³1980 (= Sammlung Metzler, D 116).
Arnold Hauser: Sozialgeschichte der Kunst und Literatur. München 1967.
Hermann Hettner: Das moderne Drama. Aesthetische Untersuchungen. Braunschweig 1852.
Rolf K. Högel: „Ort: eine mittlere Stadt". The setting of Hebbel's „Maria Magdalene". In: MLN 1972, S. 763—768.
Paul Husfeldt: Der Mythos in Hebbels Drama, erläutert an „Maria Magdalene". In: DuV 43 (1943), S. 61—69.
Walter Jacobi: Die Entwicklung der bürgerlichen Gesellschaft im Spiegel ausgewählter Dramenliteratur. In: DD 1975, S. 26—37.

Herbert Kaiser: Unterrichtsreihe: Zur Deformation sozialer Vernunft — Das Problem von Fremd- und Selbstbestimmung in bürgerlicher Literatur des 19. und 20. Jahrhunderts. Teil 1: Maria Magdalene. In: LL 1979, S. 212—238.

Friedrich Lorenz: „Maria Magdalene"? In: Theater heute 9 (1968), H. 6, S. 20.

Warren Maurer: Hebbel im Urteil der Naturalisten. In: HJb 1967, S. 107 bis 138.

Kurt May: „Maria Magdalene" im Zusammenhang der jüngsten Hebbel-Forschung. In: DuV 43 (1943), S. 32—61; dann auch in: Form und Bedeutung. Interpretationen deutscher Dichtung des 18. und 19. Jahrhunderts. Stuttgart 1957, S. 273—298.

Edward McInnes: German social drama. 1840—1900. From Hebbel to Hauptmann. Stuttgart 1976 (= Stuttgarter Arbeiten zur Germanistik. Bd. 30).

Peter Michelsen: Hebbels „Maria Magdalene". In: Blätter des Deutschen Theaters in Göttingen 1955/6, H. 91.

P. M. Mitchell et al.: Zur Widmung von „Maria Magdalena". Zwei Briefe Hebbels. In: ZfdPh 82 (1963), S. 515—518.

Joachim Müller: Zur motivischen und dramaturgischen Struktur von Hebbels „Maria Magdalena". In: HJb 1968, S. 45—76.

Walter Müller-Seidel (Hrsg.): Bürgerliches Trauerspiel und soziales Drama. Freiburg, Basel, Wien 1964 (= Klassische deutsche Dichtung, Bd. 15).

Grete Pogge: Hebbel und das Problem der inneren Form im bürgerlichen Trauerspiel. Diss. Hamburg 1923.

Karl Pörnbacher (Hrsg.): Erläuterungen und Dokumente. Friedrich Hebbel. Maria Magdalena. Stuttgart 1970 (= Reclams Universalbibliothek Nr. 8105).

Hartmut Reinhardt: Fr. Hebbel: „Maria Magdalena". In: Deutsche Dramen. Interpretationen zu Werken von der Aufklärung bis zur Gegenwart, hrsg. von Harro Müller-Michaels. Bd. 1, Königstein/Ts. 1981, S. 170—199.

H. Th. Rötscher: „Maria Magdalene von Fr. Hebbel. In: Jahrbücher für dramatische Kunst und Literatur. Jg. 1848 (2. Bd.), S. 145—154 (abgedr. bei H. Wütschke: Hebbel in der zeitgenössischen Kritik. Berlin 1910, S. 188—203).

Walter Schäfer: Dramen mit sozialer Fragestellung im Unterricht. In: DU 1954, H. 3, S. 43—52.

B. E. Schatzky: Genre Painting and the German Tragedy of Common Life. In: MLR 54 (1959), S. 358—367.

Franz Schnaß: Das deutsche bürgerliche Trauerspiel, sein Werden und seine Entfaltung bei Schiller und Hebbel. In: ZDU 28 (1914), S. 758 bis 769 und 860—872.

Georg Schörner: Fr. Hebbel: Maria Magdalene. In: Lehrpraktische Analysen des Verlages Philipp Reclam jun., Folge 17. Stuttgart 1963, S. 3—15.

Arthur Schopenhauer: Gespräche, hrsg. von Arthur Hübscher. Stuttgart, Bad Cannstatt ²1971.

Peter Schütze: Der Tod im Birnbaum. Das Bild der Menschengeschichte in Fr. Hebbels „Maria Magdalena". In: HJb 1981, S. 153—186.

Hartwig Sievers: Hebbels „Maria Magdalene" auf der Bühne. Ein Beitrag zur Bühnengeschichte Hebbels. Diss. Kiel 1933 (= Hebbel-Forschungen, Bd. 23).

Martin Stern: Das zentrale Symbol in Hebbels „Maria Magdalene". In: Hebbel in neuer Sicht, hg. von Helmut Kreuzer, Stuttgart ²1969, S. 228—246.

Erika Sterz: Hebbel als Dramatiker für das Fernsehspiel. Rekonstruktion einer Regieleistung — Maria Magdalene". In: HJb 1967, S. 79—106.

Reinhold Stolze: Die wissenschaftlichen Grundlagen der Inszenierung von Hebbels „Maria Magdalene". Berlin 1924 (= Hebbel-Forschungen, Bd. 13).

Siegfried Streller: „Maria Magdalene". Die Wandlung des bürgerlichen Trauerspiels bei Fr. Hebbel. In: Studien zur Literaturgeschichte und Literaturtheorie, hg. von Hans-Günther Thalheim und Ursula Wertheim. Berlin/DDR 1970, S. 101—115 und 344—345.

Peter Szondi: Die Theorie des bürgerlichen Trauerspiels im 18. Jahrhundert. Studienausgabe der Vorlesungen, hg. von Gert Mattenklott, Bd. 1, Frankfurt/M. 1974.

Hanns Ulmann: Das deutsche Bürgertum in deutschen Tragödien des achtzehnten und neunzehnten Jahrhunderts. Elberfeld 1923.

Oskar Walzel: Das bürgerliche Drama. In: O. W.: Vom Geistesleben alter und neuer Zeit. Aufsätze. Leipzig 1922.

Hermann F. Weiss: Animal and Nature References in F. Hebbel's Maria Magdalena. In: Seminar 1971, S. 191—200.

Hans Winkler: Vier Hebbel-Briefe und einige andere Dokumente zu Hebbels Aufenthalt in Kopenhagen. In: ZfdPh 1954, S. 161—173.

Werner Wirths: Der Übergang vom bürgerlichen zum sozialen Drama in Deutschland. Diss. Freiburg/Br. 1928.

Wolfgang Wittkowski: Klara und Mariamne. Kleinstädterin und Königin. In: Hilmar Grundmann (Hrsg.): Fr. Hebbel. Neue Studien zu Werk und Wirkung. Heide 1982 (= Steinburger Studien, Bd. 3), S. 147 bis 158.

J. D. Wright: Hebbel's Klara. The Victim of a Division in Allegiance and Purpose. In: Monatshefte 1946, S. 304—316.

Paul Zincke: Die Entstehungsgeschichte von Fr. Hebbels „Maria Magdalena". Prag 1910 (= Prager deutsche Studien, Bd. 16).

e) Soziologische und psychologische Literatur; sonstiges.

Karl Abraham: Psychoanalytische Studien zur Charakterbildung. Frankfurt/M. 1969.

Theodor W. Adorno et al.: Studien zum autoritären Charakter. Mit einer Vorrede von Ludwig von Friedeburg. Frankfurt/M. 1973.

Gregory Bateson et al.: Schizophrenie und Familie. Frankfurt/M. 1969.

Zwi Batscha, Jörn Garber (Hrsg.): Von der ständischen zur bürgerlichen Gesellschaft. Politisch-soziale Theorien im Deutschland der zweiten Hälfte des 18. Jahrhunderts. Frankfurt/M. 1981.

Wolfgang Beutin (Hrsg.): Literatur und Psychoanalyse. Ansätze zu einer psychoanalytischen Textinterpretation. München 1972.

Otto Brunner: Vom „ganzen Haus" zur „Familie". In: Familie und Gesellschaftsstruktur. Materialien zu den sozioökonomischen Bedingungen von Familienformen (hg. und eingel. von Heidi Rosenbaum). Frankfurt/M. 1974, S. 48—55.

Dieter Claessens, Petra Milhoffer (Hrsg.): Familiensoziologie. Ein Reader als Einführung. Frankfurt/M. 1973.

Werner Conze (Hrsg.): Staat und Gesellschaft im deutschen Vormärz 1815—1848. Stuttgart 1962.

Ders. (Hrsg.): Sozialgeschichte der Familie in der Neuzeit Europas. Neue Forschungen. Stuttgart 1976 (= Industrielle Welt, Bd. 21).

David Cooper: Der Tod der Familie. Deutsch von Edwin Ortmann. Reinbek 1972.

Ders.: Psychiatrie und Antipsychiatrie. Frankfurt/M. 1971.

Gilles Deleuze, Félix Guattari: Anti-Ödipus. Kapitalismus und Schizophrenie I. Frankfurt/M. 1974.

Peter Dettmering: Dichtung und Psychoanalyse. Thomas Mann — Rainer Maria Rilke — Richard Wagner. München 1969.

Norbert Elias: Über den Prozeß der Zivilisation. Soziogenetische und psychogenetische Untersuchungen. 2 Bde. Frankfurt/M. 1976.

Erich Fromm: Gesamtausgabe in zehn Bänden, hg. von Rainer Funk. Stuttgart 1980 ff.

William J. Goode: Soziologie der Familie. München 1967 (= Grundfragen der Soziologie, Bd. 8).

Wilfried Gottschalch et al.: Sozialisationsforschung. Materialien, Probleme, Kritik. Frankfurt/M. 1971.

Norbert Groeben: Literaturpsychologie. Literaturwissenschaft zwischen Hermeneutik und Empirie. Stuttgart 1972.

Jürgen Habermas: Strukturwandel der Öffentlichkeit. Neuwied und Berlin [5]1971 (= Sammlung Luchterhand, Bd. 25).

Ders.: Stichworte zur Theorie der Sozialisation. In: J. H.: Kultur und Kritik. Verstreute Aufsätze. Frankfurt/M. 1973, S. 118—194.

Max Horkheimer (Hrsg.): Studien über Autorität und Familie. Forschungsberichte aus dem Institut für Sozialforschung. Paris 1936.

Ders.: Zur Kritik der instrumentellen Vernunft. Aus den Vorträgen und Aufzeichnungen seit Kriegsende, hg. von Alfred Schmidt. Frankfurt/M. 1974.

Jürgen Kuczynski: Die Geschichte der Lage der Arbeiter unter dem Kapitalismus. Bde. 18, 19 und 23. Berlin 1963 ff.

Winfried Kudszus (Hrsg.): Literatur und Schizophrenie. Theorie und Interpretation eines Grenzgebiets. Tübingen 1977 (= Deutsche Texte, Bd. 45).

Ronald D. Laing: Das geteilte Selbst. Eine existentielle Studie über geistige Gesundheit und Wahnsinn. Reinbek 1976.

Ders., H. Phillipson, A. R. Lee: Interpersonelle Wahrnehmung. Frankfurt/M. 1976.

Ders.: Das Selbst und die Anderen. Reinbek 1977.

Annette Leppert-Fögen: Die deklassierte Klasse. Studien zur Geschichte und Ideologie des Kleinbürgertums. Frankfurt/M. 1974.

Friedrich Lütge: Deutsche Sozial- und Wirtschaftsgeschichte. Ein Überblick. Berlin, Heidelberg, New York ³1966.

Alice Miller: Das Drama des begabten Kindes und die Suche nach dem wahren Selbst. Frankfurt/M. 1979.

Dies.: Am Anfang war Erziehung. Frankfurt/M. 1980.

Dies.: Du sollst nicht merken. Variationen über das Paradies-Thema. Frankfurt/M. 1981.

Alexander Mitscherlich: Auf dem Weg zur vaterlosen Gesellschaft. Ideen zur Sozialpsychologie. München 1973.

Michael Mitterauer, Reinhard Sieder: Vom Patriarchat zur Partnerschaft. Zum Strukturwandel der Familie. München 1977.

Helmut Möller: Die kleinbürgerliche Familie im 18. Jahrhundert. Verhalten und Gruppenkultur. Berlin 1969 (= Schriften zur Volksforschung, Bd. 3).

Hans Mottek: Wirtschaftsgeschichte Deutschlands. Ein Grundriß. 2 Bde. Berlin/DDR 1964.

Otto Rank: Das Inzestmotiv in Dichtung und Sage. Grundzüge einer Psychologie des dichterischen Schaffens. Leipzig, Wien 1912.

Wilhelm Reich: Charakteranalyse. Köln ³1971.

Horst-Eberhard Richter: Patient Familie. Entstehung, Struktur und Therapie von Konflikten in Ehe und Familie. Reinbek 1972.

David Riesman et al.: Die einsame Masse. Eine Untersuchung der Wandlungen des amerikanischen Charakters. Reinbek 1958.

Wilhelm Roessler: Die Entstehung des modernen Erziehungswesens in Deutschland. Stuttgart 1961.

Heidi Rosenbaum (Hrsg.): Familie und Gesellschaftsstruktur. Materialien zu den sozioökonomischen Bedingungen von Familienformen. Frankfurt/M. 1974.

Dies.: Formen der Familie. Untersuchungen zum Zusammenhang von Familienverhältnissen, Sozialstruktur und sozialem Wandel in der deutschen Gesellschaft des 19. Jahrhunderts. Frankfurt/M. 1982.

Gert Sautermeister: Sozialpsychologische Textanalyse. In: Dieter Kimpel / Beate Pinkerneil (Hrsg.): Methodische Praxis der Literaturwissenschaft. Modelle der Interpretation. Kronberg/Ts. 1976, S. 179—194.

Manfred Schneider: Die kranke schöne Seele der Revolution. Heine, Börne, das „Junge Deutschland", Marx und Engels. Frankfurt/M. 1980.

Georg Schwägler: Anfänge einer Familiensoziologie bei Wilhelm Heinrich Riehl und Frédéric Le Play. In: Dieter Claessens, Petra Milhoffer (Hrsg.): Familiensoziologie. Frankfurt/M. 1973, S. 15—37.

Edward Shorter: Die Geburt der modernen Familie. Reinbek 1977.

Georg Simmel: Philosophie des Geldes. Leipzig 1900.

Carlos E. Sluzki, Donald C. Ransom (Hrsg.): Double Bind. The Foundation of the Communicational Approach to the Family. New York, London, San Francisco 1976.

Werner Sombart: Der Bourgeois. Zur Geistesgeschichte des modernen Wirtschaftsmenschen. München und Leipzig 1913.

Ders.: Der moderne Kapitalismus. 3 Bde. München, Leipzig 1928.

Rudolf Stadelmann, Wolfram Fischer: Die Bildungswelt des deutschen Handwerkers um 1800. Studien zur Soziologie des Kleinbürgers im Zeitalter Goethes. Berlin 1955.

Klaus Theweleit: Männerphantasien. 2 Bde. Frankfurt/M. 1977/8.

Hartmut Titze: Die Politisierung der Erziehung. Untersuchung über die soziale und politische Funktion der Erziehung von der Aufklärung bis zum Hochkapitalismus. Frankfurt/M. 1973.

Wilhelm Treue: Wirtschafts- und Sozialgeschichte Deutschlands im 19. Jahrhundert. In: Bruno Gebhardt: Handbuch der deutschen Geschichte, Bd. 3. Stuttgart 81960, S. 314—413.

Bernd Urban (Hrsg.): Psychoanalyse und Literaturwissenschaft. Texte zur Geschichte ihrer Beziehungen. Tübingen 1973 (= Deutsche Texte, Bd. 24).

Paul Watzlawick et al.: Menschliche Kommunikation. Formen, Störungen, Paradoxien. Bern, Stuttgart, Wien 51980.

Max Weber: Die protestantische Ethik. Eine Aufsatzsammlung. 2 Bde. Hamburg 31973.

Ingeborg Weber-Kellermann: Die deutsche Familie. Versuch einer Sozialgeschichte. Frankfurt/M. 21975.

Gerhard Wesenberg: Neuere deutsche Privatrechtsgeschichte im Rahmen der europäischen Rechtsentwicklung. Lahr 21969.

Franz Wieacker: Privatrechtsgeschichte der Neuzeit unter besonderer Berücksichtigung der deutschen Entwicklung. Göttingen 21967.

Reinhold Wolff (Hrsg.): Psychoanalytische Literaturkritik. München 1975.

Werner Ziegenfuß: Die bürgerliche Welt. Berlin 1949.

UTB

305 Jürgen Link
Literaturwissenschaftliche Grundbegriffe
Eine programmierte Einführung auf strukturalistischer Basis
(W. Fink) 2. Aufl. 1979. 400 Seiten

640 Jochen Schulte-Sasse, Renate Werner
Einführung in die Literaturwissenschaft
(W. Fink) 1977. 245 Seiten

105 Umberto Eco
Einführung in die Semiotik
Deutsch von Jürgen Trabant
(W. Fink) 1972. 474 Seiten

580 Manfred Pfister
Das Drama
Theorie und Analyse
(W. Fink) 3. Aufl. 1982. 456 Seiten

135 Franz Norbert Mennemeier
Modernes Deutsches Drama
Bd. 1: 1910—1933
(W. Fink) 2. Aufl. 1979. 405 Seiten

425 Franz Norbert Mennemeier
Modernes Deutsches Drama
Bd. 2: Von 1933 bis zur Gegenwart
(W. Fink) 1975. 410 Seiten

1115 Peter Bekes, Wilhelm Große, Georg Guntermann, Hans-Otto Hügel, Hajo Kurzenberger
Deutsche Gegenwartslyrik
von Biermann bis Zahl.
Interpretationen
(W. Fink) 1982. 318 Seiten

643 Stephan Kohl
Realismus
Theorie und Geschichte
(W. Fink) 1977. 291 Seiten

362 Silvio Vietta, Hans-Georg Kemper
Expressionismus
Deutsche Literatur im 20. Jahrhundert. Literaturwiss. Arbeitsbücher Bd. 3
(W. Fink) 2. bibliograph. erg. Aufl. 1983. 421 Seiten

363 Günther Mahal
Naturalismus
Deutsche Literatur im 20. Jahrhundert. Literaturwiss. Arbeitsbücher Bd. 1
(W. Fink) 2. Aufl. 1982. 260 Seiten

527 Eckhard Philipp
Dadaismus
Einführung in den literarischen Dadaismus und die Wortkunst des „Sturm“-Kreises
(W. Fink) 1980. 334 Seiten